MODERN CHINESE SOCIETY

HISTORY AND SOCIAL CHANGE

현대중국사회

역사와 사회변동

유홍준 · 김지훈 지음

도서출판 그린

머리말

한국과 중국은 1992년 수교 이후 선린우호 협력관계를 유지해 오다가 21세기 협력적 동반자 관계로 발전하고 있다. 한중수교 10주년인 2002년에 이미 양국은 상호 3대 교역국가로 부상하였고, 현재는 최대 교역 국가가 되었다. 경제뿐만 아니라 사회 · 문화 · 교육 등 다방면에서 교류가 확산되고 있으며 특히 최근 몇 년 사이 한국의 대중문화가 '韓流' 열풍을 일으키고 있으며, 한국에서도 중국 붐이 일어나고 있다.

중국은 1978년 말의 개혁 · 개방 정책을 시작으로 경이적인 경제성장을 이루고 있으며, 이로 인해 전 세계의 주목을 받고 있다. 1995년 WTO 가입을 계기로 세계화의 물결에 이미 편입된 중국의 경제규모는 2010년에 일본을 넘어서 G2 국가가 되었고, 2030년까지는 미국을 능가하여 세계1위의 경제대국이 될 것이라고 평가되기도 한다. 그런가 하면, 일부에서는 중국 경제발전의 허상과 그 부작용에 대해 우려하는 문제제기도 이루어지고 있다.

이러한 흐름 속에서 그간 중국사회를 소개하거나 중국의 경제성장을 다루는 서적들이 많이 출판되어 왔다. 일부 저술이나 번역서의 경우에는 상당히 전문적인 식견을 담고 있어서, 우리 학계에서 중국에 대한 연구가 많은 진전을 이루고 있음을 확인할 수 있다.

그러나 대다수의 책들이 경제 · 경영 분야이거나 정치학 및 역사학 관련 연구들이며, 기초 자료의 뒷받침 없이 중국 경제와 사회의 일면에 대해 피상적인 논의를 하고 있는 경우가 많다. 특히 중국사회 구조와 사회변동을 연구한 사회학 분야의 연구서는 매우 희귀한 실정이다.

현재 우리에게 매우 커다란 영향을 미치면서 동시에 우리를 위협하고 있는 중국경제의 실상과 그 사회의 실체에 대해 명확한 인식을 하는 것은 매우 중요한 일이다. 하지만 한 국가로서 중국의 면모는 그리 단순하지 않고, 상당히 다중적인 모습을 띠고 있다.

저자 중 사회학자인 유홍준은 2003년 중국사회과학원에 방문학자로 다녀온 이후, 연구 성과로 『현대 중국 사회계층(2004, 그린)』과 『현대 중국 경제 · 사회조사(2005, 그린)』를 번역하여 출간하였고, 『중국 도시와 농촌(2005, 그린)』을 저술한 바 있다. 김지훈은 중국사 전공자로서 『1930년대 중화소비에트공화국의 경제정책』으로 박사학위를 취득한 후에 중국경제와 교육 등 중국현대사에 대한 전문연구를 수행해 오고 있다.

저자들은 중국을 연구하고 이해하고자 하는 학생과 일반인들이 중국 사회의 여러 측면에 걸친 중요한 주제들에 관한 실상을 정확히 확인할 수 있도록 자료가 뒷받침된 연구서를 저술하기로 의기투합하여 이 책을 펴내게 되었다.

이 책은 크게 2부로 구성되었다. 제1부는 현대 중국 사회를 이해하기 위한 기반을 제공한다는 취지로 현대 중국의 태동, 사회주의 중국의 건설, 문화대혁명, 개혁개방 이후의 현대 중국 등을 각 장별로 다루고 있으며, 김지훈이 저술을 담당하였다. 제2부는 8개의 장으로 구성되었는데, 인구와 가족, 경제 · 산업과 직업, 도시 · 농촌 및 지역불균형, 교육 · 문화와 언어, 사회계층, 조직, 가치관과 생활양식, 환경 및 사회문제 등의 주제를 다루고 있으며, 유홍준이 집필하였다.

현대 중국의 전반적인 사회구조를 다루는 최초의 사회과학적 저술이라는 자부심을 갖고, 아직도 미비한 점은 향후 지속적으로 보완해 나갈 예정이다.

어려운 여건 속에서도 출판을 맡아주신 그린출판사의 윤덕우 사장님과 편집진께도 감사를 드린다. 끝으로 이 저술은 유홍준이 현재 교육부의 재원으로 한국연구재단의 지원을 받아 진행하고 있는 SSK과제(NRF-2012S1A3A2033331) 지원에 기반하여 진행되었다.

2014년 2월

명륜동 연구실에서

저자를 대표하여 유 홍 준 씀

목 차

제1부 >>

제01장 현대 중국의 태동

제02장 중화인민공화국의 수립과 사회주의 건설

제03장 경제조정정책과 프롤레타리아 문화대혁명

제04장 개혁개방과 현대화

제2부 >>

제05장 인구와 가족

제06장 경제, 산업과 직업

제07장 지역불균형과 도시 · 농촌

제09장 사회계층

제10장 조직

제11장 가치관과 생활양식

제12장 환경과 사회문제

표목차

서장 : 중국에 대한 기초지식

중국의 국토 면적은 러시아(1,708만 ㎢), 캐나다(998만㎢), 미국(983만 ㎢)에 이어 960만 ㎢로 세계 4위이며 한국, 러시아, 몽골, 중앙아시아 3개국, 아프가니스탄, 파키스탄, 인도, 네팔, 부탄, 미얀마, 라오스, 베트남 등 14개 국가와 국경을 접하고 있다.

총인구는 약 13억 5천만 명이며, 전체인구의 약 92%에 해당하는 최대 민족인 한족을 포함하여 56개 민족으로 구성되어 있다.

행정구역상으로 중국은 4개 직할시, 22개 성, 5개 자치구, 2개의 특별자치구로 이루어져 있다.

기후는 주로 온대 및 아열대성 기후로 분류하지만, 국토가 넓어서 열대, 온대, 한대 기후가 공존하며, 연평균 강수량은 약 630㎜로 농업에 유리한 편이다. 베이징과 그 북쪽인 센양, 옌지 등 조선족 자치구 지역은 서울 기온과 비슷하거나 약간 더 추운 편이고, 진시황릉이 위치한 시안은 우리나라 중부지방과 기온이 비슷하며, 상하이 이남은 기온이 제주도와 비슷하거나 더 높다.

중국은 하(夏), 상, 주, 춘추전국 시대를 거쳐 기원전 221년 진나라가 중국을 통일하였지만 곧 멸망하고 한, 위진남북조, 수, 당, 송, 요, 금, 원, 명, 청왕조까지 복잡하게 왕조가 교체되는 분열과 통일이 반복되었다. 1840년 아편전쟁 이후 서구 열강의 침략을 받아오다가 1911년 신해혁명으로 청왕조가 무너지고 중화민국이 수립되었다. 제2차 세계대전 이후 국민당과 공산당의 내전에서 공산당이 승리하여 1949년 10월1일 중화인민공화국이 수립되었다.

중국의 정치권력은 표면상 8개의 정당으로 분리되어 있으나, 사실상 중국공산당이 국가 전체의 전반적인 정치, 사상, 조직 등의 업무를 총괄한다.

사회주의 통제경제를 유지해 오던 중국은 1978년 말부터 덩샤오핑(鄧小平)의 '실사구시(實事求是)' 철학에 따라 개혁개방을 시작하여, 한 세대가 지난 현재 세계가 놀랄만한 경제발전을 이루고 있다. 덩샤오핑의 위대한 점은 1970년대 후반 당시 중국의 특수한 상황에서 국민들의 사상해방운동을 주도하고, 이를 실현할 수 있는 정치적 환경을 조성시킨데 있다. 흔히 중국의 개혁개방이 1978년 12월부터 시작되었다고 하는 것은, 바로 중국공산당 11기3중전회에서 덩샤오핑이 주장한 '사고전환 운동' 방침이 정식으로 결정되었기 때문이다.

중국은 커다란 사회적 전환을 겪어 왔다. 전통사회에서 현대사회로, 농업사회에서 산업사회로, 농촌사회에서 도시사회로, 폐쇄사회에서 개방사회로 전환 중인 것이다. 이 과정에서 계획경제 체제를 벗어나는 것과 동시에, 중국 특색의 '사회주의 시장경제체제'로 전환을 실현하기 위한 일련의 체제 개혁을 진행해왔다. 이러한 전환의 과정에서, 구조적 충돌은 불가피하며 이해갈등, 신구 패러다임의 충돌, 가치관과 이념의 차이가 발생해서 상황은 꽤 복잡하다.

중국 정부는 1980년대 초에 현대화를 실현하기 위한 3단계 발전전략을 정했다. 첫 단계는 국민총생산액을 1980년보다 2배로 증가시켜 국민의 기본적인 생계 문제를 해결하는 것인데('溫飽' 단계), 이 목표는 1987년에 기본적으로 달성했다고 주장된다. 둘째 단계는 2000년까지 국민총생산액을 다시 2배로 증가시켜 국민생활의 수준을 높이는 단계('小康' 단계)이고, 셋째 단계는 21세기 중반까지 1인당 국민총생산을 중등선진국 수준까지 끌어올리는 것('大同' 단계)이다. 그런데 경제성장의 이면에 불평등이 심화되면서, 현재는 사회경제적 조화(和諧; 허셰)가 가장 중요한 정책 구호가 되었다.

흔히 21세기는 '아시아 · 태평양의 세기'라고 하지만, 새로운 세계 질서 속에서 지정학적으로는 물론이고 시기와 상황이 중국에 유리한 환경으로 조성되고 있기 때문에, 현재의 발전추세를 유지한다면, 2010년 G2 국가가 된 중국은 향후 10~20년 내에 세계 최대의 경제 대국이 될 것으로 예측된다.

그러나 중국의 발전은 심각한 불균형을 낳고 있는데, 최근 몇 년간 농촌과 도시간, 지역간, 산업간 차이가 축소되기보다 오히려 확대되어 왔다. 이런 격차가 계속 벌어질 경우, 중국사회는 심한 불안정 상황에 놓일 수 있다.

제 1 부

제1장 | 현대 중국의 태동

제2장 | 중화인민공화국의 수립과 사회주의 건설

제3장 | 경제조정정책과 프롤레타리아 문화대혁명

제4장 | 개혁개방과 현대화

제 1 장

현대 중국의 태동

1. 5.4운동과 중국공산당의 창당
2. 국민혁명의 전개와 좌절
3. 난징 국민정부와 소비에트운동
4. 일본의 만주 침략과 제2차 국공합작
5. 중일전쟁의 전개
6. 국공내전

1. 5.4운동과 중국공산당의 창당

(1) 신해혁명과 중화민국의 수립

20세기 초 중국은 열강의 침략으로 영토를 빼앗기고 배상금을 지불하는 등 국가적 위기가 심화되고 있었다. 1900년 의화단사건 이후 청왕조는 신정(新政)을 실시하여 근대적 국가로 변모하려 하였으나 성공하지 못하였다. 쑨원(孫文)을 비롯한 혁명파는 청(淸)왕조를 타도하고 공화제 국가를 건설하기 위해 흥중회, 광복회, 화흥회 등 반청 혁명단체를 통합하여 1905년 일본 도쿄에서 중국동맹회를 결성하였다. 쑨원은 민족 · 민권 · 민생의 삼민주의(三民主義)를 내걸고 청도 타도와 공화국을 수립하려 하였다. 1911년 10월 10일 혁명파는 후베이성(湖北省) 우창(武昌)에서 봉기를 일으켰고, 1912년 2월 청왕조의 마지막 황제인 선통제 푸이(溥儀)가 퇴위하여 중화민국이 수립되었다(신해혁명). 신해혁명으로 중국에서 2천 여 년 동안 계속된 황제의 전제지배체제가 무너지고 아시아 최초의 공화제 국가가 수립되었다.

그러나 청왕조의 관리였던 위안스카이(袁世凱)는 혁명파와 협상을 통하여 푸이를 퇴위시키는 것을 조건으로 열강의 지지를 얻어 중화민국의 초대 총통이 되었다. 혁명파는 국민당을 조직하여 국회의원 선거에 참여하여 압승하였다. 국민당의 지도자 쑹자오런(宋教仁)은 국민당을 통한 정당 내각을 조직하고 의회의 힘을 이용해 위안스카이에 대항하려 하였으나 암살당한다. 위안스카이는 국회의 허가를 받지 않고 열강으로부터 소금세를 담보로 250만 파운드의 차관을 도입하였다. 위안스카이의 전횡에 혁명파는 다시 봉기를 일으키지만 실패한다(제2혁명). 위안스카이는 제1당인 국민당을 축출하고, 이어서 국회를 해산하였다. 위안스카이는 독재를 하면서 공화제를 폐지하고 황제제도를 부활하려 하였으나 반대에 부딪혀 실패하고 사망했다(1916.06).

위안스카이가 사망한 후 리위안훙(黎元洪)이 대총통이 되고 돤치루이(段祺瑞)가 총리가 되었다. 그러나 임시약법과 의회를 부활시킨 리위안훙과 중앙집권을 강조하는 돤치루이는 서로 대립하다가 리안훙이 돤치루이를 파면하였다.(1917.5) 이러한 대립속에서 베이징에 군대를 이끌고 온 장쉰(張勳)은 리위안훙에게 사직을 압박하고 의해를 해산하였으며 7월 1일에는 자금성에 있던 선통제 푸이를 황제로 복위시켰다. 이러한 복벽(復辟)은 돤치루이가 12일만에 진압하여 바로 실패하였다. 그러나 신해혁명으로 수립된 공화제 국가는 군벌(軍閥)의 할거 속에 분열이 심해지고 있었다.

(2) 신문화운동

중화민국 초대 총통 위안스카이는 황제가 되려는 운동을 하면서 공자를 존중하고 유교를 국교로 삼으려고 하였다. 신지식인들은 북양(北洋) 정부가 공개적으로 하늘과 공자묘에 제사를 올리면서 군주제로 복귀하려 하자 불만을 품었다. 1915년 9월 천두슈(陳獨秀) 등은 상하이(上海)에서 『청년잡지』(2호부터 『신청년』으로 고침)를 창간하고 '민주'와 '과학'을 주창하면서 신문화운동이 시작되었다. 천두슈는 창간호의 「청년에게 고함」이라는 글에서 청년들에게 자주적 · 진보적 · 진취적 · 세계적 · 실리적 · 과학적인 청년이 되라고 하면서 유교를 비판하였다.

신문화운동은 전통사상의 근간이며 중국 전제 정치의 정신적 지주였던 유교를 비판하였다. 신문화운동에서는 유교가 전통적 가족제도를 옹호하여 사회의 발전을 방해하고 있다고 비판하고 나아가 여성해방을 주장하였다. 후스(胡適)는 한문인 문언문에 반대하고 구어체의 백화문을 제창하였으며, 평이하고 참신하며 명료한 국민문학을 건설하자고 주장하였다. 루쉰(魯迅)은 백화문으로 『광인일기』와 『아Q정전』을 발표하여 중국 유가의 인의 도덕과 권력에 맹종하는 구사상에 반대하였다.

신문화운동은 공화국 체제를 위협하는 복고적 풍조가 강화되는 속에서 위기감을 품고 있던 지식인들의 광범위한 지지를 얻었다. 특히 베이징대학은 1917년 1월 총장이 된 차이위안페이(蔡元培)가 『신청년』의 필진 등을 교수로 초빙하는 등 베이징대학의 학풍을 쇄신하면서 신문화운동의 중심이 되었다. 신문화운동 기간에 여성해방과 연애와 결혼의 자유 등이 주장되었고 중국의 여성들도 남여평등과 혼인의 자유를 실현하여 여성의 사회적 지위를 높이려 하였다.

(3) 5 · 4운동

일본은 1914년 제1차 세계 대전이 일어나자 중국에서 세력을 확대하기 위해 독일에 선전 포고를 하고 독일이 갖고 있던 중국 산동(山東) 반도의 이권을 차지하려고 하였다. 1915년 1월 일본은 중국에 대해 산동의 독일 이권을 일본에 할양하는 것을 포함한 21개조의 요구를 하였는데 황제가 되려는 운동을 추진하고 있던 대총통 위안스카이가 이를 수락했다. 그 이듬해 위안스카이가 죽자 베이징 정권을 장악한 돤치루이(段祺瑞)는 일본에서 거액의 차관을 도입하고 일본군의 자유로운 행동 등을 규정한 비밀협정을 일본과 체결하였다.

한편 제1차 세계대전이 끝난 후 세계질서의 재편을 위해 열린 파리강화회의에 전승국의 일원으로 참가한 중국은 패전국인 독일이 산동성에서 가지고 있던 권익을 회수하려 하였으며, 일본의 강압에 의해 체결된 21개조가 무효라고 주장하였다. 그러나 이미 영국, 프랑스, 러시아 등은 일본과 밀약을 맺었으므로 일본의 주장을 승인하였다.

이 소식이 중국에 전해지자 1919년 5월 4일 베이징에서 3천여 명의 대학생들이 천안문 광장에 모여 '21개조를 취소하라! 칭다오(青島)를 돌려 달라! 매국적을 처벌하라!'는 구호를 외치며 시위를 하였다. 베이징 학생들의 투쟁은 전국적인 반향을 일으켜 6월 3일 상하이에서는 학생들의 수업거부(罷課), 상인들의 철시(罷市),

노동자들의 파업(罷工)이 벌어졌다. 결국 베이징정부는 매국노로 지목된 차오루린(曹汝霖), 장종샹(章宗祥), 루종위(陸宗輿) 등 3명의 관료를 파면했고, 파리에 파견된 중국대표단은 강화조약의 조인을 거부하였다.

대규모 민중운동으로 전개된 5·4운동은 처음으로 학생, 상인, 노동자 등의 세력이 단결하여 정치적인 요구를 관철시킨 것이었다. 이 운동을 통해 학생들은 전국학생연합회를 조직하였고 노동자와 상인, 지식인들이 이 운동에 적극적으로 참여하였으며 여성운동도 활발해졌다. 1949년 중화인민공화국 수립 이후 5월 4일은 청년절로 기념하고 있다.

(4) 중국공산당의 창당

신문화운동과 1917년의 러시아 10월 혁명을 계기로 중국에 마르크스주의가 소개되었고 마르크스주의를 연구하는 단체들도 만들어졌다. 한편 러시아혁명이 성공하자 소비에트 러시아의 외교인민위원회 위원장 카라한은 중국에서 제정 러시아가 가지고 있던 이권을 포기한다는 선언을 하였다. 레닌도 코민테른(공산주의 인터내셔날)을 조직하고 식민지·반식민지의 민족해방운동을 지원하였다. 1920년 4월 코민테른 동방 서기국의 대표인 보이띤스키(Voitinsky)는 베이징에서 리따자오(李大釗)를 만나고 그의 소개로 상하이의 천두슈와 공산당 창당 문제를 논의했다. 이에 따라 1920년 여름부터 베이징과 상하이, 광똥 등에서 공산당 창당을 위한 공산당 조직이 결성되었다.

1921년 6월 22일 제3회 코민테른 대회에 중국공산당은 대표를 파견하여 코민테른으로부터 '중국의 공산당'으로 승인을 받았다. 같은 달에 중국 주재 코민테른 대표 마링(Maring)이 파견되어 중국공산당 창당 대회를 추진하였다. 이에 따라 1921년 7월 23일 중국 각지의 50여 명의 당원을 대표하는 상하이 대표 리한쥔(李漢俊)·리다(李達), 베이징 대표 장궈타오(張國燾)·류런징(劉仁靜), 광똥 대표 천꽁보(陳公博)·바오후이성(包惠僧), 우한 대표 천탄추(陳潭秋)·동비우(董必武), 창샤 대표 마오쩌둥(毛澤東)·허수헝(何叔衡), 지난 대표 덩언밍(鄧恩銘)·왕진메이(王盡美) 등 13명과 마링·니콜스키(국제적색직공연합 대표) 등이 상하이에 모여서 중국공산당 제1차 전국대표대회를 개최하였다.

이 대회에서는 부르주아계급을 무너뜨리고, 프롤레타리아 계급 독재를 수립하며, 사유제를 폐지하여 계급차별을 소멸시키는 것을 당의 투쟁목표로 하였다. 이와 함께 노동자계급을 조직하여 혁명 투쟁에 참여시키기 위하여 중국노동조합 서기부를 설립하기로 하였다. 이 대회에서는 당내에 중앙국을 두고 천두슈가 총서기, 장궈타오가 조직, 리다가 선전을 맡았다.

창당 초기에 중국공산당은 프롤레타리아 정당을 표방했지만 지식인들이 많았다. 초기 당원들은 이론면에서도 미숙한 편이었고 당의 규율도 엄격하지 못했다. 또한 초기의 중국공산당은 코민테른의 중국지부로서 코민테른의 지원과 지도에 따랐기 때문에 혁명운동에서 자율성이 제약받았다.

2. 국민혁명의 전개와 좌절

(1) 국민혁명의 전개

1) 쑨원과 코민테른

중국혁명의 지도자 쑨원은 5·4운동을 계기로 1919년 10월 중화혁명당을 중국국민당으로 개조하였다. 쑨원은 1922년 6월 광똥(廣東) 군벌 천종밍(陳炯明)의 반란으로 상하이에 머물고 있었다. 일본이나 구미열강에게 지원을 받지 못했던 쑨원은 5 · 4운동을 경험하면서 소련과 사회주의에도 관심을 가지게 되었다. 코민테른도 중국공산당만으로는 중국혁명을 이끌 수 없다고 보고 처음에 군벌 우페이푸(吳佩孚)에 관심을 가졌지만, 이후 쑨원에 주목하게 되었다. 보이띤스키는 상하이에 와서 쑨원을 만나 중국혁명에 관하여 의견을 교환하였다.

1923년 1월 소련 외교관 요페와 쑨원은 중국에서 공산조직 및 소비에트제도를 적용하는 것이 불가능하며 중국의 긴급한 과제가 국민적 통일과 국가적 독립이기 때문에 소련 국민이 중국을 원조한다는 공동선언을 발표하였다. 이 선언은 쑨원이 소련과 연합하고, 공산당을 국민당에 받아들이며, 농민운동과 노동운동을 지원하는 연소 · 용공 · 노농원조(聯蘇 · 容共 · 勞農援助) 정책의 기본이 되었으며 제1차 국공합작의 기초를 만들었다.

2) 제1차 국공합작의 성립

이 선언 이후 광똥에 근거지를 만들어 군정부를 세운 국민당은 소련과 협력하면서 국공합작을 위한 준비를 하였다. 이러한 준비를 거쳐서 1924년 1월 20일부터 30일까지 중국국민당 제1차 전국대표대회가 개최되었다. 이 대회에서 제국주의 타도와 불평등조약 폐기, 삼민주의를 주창하고 국민정부의 수립을 목표로 삼았다.

이 대회에서는 혁명의 지도이념이었던 국민당의 삼민주의를 새롭게 해석하여 민족주의에서는 제국주의 침략에 반대하여 민족해방과 국내 여러 민족의 평등을 주장하였고, 민권주의에서는 봉건군벌의 전제에 반대하여 민중의 자유와 권리를 강조하였으며, 민생주의에서는 토지집중과 독점자본을 제한하여 민중의 복리를 부르짖었다. 이러한 신삼민주의(新三民主義)는 연소 · 용공 · 노농원조의 3대 정책과 함께 통일전선의 강령이 되었다.

이 대회에서는 새로이 당 간부를 선출하였는데 중앙집행위원 24명 가운데 리따자오(李大釗), 탄핑샨(譚平山), 위슈더(于樹德) 3명, 후보위원 17명 가운데 린쭈한

(林祖涵), 마오쩌둥, 장궈타오, 취추바이(瞿秋白 1899~1935) 등 7명의 공산당원이 있었다. 이 가운데 조직부 부장에 탄핑산, 농민부 부장에 린쭈한이 취임하였다. 공산당원은 공산당 당적을 유지한 채 국민당에 입당하였다.

1924년 4월 쑨원은 국민정부건국대강(國民政府建國大綱)을 발표하였다. 여기서 삼민주의와 입법 · 사법 · 행정 · 감찰 · 인사의 5권헌법에 기초한 중화민국의 건설을 목표로 삼고, 군정(軍政) · 훈정(訓政) · 헌정(憲政)의 세 단계로 나누었다.

한편 새로운 혁명군을 양성하기 위하여 소련의 지원을 받아 광저우의 황푸에 육군군관학교(黃浦軍官學教 1924.6)를 설립하였고 장제스(蔣介石)가 교장에 취임하였다. 국민당은 황푸군관학교를 통하여 처음으로 자신의 군대를 가지게 되었다. 군관학교 생도의 스승이 된 장제스는 이후 국민당의 군사력을 장악하게 된다. 황푸군관학교에는 중국의 민족운동에 참여하고 있던 다수의 조선인 청년들도 입학하였다.

3) 쑨원의 죽음과 좌우파의 대립

베이징 정부는 차오쿤(曹錕)과 우페이푸(吳佩孚)를 총수로 하는 즈리파(直隷派)가 장악하고 있었다. 1923년 10월 의원을 매수하여 차오쿤을 대총통으로 선출한 뒤 즈리파는 장쭤린의 펑톈파(奉天派)와 돤치루이(段祺瑞)의 안후이파(安徽派)를 압박하여 제2차 즈펑전쟁(直奉戰爭)이 발발했다. 펑톈군과 즈리군이 산하이관 부근에서 격전을 벌이다가 즈리군의 펑위샹(馮玉祥)이 반란을 일으켜 10월에 베이징을 점령하고 차오쿤을 감금하면서 즈리군이 붕괴하였다. 펑위샹은 자신의 군대를 '국민군'으로 개칭하고 자금성에 거주하던 푸이(溥儀)를 축출하였다. 펑위샹은 장쭤린의 동의를 얻어 돤치루이를 베이징정부의 임시집정으로 삼았다.

1924년 11월 쑨원은 국민의 신뢰를 상실한 국회를 대신하여 전국 사회단체 대표가 참여하는 국민회의(國民會議) 개최를 논의하기 위하여 베이징에 도착했다.

그러나 군벌들의 반대로 성과를 거두지 못하였고 쑨원은 1925년 3월 12일 간암으로 병사하였다.

쑨원의 죽음으로 국민회의 운동은 구심점을 잃어버렸으나 혁명운동은 계속 발전하였다. 1925년 5월 상하이의 일본 방직공장에서 파업을 하던 중국인 노동자가 피살된 사건이 일어났다. 이 사건에 항의하던 시위대에 영국인 경찰이 발포하여 사상자가 발생하면서 5 · 30운동이 일어났다. 공산당은 상하이에서 노동자와 학생 등을 조직하여 불평등조약의 철폐와 사건의 해결을 요구하였다. 5 · 30운동은 국민당의 지원 속에서 1년 4개월 동안 지속되었다. 5 · 30운동은 국민당과 공산당을 정치적 핵심으로 해서 노동자계급이 선두에 서고 중소부르주아지와 농민이 참가하는 국민혁명의 힘을 보여준 것이었다.

한편 쑨원의 죽음으로 광똥정부는 국민정부로 개조되어 왕징웨이(汪精衛)가 주석, 랴오종카이(廖仲愷)가 재정부 부장이 되어 좌파가 우위를 차지하는 가운데 집단지도체제를 갖추었다. 그러나 좌우파의 균형추 역할을 했던 쑨원의 죽음으로 국민당 좌우파 간의 대립이 점차 심해졌다. 국민당 좌파의 중요한 지도자였던 랴오종카이가 암살당하고 저우루(鄒魯)와 린선(林森) 등이 베이징 시샨(西山)의 비윈스(碧雲寺)에 있는 쑨원의 영전 앞에 모여 공산당원의 당적을 취소하는 등 공산당의 활동을 제한할 것을 주장하였다.

이어서 1926년 3월 공산당원이 지휘하던 군함 중산함이 황푸에 회항한 것을 자신에 대한 쿠데타로 본 쟝제스가 공산당원 지휘관과 소련 고문을 체포하는 중산함 사건이 일어났다. 이를 계기로 쟝제스는 국민당과 군대에서 권력을 확대시킬 수 있었고 그를 중심으로 신우파가 형성되었다. 쟝제스는 왕징웨이를 대신하여 국민정부 군사위원회 주석이 되었다.

(2) 북벌과 국공합작의 붕괴

1) 북벌의 개시

1926년 장제스는 북방의 군벌을 토벌하는 북벌(北伐)을 추진하였다. 국민정부에는 장제스를 총사령으로 하는 약 10만 명의 국민혁명군이 있었다. 이에 비해 후난(湖南)의 우페이푸(吳佩孚)는 25만, 장시(江西)의 쑨촨팡(孫傳芳)은 20만, 동북의 장쭤린(張作霖)은 35만의 병력을 가지고 있었다. 국민혁명군은 1926년 7월부터 북벌을 개시하여 후난(湖南)과 후베이(湖北), 장시(江西)와 푸젠(福建)으로 진군하였다. 후난으로 진격한 국민혁명군은 창사(長沙)와 우한(武漢)을 점령하여 우페이푸의 군대를 일소하였다. 장시로 향했던 혁명군은 직예파의 쑨촨팡 군대의 주력을 공격하여 11월에 난창(南昌)을 점령하였고, 푸젠으로 진출한 혁명군은 푸저우(福州)와 항저우(杭州)를 점령하였으며 1927년 3월 쑨촨팡의 본거지인 난징(南京)을 함락시켰다.

민중들은 국민혁명군에 군벌의 동정을 보고하고 길 안내와 물자수송에 적극적으로 협력하였으며, 군벌이 일소된 지역에서는 노동자·농민을 비롯한 민중운동이 격렬하게 전개되었다. 후난에서는 농민협회 회원이 북벌 이전의 30만에서 200만으로 증가하였고 후베이에서는 7만에서 100만으로 증가하였다. 농민들은 지주·호신(豪紳)으로부터 권력을 빼앗고 소작료 인하와 잡세 폐지 등을 요구하였으며 지주의 토지를 몰수하는 경우도 있었다.

도시의 노동자들도 노동자규찰대(工人糾察隊)를 조직하여 제국주의 및 자본가와 대립하였다. 상하이에서는 공산당원인 저우언라이(周恩來) 등이 지도하는 노동자들이 1927년 3월 21일 총파업과 무장봉기로 군벌군대를 일소하고 '상하이특별시 임시정부'를 수립하였다. 북벌군은 9개월 만에 양쯔강 일대를 제압하고 광둥(廣東)·광시(廣西)와 후난, 후베이, 장시, 푸젠, 저장(浙江), 안후이(安徽), 장쑤(江蘇)

등 9개 성을 장악하였다.

2) 4 · 12쿠데타와 난징 정부의 수립

북벌이 순조롭게 전개되면서 광저우(廣州)의 국민정부를 1927년 1월 우한(武漢)으로 옮기게 되었다. 그러나 국민혁명군 총사령 장제스는 국민정부를 자신의 근거지인 난창에 두기로 하면서 갈등이 일어났다. 3월에는 국민당 중앙집행위원회에서 장제스가 장악하고 있던 국민혁명군 사령부의 권한을 약화시키는 조치를 취했다.

또한 노동운동과 농민운동이 발전하면서 혁명 진영 내부에서도 심각한 계급대립이 발생하였다. 조국의 독립과 통일을 열망하고 있던 민족부르주아지도 노동운동에 직면하여 동요하게 되었다. 농촌에서는 국민당의 상층부나 혁명군 장교들과 연결되어 있던 지주들이 농민운동이 격화되자 도시로 피난하였다.

북벌군이 양쯔강 유역으로 진출하자 이 지역에 많은 조계와 이권을 가진 서구열강과 충돌이 일어났다. 1927년 3월 24일 난징에서 외국 영사관과 교회 등이 습격을 당하여 외국인 6명이 살해되자 영국과 미국 군함이 양쯔강에서 시내를 포격하여 중국인 사상자가 발생하였다.

이러한 상황 속에서 장제스는 중국 자본가들의 도움을 받아 국민당 내에서 공산당을 축출할 계획을 수립하였다. 장제스는 1927년 4월 12일 새벽 상하이에서 노동자규찰대를 공격하고 상하이총공회를 점령하였다. 상하이의 20여만 명의 노동자들은 파업을 일으켜 저항했지만 수천 명의 사상자를 낸 채 국민당에 의해 진압되었다(4 · 12 반공쿠데타). 이어서 4월 15일에는 광저우에서도 공산당에 대한 체포와 살해가 시작되었다. 장제스와 결렬을 피해오던 우한정부는 4월 17일 장제스의 당적을 박탈하고 체포령을 내렸다. 이에 장제스는 18일 난징에 국민정부를 수립하여 우한의 국민정부와 대립하였다.

3) 국공합작의 붕괴와 북벌 완수

우한 정부의 장교들이 계속 반공으로 돌아서면서 후난성과 장시성 등지에 주둔하고 있던 군인들은 공산당을 탄압하기 시작하였다. 6월 1일 중국 주재 코민테른 대표 로이(Roy) 앞으로 소련의 스탈린(Stalin)이 훈령을 보냈다. 그 내용은 토지 국유화, 공산당원과 노동자 · 농민의 무장, 국민당 중앙집행위원회의 개조 등을 지시한 것이었다. 로이는 이 훈령을 왕징웨이에게 보여주었지만 왕징웨이는 승인을 거부하고 공산당을 배제하기 시작하였다. 결국 1927년 7월 3년 7개월 동안 지속된 국민당과 공산당의 제1차 국공합작은 붕괴되었다. 이미 반공에서 같은 입장을 취하고 있던 난징과 우한의 국민정부는 1927년 9월 이후 통합되었다.

1928년 국민정부는 장제스를 다시 북벌군 총사령관으로 임명하여 북벌을 지휘하였다. 북벌이 재개되자 일본은 '거류민 보호'를 명분으로 산동 출병을 하여 4월에 지난(濟南)을 점령하였다가 북벌군과 충돌을 일으켰다(지난사변). 이 사건으로 중국의 반제국주의 운동은 일본을 표적으로 삼게 되었고 장제스의 대일 감정을 악화시켰다. 지난사변은 현지의 일본군이 사건을 일으키고 일본 군부와 정부가 이를 추종하여 확대시켜며 여론을 선동하는 일본식 중국 침략의 전형적인 모습을 보여주었다.

지난사변을 제외하면 1928년 북벌은 순조로운 편이었다. 이때는 이미 펑위샹(馮玉祥)과 옌시산(閻錫山) 등의 군벌이 국민혁명군에 따를 것을 선언하였기 때문이다. 북벌군은 6월 8일 베이징에 무혈입성하여 국민당의 깃발인 청천백일기를 게양했다.

한편 베이징을 장악하고 있던 봉천파 군벌 장쭤린은 1928년 6월 4일 베이징에서 자신의 근거지인 만주로 돌아가던 도중 선양(瀋陽) 부근에서 일본 관동군이 열차를 폭파시켜 사망했다. 일본의 의도는 장쭤린을 암살하여 동북 3성을 혼란에 빠뜨려 이 지역을 장악하려는 것이었다.

그러나 기대했던 혼란은 일어나지 않았고, 장쭤린의 아들 장쉐량(張學良) 이 동북지역을 지배하게 되면서 오히려 일본이 아버지를 폭살한 원수라고 확신하고 중국 통일이라는 정치적 대세에 따르기 위하여 1928년 12월 국민정부에 충성을 맹세하고 국민당에 합류하였다.

3. 난징 국민정부와 소비에트운동

(1) 난징 국민정부의 훈정

1) 난징 국민정부

1928년 난징국민정부(南京國民政府)는 북벌에 성공하여 전국을 통일하게 되었다. 국민정부는 입법 · 행정 · 사법 외에 고시와 감찰(관리의 임면과 감사)의 5원을 최고기관으로 하는 국민정부를 정식으로 발족시켜 '훈정(訓政)'을 실시하였다. '훈정'이란 군정에서 헌정으로 이행하는 과도기로 국민당이 국민을 지도하여 정권을 행사하는 일당독재를 실시하는 것이었다.

'훈정'은 북벌로 대표되는 전시체제(軍政)에서 헌정으로 넘어가는 과도기로 국민에게 헌정(민주정치)을 훈련하는 것이었다. 국민당의 "당을 통해서 국가를 통치한다"는 방침은 선각자인 국민당이 국민정부를 통해 국정을 대행하는 것이었다.

6년간으로 규정된 훈정기에는 국민투표를 통한 국회는 개설되지 않고 민주적 권리는 제한되었다. 당이 정부를 대행하거나 당과 정부가 일체화된 국가 체제는 '정당-국가' 체제(黨國)라고 한다. 훈정기에는 국민당 전국대표대회가 국민대회를 대신하여 국민의 주권행사를 지도하고 대표대회가 폐회 중에는 국민당 중앙집행위원회가 대행한다고 하였다. 이에 따라 국민정부 주석으로 취임한 장제스는 군사와 재정의 실권을 장악했다.

국민당의 '당국' 체제는 '프롤레타리아독재'를 주창한 소련공산당식 체제에 가깝지만 국민당의 경우에는 쑨원을 권력의 정통성을 인정하는 근거로 삼았다. 이 때문에 쑨원이나 쑨원 사상에 대한 비판이 허용되지 않았다.

그러나 국민당 내의 사정은 복잡해서 중앙정부군을 장악하고 있던 장제스가 당내의 압도적 다수를 차지하고 있었던 것은 아니었다. 왕징웨이와 천꽁보(陳公博) 등의 개조파와 우파인 서산회의파, 후한민(胡漢民) · 쑨커(孫科) 등의 파벌도 큰 힘을 가지고 있었다. 장제스는 각 파의 당내 항쟁을 조절하면서 당을 운영해야 했다.

난징정부 시기에 군인을 제외한 국민당의 일반 당원 수는 30만 명 이하였는데 4억 이상의 인구에 비하면 적은 수였고, 지역적으로도 광똥과 난징, 상하이 등에 편중되어 있었으며 계층적으로도 지식인과 관료층이 대부분이었다. 국민정부의 정치 선전과 동원의 수단도 한계가 있었다. 1928년 8월부터 중앙방송국이 방송을 시작하였지만 1934년 시점에서 약 9만 명의 라디오 방송 청취자들은 상하이와 난징이 위치한 장쑤성(江蘇省)의 청취자가 80%를 차지하고 있었다. 국민당의 선전을 담당한 기관지인 『중앙일보(中央日報)』의 발행부수는 1935년에 3만 부 정도로 상하이의 『신보(申報)』나 『신문보(新聞報)』의 14~15만부에 크게 미치지 못했다.

장제스는 이러한 상황을 극복하기 위하여 천궈푸(陳果夫) · 천리푸(陳立夫) 형제의 C · C단(Central Club, 두 사람의 영문 성 'Chen'의 이니셜)과 황푸군관학교 졸업생으로 조직된 남의사(藍衣社) 등의 조직을 이용하여 백색테러를 하였다. 1933년부터 1934년의 1년 간 C · C단에 체포되어 학살된 사람이 4,500 명에 달하였다. 이러한 조직들은 황푸군관학교 졸업생이 이끌던 군과 함께 장제스 독재체제의 기반을 형성하였다.

훈정기의 국민정부는 민주적인 요소를 제한하여 대중적 지지기반을 확보하는데 소홀하였다. 국민당은 중화민국의 모든 통치권을 책임지고 필요할 때는 당이 민중의 언론, 출판, 집회, 결사의 자유를 법률로 제한할 수 있다고 하였다. 이러한 독재 체제를 유지하기 위해서 언론에 강력한 통제를 하였고 국민정부의 비민주적 성격은 민심의 이반을 가져왔다.

2) 난징 국민정부의 경제 건설

난징 국민정부는 국내외의 도전 속에서 1928년부터 1930년까지 관세 자주권을 회복하는 등 제국주의에 빼앗긴 주권을 회수하는데 노력하여 어느 정도 성과를 거두었다. 국민정부는 관세 자주권이 회복되면서 관세를 인상하여 중앙정부의 재정을 안정시키려 하였다. 관세 수입은 중앙정부의 세입 가운데 50% 가까이 차지하였다. 또한 국민정부는 내지통행세(釐金)를 폐지하고 국내의 공산품에 '통세(統稅 통일화물세)만을 부과하였으며, 소금세를 중앙에 귀속시켜 재정을 확충하였다. 또한 난징 국민정부는 재정곤란을 해결하기 위하여 각종 공채를 발행하여 재정에 충당하였다.

난징 국민정부는 상법, 회사법, 공장법, 은행법을 비롯한 각종 법을 제정했다. 국민정부는 화폐제도를 통일하기 위하여 양(兩)을 폐지하고 위안(元)으로 고쳤으며 지폐를 발행하고 은원(銀元)도 주조하였다. 국민정부는 1935년 중앙의 세 개 은행에 통화발행권을 부여하여 화폐를 통일시켰다. 국민정부에서 발행한 '법폐'는 중화민국의 단일 통화가 되었다. 이와 함께 국민정부는 교통의 발전, 공업의 육성에 중점을 두고, 국민경제 건설운동을 통하여 국산품 애용을 제창하였으며 1928년 도량형을 통일하기 위하여 미터법을 도입하였다.

(2) 중화소비에트공화국 임시 중앙정부의 수립과 장정

1) 공산당의 무장봉기와 징강샨 근거지

1927년 7월 15일 우한 국민정부에서 떨어져 나온 중국공산당은 코민테른의 지시에 따라 '무장봉기' 노선으로 전환하였다. 공산당은 7월 25일 중공중앙확대회의를 소집하고 쟝시성 난창(南昌)에서 봉기를 일으키기로 하였다. 그러나 1927년 8월 1일 허룽(賀龍)과 주더(朱德) 등의 부대가 난창에서 일으킨 봉기는 실패하였다. 난창봉기를 일으킨 8월 1일은 중국인민해방군의 건군기념일이 되었다.

이후 중공 중앙은 8월 7일 한커우(漢口)에서 긴급회의를 소집하고 제1차 국공합작의 책임을 추궁하여 천두슈가 총서기에서 해임되고 취추바이가 이끄는 새로운 집행부를 구성하여 토지혁명과 국민정부에 대한 무장투쟁을 벌이기로 결정하였다. 이 회의의 결정에 따라 9월에는 후베이, 후난, 쟝시, 광뚱의 여러 성에서 추수봉기를 일으켰으나 실패하였다.

마오쩌둥은 9월 9일 후난과 쟝시의 경계 지역에서 봉기를 일으켰으나 실패하고 10월에 징강샨(井崗山)으로 들어가 근거지로 삼았다. 다음 해 2월에는 난창봉기에서 실패한 주더(朱德), 천이(陳毅) 등도 징강샨에 들어와 합류하여 공농홍군(工農紅軍) 제4군이라고 하였다. 중국공산당은 1927년 12월에도 광저우(廣州)에서 대규모 봉기를 일으켰으나 실패하였다. 이 광저우 봉기에는 다수의 조선인들이 참여하였지만 봉기가 실패하면서 150여 명이 희생되었다.

공산당은 도시에서의 무장봉기가 국민당의 탄압으로 모두 실패하면서 도시에서 영향력을 잃어갔다. 반면에 농촌에 근거지를 마련하고 소비에트혁명운동을 추진한 마오쩌둥과 주더(朱德) 등의 공산당세력은 점차 영향력을 확대시켜 갔다. 소비에트혁명운동은 국민혁명이 좌절된 이후, 중국공산당의 지도 아래 1927년 후반부터 중일전쟁 전까지 중국 중남부를 주된 무대로 하여 전개된 소비에트권력의 수립을 노리는 혁명운동이었다. 소비에트혁명은 공산당이 공농홍군을 조직하여 지방의 지주권력을 타도하고, 지주의 토지를 몰수하여 농민에게 재분배하며 자본가에 반대했다는 점에서 국민혁명과 차이가 있었다.

징강산 근거지 시기에 마오쩌둥은 홍군 내에 당 조직을 만들어 지휘관 외에 당 대표를 두고 군과 당을 일체화시켰다. 이와 함께 홍군은 "행동은 반드시 지휘에 따른다." "인민의 것은 절대 약탈하지 않는다." "토호에게서 취한 것은 혼자 차지하지 않고 모두의 것으로 한다."는 3대 기율과 '6항주의' 등 철저한 규율을 만들어 집행하였다.

홍군은 "적이 진격하면 물러나고, 적이 머물면 소요를 일으키며, 적이 지치면 공격하고, 적이 퇴각하면 우리는 추격한다"는 유격전술과 "혁명 농촌을 통해 도시를 포위한다"는 전략으로 농촌에서 근거지를 확보해갔다. 또한 농민을 투쟁으로 이끌어내기 위하여 징강산 토지법을 제정하고 모든 토지를 몰수하여 가족 수에 따라 농민에게 분배하기도 하였다.

2) 중화소비에트공화국 임시 중앙정부의 수립

1929년 국민당 군대의 포위를 풀기 위해 마오쩌둥과 주더는 징강산에서 홍군 주력부대를 이끌고 장시와 푸젠으로 이동하면서 장시 남부와 푸젠 서부에 소비에트구를 만들었다. 이 두 소비에트구가 합쳐져 중앙소비에트구가 형성되었다. 이외에도 민저간 소비에트구(閩浙贛소비에트구: 푸젠 · 저장 · 장시), 샹간소비에트구(湘贛소비에트구: 후난 · 장시), 샹어간소비에트구(湘鄂贛소비에트구: 후난 · 후베이 · 장시), 샹어시소비에트구(湘鄂西소비에트구: 후난 · 후베이), 어위완소비에트구(鄂豫皖소비에트구: 후베이 · 허난 · 안후이), 줘요우장소비에트구(左右江소비에트구), 샹간소비에트구(湘贛소비에트구: 후난 · 장시) 등이 형성되었다.

이렇게 형성된 소비에트구를 통합하여 지도하기 위해 1931년 11월 장시성 루이

진(瑞金)에서 중화소비에트 제1차 전국대표대회가 개최되었고 중화소비에트공화국 임시 중앙정부가 수립되었다. 이 대회에서는 중화소비에트공화국 헌법대강과 노동법, 토지법 등이 공포되었고 마오쩌둥이 정부 주석, 주더가 군사위원회 주석 겸 홍군 총사령관으로 선출되었다. 중앙소비에트구에 설립된 정부는 3년 정도 지속되었지만, 중국공산당이 처음으로 일정한 지역에 정부를 수립하여 정책을 시행하였고 홍군을 양성하는 경험을 할 수 있었다. 1933년 전국의 소비에트구는 약 40여 만 평방 킬로미터의 면적과 약 3천 만의 인구를 가지고 있었으며 약 30만의 홍군이 있었다.

3) 국민당군의 포위토벌과 공산당의 장정

1930년 장제스는 자신에 반대하는 펑위샹, 옌시산, 탕성즈(唐生智) 등과 중원대전을 벌여 승리하였다. 1930년 7월 말 펑더화이(彭德懷)가 지휘하는 홍군은 후난성의 성도인 창사(長沙)를 점령하고 후난성 소비에트정부의 수립을 선언하였다. 일주일만에 홍군은 철수하였지만 중원대전에서 승리한 장제스는 적극적으로 공산당을 토벌하는 5차례의 대규모 군사작전을 전개하였다. 마오쩌둥이 지도하는 홍군은 국민당을 소비에트구로 유인하여 압도적인 국민당군을 격퇴시켰다.

공산당은 4차례에 걸친 국민당의 포위토벌을 막아냈으나 국민당의 제5차 포위토벌을 막지 못하고 1934년 10월 장시성 루이진에서 홍 1방면군 8만여 명이 '장정(長征)'이라고 불리는 행군을 시작하였다. 홍군은 국민당군의 추격을 뿌리치며 11개의 성을 통과하고 18개의 산맥과 17개의 큰 강을 건너 12,000km를 행군하였다. 1935년 10월 샨시(陝西)북부에 도착했을 때 겨우 8천 명이 남아 있었다. 홍 1방면군 이외에도 장정에는 홍 2방면군과 4방면군 등이 참여하여 1936년까지 장정을 마쳤다.

장정 도중인 1935년 1월 꾸이저우성 준이(遵義)에서 개최된 회의에서는 코민테른에서 파견된 독일인 군사고문 오토 브라운(Otto Braun; 중국명 리더 李德) 등의 군사 지도방침이 비판을 받았고, 마오쩌둥이 정치국 상무위원으로 복귀하면서 군 지휘권을 다시 확보하였다. 이 장정을 통하여 중국공산당에 대한 코민테른의 지도가 약화되고 마오쩌둥의 지도권이 확립되어 갔다고 할 수 있다.

4. 일본의 만주 침략과 제2차 국공합작

(1) 일본의 만주 침략과 난징 국민정부

1929년 10월 미국에서 발생한 세계대공황은 전 세계로 파급되었다. 대공황으로 인하여 큰 타격을 받은 일본은 만주와 내몽골을 지배하려 하였다. 1928년 말 장쉐량이 국민정부에 가담하자 일본 군부와 우익은 무력으로 만주를 침략하려고 계획하였다. 일본은 1931년 창춘(長春) 근교에 살던 조선인 농민과 중국인 농민의 충돌사건인 완바오샨 사건(萬寶山事件)을 일으켜 중국인들과 한인들의 관계를 이간시키고 중국을 침략해야 한다는 여론을 조성하였다.

1931년 9월 18일 일본의 관동군은 펑톈(奉天-지금의 瀋陽) 교외의 남만주 철도 가운데 1m 정도를 파괴하고, 중국 측의 소행이라며 중국군을 공격하여 만주를 점령하는 9 · 18사변(만주사변)을 일으켰다. 그러나 동북 변방군 사령관인 장쉐량은 장제스의 명령에 따라 부하들에게 일본군에 저항하지 말도록 명령하였다. 관동군은 동북3성 점령계획을 실시하기 위해 군부에 군대 증파를 요구했다. 21일 천황의 명령이 없는 상황에서 일본 각의의 '사태 확대 불가' 방침에도 불구하고, 조선 주둔 일본군이 마음대로 국경을 넘어 관동군을 지원하여 전쟁이 확대되었다. 중국의 무저항정책으로 일본의 관동군은 4개월 만에 만주지역을 점령하였다.

당시 국민정부는 지방의 군벌 할거를 완전히 통제하지 못하였고 공산당의 소비에트구가 발전하는 등 권력기반이 취약했기 때문에 이 문제를 국제연맹의 힘으로 해결하려 하였다. 국제연맹에서는 리튼조사단을 중국에 파견하여 1933년 2월 만주에서 중국 주권을 인정하고 만주국을 비승인하는 조사보고서를 채택하였으나 '만주국'을 승인하고 있던 일본은 이를 무시하고 국제연맹을 탈퇴하였다.

난징 국민정부의 외교적 해결이 실패하자 무저항 정책에 반대하고 일본의 침략에 저항하는 항일운동이 전국적으로 퍼져나가 일본상품 불매운동이 전개되었다. 일본은 중국의 관심을 만주에서 다른 곳으로 돌리기 위해 1932년 1월 28일 상하이의 중국군을 공격하였다(1 · 28사변). 상하이 부근에 주둔하던 중국군 제19로군은 약 1개월 동안 일본군에게 완강하게 저항하였다. 중국과 일본은 영국의 조정으로 5월에 상하이 정전협정을 체결하였다.

한편 국민정부는 1932년 11월 군사 · 국제관계 · 재정경제 · 원료자원 · 운수 · 식량 등 여러 분야의 전문가를 모집하여 '국방설계위원회'라는 총력전 준비기관을 설립하였다. 이 조직은 1935년에 자원개발과 중공업 건설을 담당하는 자원위원회로 개조되었다. 이 위원회는 '중공업 건설 5개년 계획'을 제정하여 1936년 7월부터 중공업 건설을 시작하였다.

(2) 일본의 만주국 수립과 항일운동

일본은 1932년 3월 1일 일본 관동군의 지배 아래 만주국을 수립하였다. 수도를 신징(新京, 지금의 창춘)으로 하고 청나라 마지막 황제 푸이를 집정(執政)으로 취임시켰다가 만주국 황제로 만들었다(1934). 그러나 '만주국 황제' 푸이는 명목상 황제였을 뿐 실질적 권력을 가지지 못하였고 대부분의 정책을 일본인들이 처리하였다.

만주국은 만주족, 한족, 일본인, 조선인, 몽골인의 '5족협화(五族協和)'를 내세웠지만 일본정부의 승인을 받아 일본의 권익 존중, 일본군 주둔, 일본인 관리 임용 등을 인정하여 사실상 일본의 식민지였다.

만주국은 일본 관동군의 괴뢰국가로서 국가 총력전 체제 확립을 위한 자원공급지로 삼았을 뿐 아니라 자원을 이용한 중화학 공업 건설지였고 대소련 전략기지였다. 또한 불황에 허덕이는 일본 농촌의 과잉인구를 배출하는 곳으로 30만 명의 농업 이민자들이 이주하였다. 만주국 시기 석탄, 강철 등 중공업 생산과 철도 건설 등이 성장했지만 모두 일본의 중국 자원 수탈이 목적이었다.

그러나 넓은 만주를 일본이 모두 지배하기 어려웠기 때문에 만주의 여러 지역에서 중국인과 한인의 항일투쟁이 전개되었다. 만주의 한인(韓人) 사회주의 조직은 1930년 중국공산당의 하부기구에 통합되었다. 이후 1935년에 중국인과 한인들은 만주지역의 항일무장단체를 통합한 약 3만 명의 '동북항일연군'을 조직하여 만주에서 항일투쟁을 전개하였다. 일본은 항일세력을 제압하기 위하여 민중을 집단 부락으로 이주시켜 항일 부대와의 교류를 차단하고 친일적인 민중자위조직을 만들어 주민들이 서로 감시하도록 했다.

1933년 2월 일본은 러허성(熱河省)을 침공하여 만주국의 영역에 편입시켰다. 국제연맹총회에서 만주문제에 대해 대일 권고안을 채택하자 일본은 국제연맹을 탈퇴하였다. 5월에는 일본군이 베이핑(北平-베이징)에 육박하였고 정전을 위한 탕구협정(塘沽協定)이 맺어졌다. 이 협정으로 일본군이 장성 밖으로 철수하였지만 결국 중국이 만주국을 국가로 인정한 셈이 되었다. 일본은 1935년 11월 화북지역에 한간(漢奸: 한족으로 외국에 투항한 간신), 인루겅(殷汝耕)을 수반으로 하는 지똥방공자치정부(冀東防共自治政府)를 수립하여 화북지역을 제2의 만주국으로 만들려 하였다.

이러한 화북 분리의 위기감이 높아지면서 1935년 12월 9일 베이핑(北平)에서 5천명의 학생들이 '일본제국주의 타도', '화북자치 반대' 등의 슬로건을 외치며 시위

행진을 하였다(12 · 9운동). 12 · 9운동에서 학생들이 합창한 노래는 "일어나라, 노예가 되고 싶지 않은 사람들!..."이라는 가사의 「의용군 행진곡」이었다. 「의용군 행진곡」은 원래 1935년에 개봉된 영화 「풍운아녀(風雲兒女)」의 주제가였다. 이 노래는 구국을 호소하는 가사 때문에 중일전쟁 기간 동안 유행했으며 나중에 중화인민공화국의 국가가 되었다.

(3) 시안사변과 제2차 국공합작

국내에서 일본에 반대하는 항일운동이 거세지고 있는 가운데 장제스는 '일본 공포증(恐日病)'이라는 비난까지 들으면서 공산당을 우선 토벌해야 한다는 방침을 바꾸지 않았다. 장제스는 일본의 중국 침략이 확대되면 열강의 간섭을 불러올 것으로 보았다. 그는 중일전쟁에서 지구전을 통해 열강의 대일 군사 간섭을 이끌어내고 이를 통해 일본을 패배시키려 하였다.

그러나 '만주사변' 이후에도 영국과 미국이 개입하지 않았다. 국민정부는 영국 · 미국과의 관계 구축에 힘쓰면서 나치 독일과의 연대를 강화하여 텅스텐 같은 전략물자를 수출하고 독일로부터 대량의 무기를 공급받았다.

한편 소련은 일본의 중국 침략이 확대되는 속에서 일본을 견제하기 위해 중국과의 관계 개선을 하려 했다. 장제스도 1934년 초부터 소련과의 관계 개선을 위한 비밀 교섭을 하였고 1935년 11월 이후에는 국민당과 중국공산당도 비밀 교섭을 시작하였지만 구체적인 문제에 대한 의견 차이 때문에 쉽게 진전되지 않았다.

중국공산당은 지속적으로 일본제국주의에 반대하는 거국적인 항일민족통일전선을 형성하자는 주장을 하고 있었다. 시안(西安)에서 공산당 토벌작전을 벌이고 있던 장쉐량의 동북군은 일본군과 싸워 고향인 만주를 되찾겠다는 희망을 가지고 있었다. 공산당은 항일을 주장하면서 동북군과 연락을 취하여 1936년 전반에는 이미 양측이 정전상태에 있었다.

1936년 12월 4일 공산당 토벌작전을 독려하기 위해 장제스가 시안에 도착하였다. 장쉐량은 장제스에게 내전을 중지하고 항일할 것을 건의하였으나 거절당했다. 장쉐량은 12월 12일 새벽 화칭츠(華淸池)에서 장제스를 구금한 뒤 난징정부의 개조, 내전 정지 등 8개항의 요구사항을 제시하는 시안사변을 일으켰다. 시안사변이 일어나자 난징국민정부는 장쉐량을 토벌하자는 강경론과 타협론이 대립하였지만 타협론을 제시하였던 장제스의 처남 쑹즈원(宋子文)과 처 쑹메이링(宋美齡) 등이 시안으로 가서 장제스를 설득하였다. 중국공산당도 저우언라이(周恩來), 친방셴(秦邦憲), 예젠잉(葉劍英) 등을 파견하여 평화적 해결을 모색하였다. 양측은 절충을 거듭하여 8개항의 요구사항을 인정하는 형태로 합의하였다. 장제스는 문서로 합의하는 것을 거부하였으나 12월 25일 석방되어 시안을 떠날 때 '약속은 반드시 지킨다'고 하였다.

장쉐량은 시안사변의 책임을 지고 스스로 군법회의에 회부될 것을 바라며 장제스와 동행하였다. 이후 장쉐량은 1990년까지 40여 년 동안 연금 상태에 있다가 타이완에서 90세에 석방되었다. 시안사변을 계기로 국민당과 공산당은 제2차 국공합작을 추진하여 중일전쟁이 발발한 이후인 1937년 9월 23일 정식으로 항일민족통일전선이 형성되었다.

5. 중일전쟁의 전개

(1) 중일전쟁의 시작: 7 · 7사변

베이징 서남쪽의 용딩허(永定河)에는 마르코 폴로가 세계에서 가장 아름다운 다리라고 한 루거우차오(蘆溝橋)가 있다. 이 다리가 있는 펑타이(豊台)에 화북 분리

공작의 주역이던 일본의 지나 주둔군이 1936년 5월부터 주둔하고 있었다. 중국은 이에 항의했지만 일본 측은 대응하지 않았다. 루거우차오 부근에는 쑹저위안(宋哲元)의 중국군 제29군 부대가 있었다.

1937년 7월 7일 야간에 이 부근에서 군사훈련을 하고 있던 일본군의 머리 위로 10여 발의 총탄이 날아왔다. 일본군은 병사 한 명이 행방불명되자 루거우차오 앞의 완핑현(宛平縣) 성으로 들어가 수색하겠다고 했고, 중국군은 주민들이 불안해할 것이라고 수색을 거부했다. 일본군병사는 바로 원대 복귀했지만 일본군은 완핑현 성을 포위한 뒤 포격을 가했고 중국군도 이에 응전하여 8년간의 중일전쟁이 시작되었다(7 · 7사변; 노구교 사변).

일본은 군사적인 압력을 통해 현지의 중국군을 철수시키고 일본의 실질적인 지배 지역을 확장하는 '현지 해결 방식'을 답습했다. 그러나 중국은 1936년 시안사변 이후 국공 내전이 거의 정지되고 항일 체제가 형성되고 있었다. 장제스는 7월 8일 보고를 받고 항일을 결심하였으며 7월 17일 루샨(廬山) 담화를 발표하여 일본에 타협적인 태도를 바꾸어 항전하겠다고 발표하였다.

장제스는 영국과 미국의 적극적인 개입을 이끌어내려 했지만 실제로는 일본을 중국에 묶어 두려고 한 소련이 호응하였다. 8월 21일 국민정부는 소련과 중소불가침조약을 체결하여 대규모 차관 공여와 지원병 조종사 파견을 포함한 군사원조를 받았다. 소련은 1940년까지 중국에 대한 최대 원조국이었다. 장제스는 중국과 소련의 접근이 일본과 소련의 전쟁으로 연결될 가능성이 있었고, 긴급하게 군사 원조가 필요했으며 공산당에 대한 대책 등을 고려하여 소련과 협정을 체결하였다.

조약을 체결한 다음 날인 8월 22일에는 국공 양당이 합의하여 공산당이 지도하는 홍군 3만여 명은 국민혁명군 제8로군 3개 사단으로 편성되었고, 총사령에 주더, 부사령에 펑더화이(彭德懷)가 임명되었다. 화중과 화남 지역에서 게릴라전을 수행하고 있던 홍군 1만여 명도 신편 제4군(新四軍)으로 개편되었다.

9월 22일 공산당이 삼민주의를 받들고 국난에 대처하겠다는 국공합작 선언을 하고, 9월 23일 장제스가 공산당의 합법적 지위를 인정하며 선언을 수용하여 제2차 국공합작이 성립되었다.

공산당의 본거지 옌안(延安)에 있는 샨시성 북부 지역은 샨간닝변구(陝甘寧邊區)정부가 되어 국민정부 행정원이 관할하는 특별행정구가 되었다. 국민정부의 국방최고회의에도 공산당에서 저우언라이와 주더가 참가하였다. 이러한 과정을 통하여 국민당과 공산당을 중심으로 노동자 · 농민 · 지주 · 부르주아지를 포함하여 일본 제국주의에 반대하는 모든 세력이 결집한 항일민족통일전선이 결성되었다.

(2) 침략전쟁의 확대와 전쟁의 참화

일본군은 중국 측에 치명적인 타격을 가하여 화북에 관한 일본의 요구를 중국이 인정하게 하는 속전속결로 전쟁을 종결시키려 하였다. 그러나 일본군은 화북에서 중국에 괴멸적 타격을 준다는 목표를 달성할 수 없었기 때문에 전쟁이 더욱 확대되었다. 국민정부는 전략상 화북을 포기하고 주력군을 양쯔강 하류에 집중시켰으며 일부를 샨시 등으로 보냈다. 이는 일본군을 서쪽으로 진출하게 만들어 시간을 벌고 그 사이에 자원, 설비, 인원을 양쯔강 상류의 오지로 소개시켜 장기적인 항전체제를 구축하려는 것이었다.

일본군은 8월부터 전선을 확대하여 차하르성(省)에 침입하여 중심도시인 장쟈커우(張家口)를 점령하고 다시 샨시성(山西省)과 샨동지역을 점령하였다. 국민당군이 전력을 보존하는 전술을 취했기 때문에 일본군은 1937년 말까지 허베이 · 차하르(察哈爾) · 수이위엔(綏遠) · 샨동 · 샨시(山西) 북부 지역의 철도 부설 지역을 점령하였다. 이 작전에서는 린뱌오(林彪)의 8로군 115사단과 허롱(賀龍)의 120사단이 일본군에 큰 타격을 주었다(핑싱관 平型關전투).

화중 지역에서 국민정부군이 가장 심혈을 기울여 방어한 곳은 상하이였다. 일본은 상하이전투에 20만 명의 병력을 투입하였고 중국은 장제스가 직접 사령관직을 맡아 직계 중앙군을 포함한 40만 명을 투입하여 3개월 동안 격전을 벌였다. 결국 일본군은 9천 명 이상의 전사자가 발생하였지만 11월 말 상하이를 점령하였다. 상하이를 점령하는 과정에서 약 20만~25만 명에 이르는 사상자가 발생하였다. 일본군은 패주하는 국민정부군을 추격하여 12월 13일에는 중화민국의 수도인 난징(南京)을 점령하였다.

일본군은 중국에서 약탈, 방화, 강간, 포로와 민중에 대한 무차별 학살을 자행하였다. 특히 일본군은 난징을 점령한 12월 13일부터 16일까지 남녀노소를 가리지 않고 집중적으로 대학살을 자행하였으며 다음해 2월까지 학살이 계속되었다. 제2차 세계대전 후인 1946년 극동국제군사재판 판결문은 점령 후 한 달 동안 난징성 안에서 2만 건에 가까운 강간 사건이 일어났고 6주 동안 난징성 안과 부근 지역에서 학살된 민간인과 포로의 숫자가 20만 명을 넘었다고 하였다. 중국 난징에서 열린 난징군사법정에서도 집단학살 피해자 수가 19만 명이었고 자선기관에서 수습한 시신이 15만 구나 되었으며 피해자 규모는 30여만 명을 넘었다고 한다.

난징대학살의 원인에 대해서는 상부(천황)의 명령에 절대 복종하는 일본군의 특성과 일본 특유의 공동체문화 속에서 배태된 집단의식에 따른 수동적 행동양식과 죄의식의 마비, 투항한 병사를 포로로 삼지 않고 식량을 지급할 수 없다는 이유로 살해하는 일본군의 관례와 중국인을 자신들과 같은 '사람'으로 생각하지 않는 심성 등이 지적되고 있다. 또한 일본은 중일전쟁이 시작된 초기부터 '전쟁'이 아닌 '사변'이라는 용어를 사용하여 전시 국제법의 적용을 피하려 했다. 이 때문에 중일전쟁 과정에서 포로 살해와 현지 조달이라는 약탈과 민중에 대한 폭행과 강간 등이 끊이지 않았다.

이러한 학살이 전 세계에 알려지면서 일본은 각국의 비난을 받았고 수도인 난징이 함락되면 중국이 화해를 요청해 올 것으로 생각한 일본의 의도와는 반대로 중국인의 항전의지를 더욱 굳게 만들었다. 국민정부는 공간을 내주고 시간을 버는 지구전 전략에 따라 상하이가 함락된 1937년 11월 수도를 옮겨가며 항전하였고, 최종적으로 쓰촨성의 오지에 있는 충칭(重慶)으로 이전하였다.

1938년 4월 타이얼좡(台兒莊)전투에서 리쫑런(李宗仁)의 광시군이 일본군과 싸워 승리를 거두었다. 중국군은 쉬저우(徐州)에서 일본군과 격렬한 전투를 하였으나 5월에 쉬저우를 빼앗겼다. 쉬저우를 함락시킨 일본군은 허난(河南)으로 진입했고, 쟝제스는 황허강의 제방을 파괴하여 일본군의 침략을 지연시켰다. 황허의 제방이 파괴되면서 허난 · 안후이 · 장쑤에서 3천 제곱킬로미터 이상의 토지가 수몰되어 막대한 피해를 냈다. 전열을 재정비한 중국군과 일본군은 우한에서 공방전을 벌였고, 일본군도 큰 손실을 입었지만 1938년 10월 광저우와 우한을 점령하였다. 일본군은 개전 1년 반만에 중국의 연해와 양쯔강 연안의 주요 도시를 장악할 수 있었다.

과거 청왕조는 외국 군대가 침략하면 황제가 피난을 하고 수도가 점령당하면 강화조약을 받아들여 굴복했다. 그러나 국민정부는 수도와 주요 도시들을 모두 점령당했지만 항전을 계속하였다. 일본이 전쟁을 확대할수록 중국의 저항은 일본의 예상과 반대로 강화되었다. 일본 점령지에서 도피한 학생과 지식인 가운데 일부는 국민정부를 따라 오지로 이주하거나 전선으로 가서 일본과 싸웠다. 일본의 침략은 중국의 민족주의를 고양시키는 역할을 하였던 것이다.

한편 일본군이 점령한 곳은 대도시를 연결하는 주요 철도 연선의 '점과 선' 뿐이었으며, 대부분의 농촌에서는 게릴라 부대가 끈질긴 항전을 계속하고 있었다. 중국군은 일본군 포병이나 기계화 부대가 활동하기 어려운 내지로 들어가 방어를 하였기 때문에 일본군이 진격할 수 없었다. 1938년말까지 일본군의 대규모 작전은 거의 끝났고 중일전쟁은 교착상태에 들어갔다.

일본은 점령지역의 행정기관으로 베이핑에 왕커민(王克敏)의 중화민국 임시정부, 몽골에 몽강연합위원회(蒙疆聯合委員會), 난징에 량홍즈(梁鴻志)의 중화민국 유신정부를 수립했다. 이들 정부는 모두 일본군이 만든 것으로 일본인 고문이 전권을 쥐고 있는 꼭두각시 정권이었다. 일본이 중국에 만든 가장 큰 괴뢰정권은 왕징웨이의 정권이었다. 원래 국민당 좌파였던 왕징웨이는 모든 국토가 파괴되기 전에 일본과 평화를 이룩해야 한다고 주장하고 있었다. 결국 왕징웨이는 충칭을 탈출하여 1940년 3월 난징에 친일적인 괴뢰정부를 세웠으나 충칭국민정부는 이를 인정하지 않았다.

(3) 공산당의 항전과 국공의 대립

공산당은 유격전을 전개하면서 일본군 점령지의 후방에 들어가 항일근거지를 수립하였다. 항일전의 초기에 일본군이 국민정부군과의 정면전장을 우선으로 여겨 주요 도시를 함락시키면서 보급선이 늘어났기 때문에 공산군은 그 틈을 타서 유격전을 벌이고 근거지를 확대시켜 나갈 수가 있었다. 일본군의 침공으로 국민정부군과 관리가 퇴각하자 농촌은 권력의 공백 상태가 되었으며 공산당이 이들을 조직하여 근거지를 확대해 갔다.

팔로군은 화북지역에 항일근거지를 세웠고 새로 조직된 신사군(新四軍)은 화중지역에 근거지를 세웠으며 화남지역에서도 광저우가 함락된 뒤부터 근거지를 형성하기 시작하였다. 국민정부군과 일본군의 전선이 확대되고 전장의 크기가 넓어져서 일본군의 지배력이 상대적으로 약화되었기 때문에 공산군은 1940년 말까지 계속 발전하였다. 1940년경에는 팔로군이 개전 당시의 3만 명에서 40만 명으로 신사군은 1만여 명에서 10만 명으로 성장하였고, 항일근거지의 인구도 약 1억 명에 달하였다.

1940년 8월부터 3개월여에 걸쳐 팔로군은 115개 연대(團) 40만 병력으로 일본군에 총공세를 가한 백단대전(百團大戰)을 전개하여 화북의 일본군에게 타격을 주었다. 이에 대응하여 일본군은 게릴라부대와 근거지의 사람, 물자, 취락을 완전히 소멸시키는 '삼광'(三光: 죽여 없애고, 빼앗아 없애고, 태워 없앤다)작전과 치안강화 운동을 전개하였다. 이러한 일본군의 작전으로 팔로군과 공산당의 항일근거지는 큰 타격을 받아 어려움에 처했다.

한편 공산당의 세력 확대는 국민당에게도 충격을 주었다. 국민정부는 반공정책을 강화하면서 공산당의 해방구를 봉쇄하고 물자의 이입을 금지·방해하였다. 1941년 1월에는 안후이성 남부에서 이동하던 신사군을 국민당군이 습격하여 약 9천 명의 신사군 중 겨우 천여 명만이 살아남은 환남사변(皖南事變; 신사군 사건)이 발생하였다. 환남사변은 양당의 합작을 깰 수도 있을 만한 중대한 사건이었다. 그러나 공산당측이 무력대결을 피하여 양당의 충돌은 더 이상 진전되지 않았다. 공산당이 냉정하게 대처하여 항일 통일전선을 유지하려고 한 것은 공산당의 정치적 위상을 높여 주었다.

한편 샨간닝변구(陝甘寧邊區)에서는 18세 이상의 남녀들이 보통선거를 하여 향(鄕)·현(縣)·변구의 각급 정부가 조직되었다. 정부위원이나 참의회 의원도 공산당원은 1/3을 넘지 못한다는 '3·3제'가 실시되었다. 토지정책에서는 지주의 토지를 몰수하지 않고 소작료와 이자를 인하하는 온건한 정책을 실시하였다.

그러나 백단대전 이후 일본군의 삼광작전으로 팔로군의 수가 감소하였고 해방구의 인구와 면적도 축소되었다. 이러한 위기를 해결하기 위하여 공산당은 자력갱생이라는 슬로건 아래 병사와 간부, 학생 등 모든 사람을 생산에 동원하여 자급자족을 추진하였다. 또한 군대를 소수 정예화하고 행정기관을 간소화하여 남은 인원을 황무지를 개간하는 등 생산에 투입하였다. 이러한 생산운동을 통하여 공산당은 기존의 체제를 재편성하고 대중을 동원하여 1942년 말에는 2년 동안의 심각한 곤경에서 기사회생하면서 자립하였다. 공산당은 인민대중의 혁명적 적극성을 동원하고, 조직하는데 성공함으로써 위기를 극복할 수 있었다. 이러한 생산운동으로

1943년 말에 해방구의 인구는 8천만, 팔로군과 신사군은 47만으로 회복되었다.

한편 옌안(延安)에서는 공산당의 항일에 공감하는 지식인과 청년들이 모여들어 당원이 전국적으로 80만 명(1940년)에 이르렀다. 이러한 당원 증가에 따른 조직의 이완과 작풍을 시정하기 위해 1942년부터 옌안에서 정풍운동이 전개되었다. 마오쩌둥에 의해 시작된 정풍운동은 공산당 내에서 현실에서 유리된 주관주의, 관료주의와 분파주의, 공허한 형식주의를 일소하고 새로운 기풍을 만들어 당원들의 질적 향상을 도모한 것이었다.

정풍운동의 과정에서 마오쩌둥은 과거의 잘못된 노선을 시정하여 당을 구한 지도자의 모습을 확립하려 노력하였다. 정풍운동은 '마르크스주의의 중국화'를 표방하였지만 실제로는 스탈린식 당 조직론과 역사관의 영향이 크게 작용하였다.

중국공산당은 1943년 중앙정치국 회의에서 마오쩌둥에게 당 주석으로서 서기처 회의의 최종적 결정권을 부여하였다. 또한 1945년 제7차 전국대표대회에서 당 규약에 당은 마르크스 레닌주의 이론과 중국혁명의 실천을 통일한 사상인 마오쩌둥 사상을 당의 모든 활동의 지침으로 삼는다는 내용을 삽입하여 마오쩌둥의 권력을 강화시켰다. 이 대회에서는 마오쩌둥이 심혈을 기울였던 「약간의 역사 문제에 관한 결의」가 채택되어 이후 공산당의 역사 서술과 역사인식을 전반적으로 규정하게 되었다.

(4) 항전 시기의 국공관계

1939년 9월 1일 나치 독일의 히틀러가 폴란드를 침공하여 제2차 세계대전이 시작되었다. 일본은 독일의 승리에 편승하여 1940년 9월 프랑스령 인도차이나(현재의 베트남 북부)를 침략하고 독일, 이탈리아와 삼국 동맹을 체결하였다. 1941년 독일이 소련을 침공하자 일본군은 동남아시아를 침략하기 시작하였다. 이에 미국과 영국, 네덜란드 등은 일본에 철강과 석유 등 전략물자의 대일수출을 금지했다.

1941년 12월 8일 일본 육군은 영국 식민지인 말레이 반도에 상륙하여 영국군을 기습공격했다. 이어서 일본해군은 하와이 진주만의 미국 태평양함대를 공격하여 태평양전쟁이 시작되었다. 일본은 미군과 영국군을 공격하여 반년 만에 말레이반도, 홍콩, 싱가포르, 버어마, 인도네시아, 필리핀 등을 점령하였다.

1937년 7월 루거우차오 사건으로 시작된 일본의 침략 전쟁은 1941년 12월 세계를 상대로 하는 대전으로 확대되어갔다. 일본의 선전포고에 대응하여 미국과 영국도 선전포고를 단행했고, 중국도 일본과 그 동맹국인 독일과 이탈리아에 정식으로 선전포고를 하였다(12월 9일). 태평양전쟁 발발은 중일 문제의 국제적 해결을 원하던 장제스에게 중일전쟁의 승리를 전망하게 하는 것이었다.

1942년 중국은 미국 · 영국 · 소련을 비롯한 25개국과 함께 자유와 인권의 옹호, 단독 강화 없이 일치단결하여 파시즘 제국을 타도할 것을 내용으로 하는 '연합국 공동선언'에 조인하고 연합군에 참가했다. 68만 명의 일본군이 활동하고 있던 중국 전선의 연합국 중국 전구(중국, 베트남, 태국까지 포함) 최고사령관에는 장제스가 임명되었다.

한편 중일전쟁이 태평양전쟁으로 확대되면서 미국도 중국에 참모장으로 스틸웰(Stilwell)을 파견하였다. 1944년 4월 태평양전선에서 패배한 일본군은 중국전선에서 승리하여 육상 교통을 확보하고 중국의 공군기지를 파괴하기 위해 41만의 병력을 동원하여 대륙타통작전을 감행하였다. 이 작전으로 일본군은 중국군을 패퇴시키고 뤄양, 창사, 구이린 등의 도시를 점령하였다. 중국군은 이 지역의 철도와 도로를 파괴하였지만 미군은 청두(成都)로 공군기지를 이전했기 때문에 별 다른 타격을 받지 않았다. 그러나 연합군이 공세를 취하고 있던 상황에서 중국군이 패주했기 때문에 국민정부의 무능과 국민당 군대의 부패에 대한 비판이 강해졌다.

미국의 루스벨트는 1944년 7월 장제스에게 중국군의 지휘권을 스틸웰에게 이양하라고 요구했다. 장제스는 이에 반발하면서 스텔웰의 해임을 요구하였다. 스틸웰은 국민정부의 부정부패에 비판적이었고, 공산군에게도 군사 원조를 하여 대일 작전에 참가시키려 했기 때문에 장제스와 사이가 좋지 않았다. 결국 루스벨트는 장제스가 실각하고 중국이 전선에서 이탈할 것을 우려하여 10월에 스틸웰을 웨드마이어(Wedmeyer)로 교체하였다.

소련은 중일전쟁 초기에 중국을 지원하였다. 그러나 독일과 일본의 군사적 위협이 현실화하자 독소불가침조약(1939년 8월)과 일소중립조약(1941년 4월)을 체결하여 자국의 안전보장을 우선시했다. 일소중립조약에서는 만주국과 몽골인민공화국의 영토 보전과 불가침 존중을 보증한다고 하여 중국을 자극하였다. 이러한 소련의 태도는 소련의 영향 아래에 있다고 판단되던 중국공산당에 대한 불신감을 일으켰다.

중일전쟁시기 장제스는 독재체제를 강화해 당과 군과 정을 일원화한 국방최고위원회 위원장이 되었고 반공 방침을 세웠다. 1940년경부터 장제스의 반공정책이 노골적으로 실시되었다. '전국을 당화(黨化)하자'는 슬로건 아래 반국민당적인 움직임은 비밀경찰에 의해 억압되고, 많은 민주당파 인사와 항일청년들이 강제수용소에 끌려갔다. 1942년 「국가총동원법」이 시행되어 검열제도가 강화되고 1,400 종의 신문과 잡지, 서적이 발매금지되었다. 이러한 장제스의 통제와 소극적인 항일 등으로 인해 많은 지식인들이 장제스의 독재에 반대하였기 때문에 민심이반이 심해졌다.

중국공산당은 1944년 9월 일당통치를 마감하고 각 당파가 항일 연합정부를 조직하자고 주장하였다. 장제스는 이를 수용하지 않았지만 민주당파는 이를 환영했다. 마오쩌둥은 1945년 4월 '연합정부론'을 제기하면서 몇 개의 민주계급이 연맹한 신민주주의 국가형태와 정권형태를 만들겠다고 하였다. 공산당이 각 정파가 평등하게 참여하는 연합정부를 구성하여 독립·자유·민주·통일·부강한 신중국을 건설하겠다고 하여 민주당파의 지지를 받자 국민당도 1945년 11월 보통선거로 각 현과 시에서 선출된 국민대표로 구성된 국민대회를 소집하여 헌법을 제정하는 헌정을 실시하기로 하였다. 그러나 중일전쟁 이전에 국민당이 지명하거나 단독 선거로 뽑았던 사람들을 국민대표로 하였기 때문에 공산당과 민주당파의 불만을 야기했다. 중국민주정단동맹은 1944년 9월 충칭에서 대회를 소집하여 중국민주동맹으로 이름을 바꾸고 무당파 민주인사를 흡수하여 세력을 확대시켰다.

한편 미국은 1944년 7월 바레트(Barret)가 옌안을 방문하여 공산당의 사정을 이해하게 되었다(딕시 사절단). 미국은 1944년 11월 헐리(Hurely)를 파견하여 국공관계를 조정하였으나 성과를 거두지 못하였다.

(5) 중일전쟁의 종결

일본은 1942년 6월 미드웨이해전에서 미군에 패배한 이후 점차 수세에 놓이게 되었다. 1943년 2월에 일본군을 과달카날섬에서 격퇴시킨 미국은 서진을 계속하였다. 1943년 11월에는 미국의 루스벨트, 영국의 처칠, 중국의 장제스가 모여 카이로회담을 개최했다. 회담 후 카이로선언은 일본의 무조건 항복, 타이완과 만주의 중국반환, 조선의 독립을 요구했다.

1945년 2월에는 얄타회담이 개최되었는데 중국이 알지 못하는 상황에서 소련의 대일 참전 조건이 합의되었다. 중국과 관련해서는 외몽골(몽골인민공화국)의 현상유지, 다롄과 뤼순에 대한 소련의 권익 보장, 중동철도 · 만철선에 대한 중 · 소 합영(合營)과 소련의 특수 권익 보장 등 중국의 주권을 침해하는 내용이었다. 루스벨트는 전쟁을 조기에 종결시키기 위해서는 강력한 소련군이 참전하여 일본군을 공격해야 한다고 판단했던 것이다. 이에 대해 장제스는 반발했지만 수용할 수 밖에 없었다.

1945년 미국은 필리핀을 탈환하고 오키나와를 점령하였다. 1945년 8월 8일 소련은 대일 전쟁을 선포하고 중국의 동북지역에 출병하였고 이어서 한반도의 북부를 점령했다. 미국은 8월 6일과 9일에 일본의 히로시마와 나가사키에 원자탄을 투하하였다.

8월 14일 국민정부는 소련과 중소우호동맹조약을 체결하였다. 중국은 얄타 밀약을 인정한 대가로 동북의 영토와 주권, 행정권을 중국이 소유하고 신장(新疆)의 관리권을 회복하며, 중국공산당이 국민정부의 명령에 복종하고 소련이 중공을 지원하지 않는다고 선언하는 것 등을 승인받았다.

1945년 8월 15일 일본은 무조건 항복을 선언하였다. 9월 9일 중국에 있던 일본군은 난징에서 항복 조인식을 하였다. 중일전쟁에서 중국은 3,500만 명이 죽거나 다쳤으며 6,000억 달러의 재산손실을 보았다. 전쟁이 종결될 당시 일본군은 중국에 198만 여 명이 주둔하고 있었고 54만 여 명이 전쟁 중에 사망했다.

6. 국공내전

(1) 충칭 담판과 정치협상회의

제2차 세계대전이 끝난 후 미국은 국민정부 아래에서 안정된 통일 중국의 재건을 기대하여 국공 양당 사이를 조정하였고, 소련도 중국에서 내전이 일어나는 것을 원하지 않았다. 미국 공사 헐리는 국공의 대립과 내전을 피하기 위하여 국공 간의 담판을 주선하였다.

1945년 8월 29일 충칭에서는 장제스와 마오쩌둥이 회담을 하였다. 이 회담은 군대의 통일과 해방구 정권의 해소, 헌법 제정 등의 문제로 의견일치가 이루어지지 않아 40일간 계속되었다. 결국 국공 양당은 10월 10일 장기적으로 협력하고 내전을 피하며 독립 · 자유 · 부강한 신중국을 건설하여 삼민주의를 실행하고 정치협상회의를 열어 건국방안과 국민대회 소집문제를 토의하기로 하였다.

1946년 1월 국민당 8명, 공산당 7명, 민주동맹 9명, 중국청년당 5명, 무당파 9

명으로 정치협상회의가 개최되어 새로운 통일정부를 위한 결의를 채택하였다. 우선 국민당원을 정부위원(각료)의 반수로 제한하고 군대의 정당활동을 금지하며, 입법원과 행정원을 의회와 내각으로 만들어 삼권분립을 보장하기로 하였다. 국민당은 정치협상회의의 결의를 표면적으로 지지했지만 당내에 이 결의에 반대하는 세력들이 불만을 품고 반대하였다. 1946년 2월 10일 쓰촨성 충칭의 민중 단체들이 자오창커우(較場口)에서 정치협상회의 성공을 축하하는 집회를 열자 일부 국민당원들이 폭력을 행사하며 난입하는 사건이 발생하였다. 또한 민주동맹에 대한 탄압도 강화되어 1946년 7월 언론인 리공푸(李公樸)와 문학자 원이둬(聞一多)가 잇달아 암살당했다.

1946년 2월 소련군이 철수한 후 중국의 동북(만주) 지역에서 국민당과 공산당 간의 무력충돌이 계속되었다. 미국은 국공 간의 내전 중지를 위해 대통령 특사 마샬(Marshall)을 보내 교섭을 하였지만 효과가 없었다. 결국 국민정부군은 1946년 6월 공산당에게 전면 공격을 시작하였다.

(2) 국민정부 지배 지역의 혼란

중일전쟁이 종결된 후 국민정부는 전쟁 기간 중 외국의 자금 원조와 통제무역에서 나온 수입 등으로 8억~9억 달러의 외환을 확보할 수 있었다. 행정원장 쑹즈원(宋子文)은 미국을 중심으로 형성되고 있던 자유주의적 국제경제 질서(브레튼우즈 체제)에 중국도 풍부한 외환 보유고를 살려 적극적으로 참가하고 생산재를 수입하여 경제 부흥을 촉진하려 했다.

그러나 국민정부에서 실세 가격보다 약간 높게 외화 환율을 책정하자 미국에서 대량의 소비재가 수입되었고 생산재 수입은 늘지 않았다. 중국의 수출은 국내 생산에 급급하여 여력이 없었고 높은 환율로 인하여 증가하지 않았다. 국민정부의 외환보유고는 5개월 만에 1억 5,500만 달러로 감소하였다. 1946년 11월 중국은 미국과 중미우호통상항해조약을 체결한 후 미국상품 수입이 급증하였다. 결국 국민정부는 1947년 2월 외환 매매 금지와 생활필수품의 배급제를 실시하여 경제 자유화 정책을 포기하였다.

국민정부는 일본군이 점령하고 있던 지역의 저축은행권을 회수하고 국민정부의 법폐(法幣)로 재통일하려 했다. 이 과정에서 국민정부는 내륙지역의 법폐의 가치를 높였다. 그 결과 내륙지역의 법폐가 상하이 등 연해 지역에 유입되어 인플레이션을 유발했고, 내륙지역에는 연해 지역의 고품질의 상품이 판매되어 내륙지역 경제가 타격을 입었다.

일본군과 일본 자본이 경영하던 생산 설비 가운데 제철소와 탄광, 발전소 등은 국민정부 자원위원회에서 접수하였고 정부가 중국방직건설공사(中國紡織建設工司)를 설립하여 국영화했다. 이들 기업은 경영을 담당하는 관료들의 부패현상이 많이 나타났기 때문에 '관료자본'이라는 비난을 받았다. 동북지역에서는 소련군이 주요 생산 설비를 철거해 갔기 때문에 경제활동에 지장을 초래하였다.

이러한 경제조건 속에서 1946년 6월부터 시작된 국민정부의 내전 수행을 지탱시킨 것은 미국의 원조였다. 미국을 중심으로 하는 유엔 원조는 1946년부터 1948년까지 4억 3,300만 달러를 지원했는데 식량과 농업 부흥, 의료교육 부문에 한정되었다. 미국의회는 1948년 4월 중국을 원조하기 위한 4억 6,300만 달러의 대외원조법을 가결하였다. 그러나 이 금액은 친국민정부파 의원들이 주장한 금액의 3분의 1에 불과했다. 미국의 여론은 독재성향이 강해지던 중국 국민정부에 거리를 두고 있었던 것이다.

한편 미국의 잉여농산물이 대량으로 수입되면서 중국의 곡물생산이 타격을 받았다. 농촌의 농업생산이 지속적으로 감소하면서 공업제품의 시장도 축소시켰다. 중국의 공업은 전쟁으로 인하여 원료 공급과 상품 판매도 곤란하였고, 농업의 쇠퇴로 농촌시장이 축소되었으며 미국에서 수입된 상품과 경쟁하게 되어 큰 타격을 받았다.

국민정부는 이러한 어려운 경제 사정 속에서 내전을 시작하여 막대한 군사비를 투입하였다. 그러나 재정 수입이 빈약한 국민정부는 군사비의 부담을 감당할 수 없었고 엄청난 재정적자를 지폐발행을 통하여 해결하려 했기 때문에 극심한 인플레이션을 초래했다.

| 표 1-1 | 난징국민정부의 법폐 발행액과 물가지수

연도	발행액 (억 元)	지수 (1937년6월=100)	상하이도매물가지수 (1934년1–6월 =100)	법폐구매력지수 (1945년 9월=1)
1937년 6월	14	100	100	–
1945년 8월	5,569	39,484	–	–
1945년 12월	10,319	73,162	88,544	0.39100
1946년 6월	21,125	149,776	372,375	0.09291
1946년 12월	37,261	246,180	571,313	0.06050
1947년 5월	99,351	709,653	2,993,100	0.01153
1947년 12월	331,885	2,353,704	8,397,600	0.00413
1948년 6월	1,965,203	13,937,609	88,480,000	0.00039
1948년 8월	6,636,944	47,070,539	492,700,000	0.00007

출처 : 孫文學, ≪中國近代財政史≫, 東北經濟大學出版社, 1990, p.398

위의 표 1-1에 의하면 8년 동안의 중일전쟁 기간 국민정부의 법폐 발행액은 14억원에서 5,569억 위안으로 397배 증가했다. 1945년 9월부터 1948년 8월 21일까지 3년 동안에 법폐 발행은 5,569억위안에서 663조 위안으로 1,191배 증가했다. 같은 기간 상하이의 물가는 1937년 6월을 기준으로 4,927,000배 상승했다. 법폐의 구매력도 계속 폭락하여 1945년 9월을 기준으로 했을 때 10만 분의 7로 가치가 떨어져 거의 휴지가 되어 버렸다.

1948년 8월에 금원권(金圓券)이라는 새로운 통화를 발행하여 종래의 법폐 300만 위안을 금원권 1위안으로 교환하는 화폐개혁을 시도하였으나 실패하였고, 1949

년 7월에는 은태환권(銀兌換券)을 발행하였으나 화폐가치를 유지하는데 실패하였다. 경제정책의 실패는 국민정부의 신뢰를 떨어뜨리는 중요한 원인이 되었다.

(3) 국민정부의 오산

1946년 11월부터 국민당, 청년당, 민주사회당이 참여한 헌법제정국민대회가 개최되었다. 그러나 공산당과 민주동맹은 국민당이 정치협상회의 결의를 이행하지 않고 일당독재 체제를 유지하려고 한다며 대회에 출석하지 않았다.

1947년 1월 1일에 공포된 헌법은 입법원에 강력한 권한을 보장했고 사법의 독립을 포함한 삼권분립을 명기하였으며, 언론 출판, 집회 결사의 자유, 생존권, 근로권, 재산권 등 기본적 인권은 사회질서와 공공의 이익에 반하지 않는 한 헌법으로 보장되고 법률로 규제될 수 없다고 하고 있다. 그러나 헌법 시행에 따른 입법 활동을 위해 1948년 3월에 열린 국민대회는 선거를 둘러싼 매수 사건과 폭력 사태, 대리투표가 끊이지 않아 국민들에게 환멸감을 주었다. 수도 난징에서조차 147만 명 유권자 가운데 80%가 기권하였다.

이러한 상황 속에서 내전과 기아에 반대하는 시위가 각지에서 일어났지만 국민정부는 반대세력을 탄압하였다. 국민정부는 지식인과 학생들의 평화와 민주를 요구하는 움직임을 불순하게 보고 사회질서유지법 등을 제정하여 탄압을 가했기 때문에 국민당에 대한 신뢰가 떨어졌다.

공산당은 생계 보장과 내전 반대, 민주화를 요구하는 민중운동과 연대하는 태도를 취했고 국민정부의 정치적 고립이 심화되었다. 국민정부군은 수적으로 공산당군을 압도했지만, 국민정부 통치 지역 내의 치안 유지를 위해 상당수의 병사를 차출해야만 했다.

(4) 공산군의 반격

국공내전이 시작된 초기에는 국민정부군이 군사적으로 유리했다. 국민당 군대의 병력은 430만 명으로 공산당 군대 120만 명에 비해 거의 4배 정도의 전력을 가지고 있었다. 내전 초반에는 미국의 원조를 받고 있었던 국민당군이 유리한 상황이었다.

| 표 1-2 | 국공내전 시기 국민당군과 공산당군 병력 변화 (단위: 만 명)

	1946.7	1947.6	1948.6	1949.6	1950.6
국민당군	430	373	365	149	58
공산당군	120	195	280	400	500
비 율	1 : 3.58	1 : 1.9	1 : 1.3	1 : 0.37	1 : 0.11

출처 : 北京大學國際政治系, 『中國現代史統計資料選編』, 河南人民出版社, 1985, p.405.

마오쩌둥은 지구전과 유격전을 전개하면서 국민당군과 정면으로 대결하지 않았다. 국민당군은 1947년 3월 공산당의 항일근거지였던 옌안을 점령하였다. 공산당은 국민정부군이 들어오기 전에 중국의 동북과 화북 지역에 병력을 집중하였고, 소련군의 묵인 아래 구일본군의 무기를 입수하여 군사력을 강화하였다. 아울러 공산당은 국민정부 군대에 대한 정치 공작을 통하여 국민정부군 부대가 공산당에 투항하도록 하였다. 도시에서는 장제스 정권의 부패와 독재를 폭로하여 시민과 중간층을 흡수하였다.

또한 공산당은 1946년 하반기부터 지주의 토지를 몰수하여 농민에게 분배하는 토지개혁운동을 전개하면서 민중들의 지지를 이끌어 내었다. 마오쩌둥의 기본전략은 토지개혁을 통하여 지구전과 유격전의 기반이 되는 인민을 끌어들이는 '인민전쟁론'과 광범위한 중간층을 아군으로 끌어들이는 '통일전선론', 공산당의 군과 정부를 유지시키는 '근거지론'으로 이루어졌다.

중국공산당은 1948년 9월부터 반격을 시작하여 12월까지 린뱌오(林彪)의 동북야전군이 랴오선(遼瀋)전투로 만주 지역을 지배하게 되었고, 덩샤오핑(登小平)의 중원 · 화동야전군이 화이하이(淮海)전투에서 승리하여 쉬저우를 점령하였으며, 동북 · 화북야전군이 핑진(平津)전투에서 승리하여 1949년 1월에 톈진(天津)과 베이핑(北平)을 점령했다. 국민정부는 공산군이 난징과 광저우를 점령하자 충칭과 청두(成都)로 수도를 옮겼다가 11월 27일 타이완으로 철수하였다.

제2장

중화인민공화국의 수립과 사회주의 건설

1. 중화인민공화국의 수립

(1) 중화인민공화국의 수립

1) 신정권의 수립

1949년 10월 1일 오후 3시, 베이징의 천안문광장에 30만의 군중들이 모인 가운데 마오쩌둥(毛澤東)은 중화인민공화국 중앙인민정부가 수립되었다고 선포하였다. 마오쩌둥은 중화인민공화국 중앙인민정부 주석이 되었고, 주더(朱德), 류샤오치(劉少奇), 쑹칭링(宋慶齡), 리지션(李濟深 ; 국민당혁명위원회 주석), 장란(張瀾 ; 민주동맹 주석), 까오강(高崗 ; 동북인민정부 주석)을 부주석에 임명하여 중앙인민정부위원회를 조직하고 베이징을 중화인민공화국의 수도로 결정하였다.

헌법이 아직 제정되지 않았기 때문에 「중국인민정치협상회의 공동강령」을 정부의 시정방침으로 하고 린보취(林伯渠)를 중앙인민정부위원회 비서장, 저우언라이(周恩來)를 중앙인민정부 정무원 총리 겸 외교부부장, 마오쩌둥을 중앙인민정부 인민혁명군사위원회 주석, 주더를 인민해방군 총사령, 션쥔루(沈鈞儒)를 최고인민법원 원장에 임명하였으며, 중화인민공화국정부가 전국 인민을 대표하는 유일한 합법정부임을 선언하였다. 이 날 새로운 중국의 국기인 오성홍기(五星紅旗)가 나부꼈고 중일전쟁(항일전쟁) 때 널리 불렸던 「의용군행진곡」이 국가로서 울려 퍼졌다.

이에 앞서 1949년 9월 21일 새로운 국가 수립을 위하여 각계 대표 662명이 참가한 가운데 중국인민정치협상회의 제1차 전체회의가 개최되었다. 공산당을 비롯하여 민주동맹, 국민당혁명위원회, 민주건국회, 민주촉진회, 공농민주당, 치공당, 구삼학사, 타이완민주자치동맹 등 당파대표 165명, 각 해방구를 대표하는 지구대표 116명, 인민해방군대표 71명, 전국총공회와 농민단체, 국내 소수민족, 국외 화교 등을 포함하는 인민단체대표 235명, 저명인사, 유력자 등으로 이루어진 특별초청대표 75명 등이 참가했다. 그러나 헌법을 제정하지 못했기 때문에 정치협상회의의 「중국인민정치협상회의공동강령」이 1954년까지 헌법을 대신했다.

신정권의 구성을 보면 중국공산당이 중심적인 지도력을 발휘하였지만 중일전쟁시기 해방구에서 채택하였던 3 · 3제 연장으로 통일전선적인 성격이 강했다. 정치협상회의의 각 정당 정식대표 142명 가운데 공산당 대표는 16명으로 국민당 혁명위원회, 민주동맹과 같은 숫자였다. 중앙정부 구성에서도 비공산계 지도자가 부주석 6명 가운데 3명, 정부위원 56명 가운데 29명, 정무원(국무원의 전신)의 부총리 4명 가운데 2명, 장관에 해당하는 정무원의 부장 · 위원회 주임 33명 가운데 15명으로 각각 50% 전후를 차지했다. 물론 새로운 정부는 각 당파가 연합한 형태를 취하고 있었지만 450만 명의 당원과 인민해방군을 거느린 공산당이 실질적인 권력을 장악하고 있었다.

2) 정권의 이념과 정책

정치협상회의의 「공동강령」에 의하면 정권의 기본 이념과 정책은 마오쩌둥의 '신민주주의론'과 '연합정부론'을 주축으로 하고 있었다. 정치에서는 신민주주의, 즉 인민민주주의 국가로서 노동자 계급이 지도하고 노농동맹(勞農同盟)을 기초로 하여 민주적인 여러 계급과 국내의 각 민족을 결집한 인민민주 독재를 실행하는 것이라고 하여 공산당의 지도를 명기하지 않았다. 여기서 인민민주독재란 노동자, 농민 등의 '인민'에 대해서는 민주가 보장되지만, '계급의 적'에 대해서는 독재를 한다는 것이었다.

또한 "중국의 독립, 민주, 평화, 통일 및 부강을 위해 분투한다", "점차 농업국을 공업국으로 변모시킨다"고 하여 근대국가 건설에 역점을 두고 있었다. 이러한 근대화론은 1950년대 후반부터 마오쩌둥 사후까지 공공연하게 주장되지는 않았지만 후에 덩샤오핑에 의해 부활하였다.

기본정책의 주요내용은 ① 중국 내에서 외국 제국주의의 특권을 취소하고, 관료자본을 몰수하여 국가소유로 하며, ② 경제는 사회주의적인 국영경제와 반(半)사회주의적인 합작경제, 농업 및 사적 자본주의의 개인경제 3자가 혼합된 경제방식을 채택하고, 공적인 것과 사적인 이익을 함께 고려하며, 노동자와 자본가 양측의 이익을 도모하고, 도시와 농촌의 상호부조와 생산 발전을 기본으로 하였다. ③ 외교는 국가의 독립·자유 및 영토의 보전과 상호 존중을 기초로 국제적인 영구 평화와 우호 협력을 옹호하고 제국주의의 침략과 전쟁 정책에 반대한다는 것이었다.

중국의 신민주주의론은 바로 사회주의를 건설하려 하지 않고, 프롤레타리아, 빈농, 중산층, 민족 자본가 등이 공동의 이상을 실현할 수 있는 과도기 사회의 건설을 의도한 것이었다.

중국의 국기와 국가·국장

국기: 오성홍기

중화인민공화국의 국기는 오성홍기(五星紅旗)라고 부른다. 빨강 바탕에 있는 큰 노랑 별은 중국인민정치협상회의와 중국공산당을 나타내고, 작은 별은 중화인민공화국의 노동자·농민·지식계급·애국적 자본가의 4계급을 나타낸다. 빨강은 혁명을 상징하고, 별의 노란색은 황인종을 의미한다. 공모한 약 3,000점의 도안 가운데 1949년 9월 27일 중국인민정치협상회의(中國人民政治協商會議) 준비위원회 제1차 전체회의에서 국기로 선정하여 10월 1일 제정하였다.

국가: 의용군행진곡

중국의 국가인 의용군행진곡은 원래 1935년 개봉된 풍운아여(風雲兒女) 영화에 수록된 곡으로 티엔한(田漢)이 작사하였으며 중일전쟁시기에 애창되었고 1949년 중국인민정치협상회의에서 국가로 채택되었다. 프롤레타리아 문화대혁명 기간에 티엔한이 비판된 후 불려지지 않았으나, 1982년 말부터 다시 원상복귀되었다. 의용군행진곡의 가사는 다음과 같다.

義勇軍行進曲 [의용군 행진곡]

起來, 不願做奴隷的人們!	일어나라, 노예가 되고 싶지 않은 사람들!
把我們的血肉, 築成我們新的長城!	우리의 피와 살로 우리의 새로운 만리장성을 쌓으세!
中華民族到了最危險的時候,	중화민족이 가장 위험한 때가 왔으니
每個人被迫着 發出最後的吼聲	모두가 최후의 함성을 부르짖자
起來, 起來, 起來	일어나, 일어나, 일어나
我們萬衆一心, 冒着敵人的砲火	우리 모두 한 마음으로 적의 포화를 뚫고
前進	전진!
冒着敵人的砲火	적의 포화를 뚫고
前進! 前進! 前進進!	전진! 전진! 전진진!

국장

중화인민공화국의 국장은 중앙에 개의 별이 천안문을 비추고 있고, 그 주위에 톱니바퀴와 쌀, 보리를 배열하고 있다. 천안문은 5 · 4운동의 발상지이며, 신중국의 건국을 선언한 곳이다. 톱니바퀴와 곡물의 이삭은 각각 노동자 계급과 농민 계급을 상징한다. 다섯 개의 별은 각 민족의 단결을 나타낸다.

(2) 중화인민공화국의 대륙통일과 냉전

1) 중화인민공화국의 대륙 통일

중화인민공화국 건국 당시에도 바이총시(白崇禧) 등이 지휘하는 국민당군 70만여 명이 중남 · 서남 · 화동 일대에 자리 잡고 있었다. 인민해방군은 1949년 10월 초순부터 1950년 3월에 걸쳐 화남과 서남 지역의 국민당 세력을 소탕하였다. 이들

전투에서는 류보청(劉伯承)과 덩샤오핑의 제2야전군과 린뱌오(林彪)와 뤄룽환(羅榮桓)이 이끌었던 제4야전군이 활약하였다. 거의 동시에 왕전(王震)의 제1야전군 군단은 신쟝(新疆)을 지배하게 되었다. 18세기 건륭제 시대에 청왕조의 판도가 된 신쟝 위구르 지역은 1930년대와 1940년대 동투르키스탄 독립운동이 발생하여 동투르키스탄 공화국이 수립되었다. 그러나 중화인민공화국이 건국되면서 중국에 다시 편입되었다. 계속해서 1950년 4월 이후에는 하이난다오(海南島)를 점령하고 5월에는 저우샨군도(舟山群島)를 점령하여 양쯔강 봉쇄를 해제하였으며 저쟝(浙江) 연해의 섬을 점령하였다.

1950년 10월에는 티베트로 진군하여 19일 참도(Qamdo 창두昌都)를 점령하고, 이듬해 4월부터 티베트 정부와 교섭을 하여 5월에 「평화해방에 관한 17개조 협의」에 조인했다. 이 협의는 티베트의 신앙의 자유와 현행 정치제도, 달라이 라마의 지위와 직권을 보장하고 티베트가 중화인민공화국 조국 대가족의 품으로 돌아온다는 것을 강조했다. 중국인민해방군은 1951년 10월 26일 티베트의 라싸로 들어갔다. 티베트문제에 대해 유엔은 아무런 행동을 취하지 않았고 인도와 영국도 개입하지 않았다. 이에 따라 타이완, 펑후군도, 홍콩과 마카오를 제외한 전 대륙이 중화인민공화국의 통치 아래 들어갔다.

2) 미소대결과 동서냉전

국민당군과의 내전에서 승리가 가까워졌을 무렵 중국공산당 지도자들은 소련을 모델로 삼았지만 역사적으로나 정치적으로 소련에 강한 불신감이 있었기 때문에 미국과도 일정한 우호관계를 유지하고자 했고, 물밑으로 관계 정상화를 모색한 적도 있었다. 10월 1일 정부포고에서도 "평등과 호혜 및 상호 영토·주권 존중 등의 원칙을 준수하는 어떤 외국정부와도 외교관계를 수립하겠다"고 발표하였다.

그러나 1947년의 '트루먼 독트린'으로 본격화되었던 냉전은 단기간에 마샬 플랜,

나토체제와 코민포름, 코메콘, 바르샤바조약기구 체제라는 양대 진영을 형성했다. 특히 1948년 코민포름이 유고슬라비아 공산당을 제명했던 사건은 중국공산당이 제3의 길을 걸을 수 있는 가능성을 대폭 축소시켰다. 게다가 타이완으로 쫓겨간 국민당 정부는 미국의 군사적, 경제적 지원을 받으면서 대륙 반격의 기회를 노리고 있었다. 이러한 가운데 마오쩌둥은 일방적으로 소련에 기우는 외교 방침을 세우게 된다.

1949년 12월, 다오쩌둥은 스탈린의 70세 생일을 축하한다는 명목으로 모스크바에 갔다. 소련과의 외교교섭은 저우언라이가 담당했는데 난항을 겪다가 1950년 2월 14일 중소우호동맹상호원조조약 등이 체결되었다. 중국은 소련과 군사동맹을 체결하여 안전을 확보하고, 소련으로부터 발전소와 철도, 기계설비 등 3억 달러의 유상 차관을 얻었다. 국민당 정권이 소련과 맺은 1945년 중소우호동맹조약에서 소련의 공동 사용권을 규정한 중동철도와 남만주철도(합쳐서 長春鐵道), 뤼순항과 다롄항을 중국에 반환하기로 하였다. 중소동맹이 체결되면서 스탈린과 마오쩌둥의 관계도 전에 비하여 향상되었다. 이 조약이 체결된 이후 중국은 대소 일변도 정책을 채택하게 된다.

중국은 소련모델을 모방하고 소련의 이론을 배우며 소련의 전문가들을 초빙하여 중요 부서와 기업, 군사, 과학 교육 기구에서 고문역할을 담당하게 하고 소련에 유학생을 파견하였으며 소련의 교과서를 번역하여 출판하였다.

경제계획과 관련하여 1952년 2월 11일에 소련을 모방하여 국가계획위원회를 세우고, 공산당 이외의 구 관료들이 참여하고 있던 재정경제위원회의 역할을 이양시켰다. 그리고 공산당의 영도 아래 국가계획위원회가 1953년부터 시작된 제1차 5개년 계획을 추진하게 된다.

이 시기 중국은 높은 재투자율, 자본 집약적인 하이테크놀로지 계획에 역점을 두고 농업 부문에서 산업 발전을 위한 자금을 조달하며, 우선적으로 중공업에 투자하는 소련식의 경제전략을 채택하였다.

한편 1953년 3월에는 중앙정부의 모든 활동이 당중앙의 비준을 받도록 의무화되었고 건국 초기의 연합정부라는 이념은 유명무실해졌다.

3) 농촌의 토지개혁과 농촌호조합작운동

중국은 농민이 전 인구의 80~90%를 차지하는 전형적인 농업대국이었다. 화북과 동북 등의 '구해방구(舊解放區)'의 농촌에서는 이미 건국 전부터 토지개혁이 실시되어 1억 4,500만(지역의 총 인구는 1억 6천만 명)의 농민이 토지를 분배받아 농민적 토지소유제가 실시되었다. 그러나 화중과 화남을 중심으로 2억 6,400만 명이 살고 있는 농촌 지역(총 인구는 약 3억 1천만 명)은 토지개혁이 실시되지 않았고, 지주적 토지소유제로 인하여 전체 인구의 9% 정도를 차지하는 지주와 부농이 전체 토지의 52%를 소유하고 있었고 농촌의 85%를 차지하는 빈농 · 고농 · 중농은 불과 45%의 토지밖에 소유하고 있지 못하였다(아래의 표 2-1 참조).

1950년 6월 중국공산당은 「토지개혁법」을 공포하고 2년 반에서 3년에 걸쳐 전국에서 토지개혁을 실시하기로 결정하였다. 이 토지개혁은 지주계급의 봉건적 토지소유제를 폐지하고 농민적 토지소유제를 실행하여 농촌의 생산력을 해방하고 농업생산을 발전시켜 새로운 중국의 공업화를 위한 것이었다. 이 토지개혁은 내전시기에 전쟁과 토지개혁이 일체화되어 급진적으로 진행되었던 것에 비하여, 부농경제를 보호한다는 방침에 따라 질서있게 1950년 말부터 시작되었다.

위로부터의 지도를 확보하기 위해 최고지도부에는 류샤오치를 주임으로 한 토지개혁위원회가 조직되고, 현 이상의 각급 인민정부에도 토지개혁위원회가 설립되었다. 매년 30만 이상의 훈련받은 토지개혁공작대가 농촌에 파견되어 토지개혁을 지도했다. 한국전쟁이 일어나면서 토지개혁은 급속도로 진행되어 1952년말에는 티베트와 신장(新疆)을 제외한 전국에서 실시되었고, 소작료로 지불되었던 3,500만 톤의 식량을 농민들이 차지하였다.

| 표 2-1 | 토지개혁 전후의 계급별 경지면적

	토지개혁 전의 계급별 인구와 호수				토지개혁 후의 인구와 경지점유율	
	인구(단위 10,000명)		경지면적(10,000畝)		인구비율 (%)	경지점유율 (%)
	합계	비율(%)	합계	비율(%)		
빈고농	24,123	52.37	21,503	14.28	52.2	47.1
중농	15,260	33.13	46,577	30.94	39.9	44.3
부농	2,144	4.66	20,566	13.66	5.3	6.4
지주	2,188	4.75	57,588	38.26	2.6	2.2
기타	2,344	5.09	4,300	2.86		
합계	46,059	100.00	150,534	100.00	100.0	100.0

출처 : 當代中國農業合作化編輯室,《建國以來農業合作化史料匯編》, 中共黨史出版社, 1992, p.1353

위의 표 2-1에 의하면 토지개혁의 결과 15억 무(畝; 약 200평에 해당)의 토지가 농민들에게 분배되었다. 농촌 인구의 39.9%인 중농은 전체 경지의 44.3%를 차지하게 되었고 인구의 52.2%를 차지하는 빈농은 47.1%의 토지를 소유하게 되었다. 전체 토지의 52%를 차지하고 있던 지주와 부농은 토지개혁 이후에는 단지 8.6%만 소유하게 되었다.

자신의 토지를 분배받은 농민들은 경작에 힘을 기울여, 이 해 농업생산 총액은 484억 위안으로 사상 최고치를 18.5%나 상회하였다. 토지개혁은 단지 토지를 분배하는 것만이 아니라, 지주 등 지금까지 농촌을 장악했던 권력자와 통치체제에 대항하는 결산 투쟁을 의미했다. 토지개혁은 지역적으로 불균등하게 이루어졌지만 농촌의 기층(향 · 촌 수준) 정권과 지방 민병조직을 건설하고 인민공화국의 권력 기반을 다지는 계기가 되었다.

토지개혁의 결과 ① 농업 생산의 뚜렷한 회복과 발전이 보였고 농민 생활도 현저하게 개선되었다. 1951년 전국의 농업생산량은 1억 4,000만 톤으로 1949년보다

26.9% 증가하였으며, 1952년에는 48.5% 증가하였다. ② 토지개혁운동으로 봉건적인 농촌의 지배체제가 파괴되면서 농민들의 정치의식이 높아졌다. ③ 농촌의 문화 수준을 높여 문맹퇴치가 진전되었다. 농촌에서는 농민들을 위해 속성 식자법(識字法)이 보급되었다.

그러나 남부의 많은 지방에서는 한 사람당 1무 또는 몇 분(分은 1무의 10분의 1)의 논(水田)밖에 갖지 못했고, 각종 재해와 경영방식이 낙후하여 농민의 생활은 이전에 비해 개선되었지만 잘사는 농민은 소수에 불과했다. 농사를 위한 농기구와 가축도 절대적으로 부족하였다. 예를 들면 베이징 교외에서는 1,748두의 농우를 23만 명에게 분배하였다. 이렇게 빈농에게 토지를 주어 정착시키고 농가의 경영규모를 평준화시켰지만 대량의 곡물을 필요로 하는 도시의 식량공급 부족을 해소하기는 어려웠다.

토지개혁과 함께 농민 개인이 생산하는 소생산 상품경제는 사회의 분화를 가져오기 때문에 이를 조직화하여 서로 돕는다는 원칙 아래 농민 호조합작(互助合作)을 시작하였다. 1951년 12월 중공중앙은 「농업생산 호조합작에 관한 결의」를 통과시켜 농촌호조합작운동을 전개하였다. 초기에 조직된 호조조는 임시적이고 계절적이며 3~8호 사이에 이루어진 노동호조와 농업과 기타 부업에서 1년 내내 호조하는 형식이 있었다. 농업생산합작사는 자기의 토지를 합작사에 넣어 운영하였는데 10~20호, 혹은 40~50호로 구성되었으며 토지 사유의 원칙 아래 언제든 탈퇴할 수 있었다.

그 결과 1950년 전국의 합작사 농가는 10.7%에 불과하였으나 1951년에는 19.2%로 늘어났다. 이 가운데 호조조(互助組)가 430만개, 농업생산합작사가 400여 개로 늘어났다. 토지개혁이 완성된 1952년에는 전국에 803만 개의 호조조가 있었고 참가한 농가도 전체의 40%를 차지하였다.

4) 반혁명진압운동과 3반5반운동

① 반혁명진압운동

국민당이 타이완으로 옮겨간 뒤에도 대륙에는 200만 명 정도의 국민당 잔존 세력, 봉건적 토착세력, 비밀결사 같은 세력이 여전히 존재하고 있었다. 뿐만 아니라 권력의 공백과 전후의 혼란은 사회를 더욱 불안정하게 만들었다. 1950년에만 4만 명에 가까운 공산당 간부와 적극적인 활동가들이 반공산당 세력에 의해 살해되었다.

신정권은 이러한 사태에 대처하기 위해 1950년 3월, 7월, 10월 세 차례에 걸쳐 「반혁명 활동 진압에 관한 지시」를 발표하고 반혁명진압운동을 시작하였다. 마오쩌둥은 국민당 정부 내에서 일했던 직원과 신규채용 지식인 전원에 대한 심사와 동시에 농촌의 향, 도시의 기관, 학교, 공장 거주 지구를 단위로 치안방위위원회를 조직하였다. 1950년 12월부터 전국적으로 반혁명 진압운동이 전개되어 129만 명을 체포하고, 123만 명의 무장 세력을 해체시킴으로써 1953년에 종결되었다. 이에 따라 1953년 상반기에 비적 세력이 창궐하던 후난(湖南) 서부 · 광똥 · 광시 · 쓰촨 · 꾸이저우 · 윈난 등지가 안정되었다.

이 같은 반혁명 세력의 진압은 신정권을 튼튼하게 만들어 주었으며 대중들의 정치적 각성을 일깨웠고 중국사회의 구석구석까지 공안 조직망이 형성되는 계기가 되었다. 또한 반혁명 세력 진압은 중국이 한국전쟁에 참전한 기간에도 후방의 안정을 다질 수 있었고, 농민들이 토지개혁을 지지하도록 만들었다.

② 3반5반운동

반혁명 진압활동 이후 1951년 12월 중국공산당 중앙위원회는 '군의 정예화와 행정의 간소화 · 증산 절약의 실행'과 함께 '독직, 낭비, 관료주의' 반대를 호소하는 '3반운동'을 전개하였다. 그러나 곧 당 · 정 · 군 · 민간조직에서 적발되었던 독직과 부정부패는 대부분 자본가들이 저지른 뇌물 제공과 탈세, 국가재산의 횡령, 원자재의 사취, 경제정보의 절취라는 심각한 5가지 해독 때문인 것으로 판단되었다. 이에 따라 자본가를 주요 대상으로 해서 5가지 해독에 반대하는 5반운동이 전개되어 1952년 2~3월에 최고조에 달했다.

3반5반운동은 국가와 사회를 청렴결백하게 했으며, 당과 정부에 대한 대중의 신뢰를 얻고 사회를 안정시키는데 의의가 있었다. 3반 운동이 끝난 1952년 6월까지 적발된 관료나 당간부는 전국에서 29만 명에 달했다. 그러나 실제로 증거가 있어서 죄상을 확인 할 수 있었던 경우는 10만 5천 명으로 40%도 되지 않았다.

동시에 5반운동을 통해 이제까지 정권의 일익을 담당했던 민족자본가 계급이 국가의 정책과 법에 대한 충성도를 시험받게 되었다. 미곡상 · 제분상 등 상당수의 업자들이 도태되었고 사영은행과 환전상이 1952년 12월에 모두 공사 합영으로 개편되었다. 이후 각 기업에는 노동자가 생산과 경영을 감독하는 조직이 설치되고 공산당 조직이 설치되었다. 1951년 말 공산당 지도부는 노동조합의 자주성보다는 노동조합에 대한 당의 영도를 강조하였다. 이 때문에 기업의 실질적 경영권은 공산당이 장악하게 되었다. 이러한 조치로 공산당의 지배력이 강화되었고 민주당파와 지식인의 발언권이 저하되었다. 한국전쟁 기간에 전개된 3반5반운동을 통하여 중국정부는 막대한 벌금과 추징금을 징수할 수 있었다.

(3) 한국전쟁과 중국

1) 한국전쟁의 발발

1950년 6월 25일 북한군이 38도선을 넘어 공격을 하면서 발발한 한국전쟁은 초반에는 북한에 유리하였다. 한반도에서 전쟁이 발발하자 미국은 국제연합 안전보장이사회에서 북한을 침략자로 규탄하는 결의안을 채택하는데 성공하였고 UN군을 조직하여 전쟁에 적극 개입하였다. 또한 타이완 해협에 제7함대를 파견하여 중국의 타이완 무력해방을 막았다.

중국은 6월 28일과 7월 6일 등에 저우언라이 총리 겸 외교부장의 명의로 미국의 한국전쟁 개입의 불법성과 타이완에 대한 함대 파견의 침략성을 되풀이해서 격렬하게 비난했지만, 직접적인 전투행동은 보류하고 있었다.

한국전쟁이 발발했을 때 중국 군대의 대부분은 화중과 화남 지역에서 국민당 잔존부대 소탕이나 치안유지에 치중하고 있었다. 1949년 10월 인민해방군은 푸젠성의 샤먼(夏門) 앞의 진먼섬(金門島)에 상륙했다가 타격을 받고 물러났다. 1950년 6월 당시 중국은 다시 동남 연해의 섬들에 대한 공격준비에 치중하고 있었다. 국민당과의 전쟁이 종결된 동북지역에는 6개 군구 가운데 가장 적은 17만 명 정도가 배치되어 있었다. 미국이 한반도와 타이완 해협에 군사 개입을 하겠다고 하자 중국은 7월에 동북변방군을 편성하였다.

9월 15일 미군이 인천상륙작전으로 서울을 탈환하고, 38선을 넘어 진격하면서 전세는 역전되었다. 미국과 한국 연합군은 10월 중순 중국과의 국경선인 압록강 부근까지 도달하였다. 10월 1일 북한과 소련으로부터 지원 요청을 받은 마오쩌둥을 중심으로 한 중공중앙은 우여곡절 끝에 한국전에 참전을 결심하였다.

중국공산당은 "입술이 없으면 이가 시리고, 문이 무너지면 집이 위태롭다"는 논리로 '미국에 대항하고 조선을 원조하는 운동(抗美援朝運動)'을 호소하였고, 펑더화이(彭德懷)를 총사령관으로 한 '중국인민지원군'을 조직하여 10월 19일 주력군이 압록강을 건너 한반도로 진입하였다. 중국군은 미군과 한국군에 큰 타격을 주고 연말까지 38도선까지 밀고 내려왔다.

1951년 2월 중순 격전을 치른 후 전선은 교착상태에 빠졌다. 이와 동시에 외교적 절충에 의한 정전도 활발하게 모색되기 시작했다. 트루먼은 6월 23일 말리크 소련 국제연합 대표의 정전 교섭 제안을 받아들여 6월 30일에 정전교섭 회담을 호소했다. 북한과 중국은 이것을 받아들여 7월 10일부터 8월 23일까지 제1차 정전회담에 들어갔다. 이후 다른 한편으로는 소규모 전투를 지속하면서, 교섭은 2년 1개월 동안 계속되었고 1953년 7월 27일에 「군사정전협정」을 조인하였다.

2) 한국전쟁이 중국에 미친 영향

중국은 한국전쟁에 중국인민지원군을 투입하여 한반도의 현상유지에는 성공했지만 막대한 인적 · 물적 손실을 보았다. 중국은 한국전쟁에 참전하여 다음과 같은 영향을 받았다.

첫째 냉전 대립의 한 가운데 중국도 완전히 포함되었고, 그러한 대립을 촉진하게 되었다. 1951년 2월 1일 유엔총회에서 중화인민공화국을 침략자로 규정하는 결의가 채택되어 1971년까지 유엔에서 대표 자격을 얻지 못하고 고립되었다. 이와 함께 미국에 의해 중국에 대한 경제 봉쇄조치가 취해지면서 소련에 과도하게 의존하게 되었다.

둘째 한국전쟁의 과정에서 미국의 타이완에 대한 군사적 · 경제적 원조가 강화되고, 타이완을 조기에 통일하려던 중국의 계획이 심각하게 틀어졌으며, 동시에 타이완 해협을 사이에 두고 군사 긴장이 일상화되었다. 그 결과 전시체제적 발상과 정책이 지속되어 대외 관계와 국내의 경제 건설 및 사회 건설에 나쁜 영향을 미치게 되었으며, 평화적인 환경을 기반으로 하는 정책 시행이 어려워졌다.

셋째, 한국전쟁으로 중국은 국가 예산의 거의 절반에 달하는 막대한 전쟁비용과 36만 명 정도의 사상자를 감수해야 했다. 중국의 공업지역의 배치에도 영향을 미쳐서 1950년대 경제건설 과정에서 전쟁이 일어나면 미국의 공격을 받을 해안지대보다 내륙지역에 집중적인 투자를 하였다.

넷째, 한국전쟁은 중국정부의 장기적인 신민주주의 존속 계획을 후퇴시키고 급진적인 토지개혁 등 중국사회의 사회주의로의 개혁을 촉진시켜 여러 가지 부작용을 가져왔다.

다섯째, 광범하게 전개된 항미원조운동으로 국민들이 결속되었고, 반제국주의 내셔널리즘의 기운과 중국공산당의 권위가 높아진 것을 확인하게 되었다.

여섯째, 중국인들의 애국주의가 크게 고양되고 친미(親美)·숭미(崇美)·공미(恐美)사상이 없어지게 되었으며, 민족적 자존심을 높였다. 동시에 항미원조운동은 경제 회복활동 및 사회개혁 활동과 긴밀히 결합되어 노동자와 농민의 생산활동이 독려되었다.

2. 사회주의 건설의 모색

(1) 과도기의 총노선

1950년 6월 중국공산당 제7기 제3차 중앙위원회 전체회의(제7기 3중전회)[1]에서 마오쩌둥은 "어떤 사람은 자본주의를 일찍 소멸시키고 사회주의를 실행할 수 있다고 생각하는데, 그것은 잘못된 것으로 중국의 정세에 적합하지 않다"고 발언하였다. 중국공산당 중앙위원회도 신민주주의 단계가 상당히 오랜 기간이 걸릴 것이라고 인식하고 있었다.

그러나 한국전쟁 기간인 1952년 9월 이후 마오쩌둥은 자본주의적인 상공업의 이용·제한·개조에 관해 자주 언급하기 시작했다. 그리고 다음 해인 1953년 8월 정식으로 과도기의 총노선을 제창하게 되었다. 과도기의 총노선은 사회주의 공업화를 추진하면서 농업, 수공업 및 자본주의 상공업을 사회주의로 개조한다는 방침이었다. 과도기의 총노선의 핵심은 사적 소유제를 점차 공유제로 전환하는 사회주의화를 강행하는 것이었다.

---

1) 제7기 3중전회란 7기 전국대회에서 구성된 중앙위원회의 전체 구성원이 참가한 3차회의라는 의미이다.

원래 마오쩌둥을 포함한 당 중앙위원회에서는 소련의 경험에 비추어 사회주의 공업화와 사회주의적 개조를 완성하는 데는 '부흥기 3년'과 '3차례의 5개년 계획'을 합쳐서 18년(1949~1967)이 필요하다고 보고 있었다. 그럼에도 불구하고 제1차 5개년 계획이 종료되기 전인 1956년 중국공산당 제8차 전국대회에서 이미 농업, 수공업, 자본주의적 상공업의 사회주의적 개조가 기본적으로 달성되었다고 선언했다. 이렇게 사회주의 개조가 빨리 시작된 국내적 · 국제적 요인은 다음과 같다.

첫째, 중화인민공화국이 수립된 이후 한국전쟁, 미국의 개입에 의한 타이완 방위, 샌프란시스코 강화조약과 미일안보조약의 조인(1951년) 등, 미국을 축으로 중국을 봉쇄하는 네트워크가 형성되는 가운데, 신민주주의공화국이라는 애매한 국가체제는 존속하기 어려워졌다.

둘째, 중국공산당 지도부는 한국전쟁에서 현대적 장비를 갖춘 미군과 대결하면서 자국의 빈약한 장비에 위기감을 느꼈고 1930년대 소련과 같은 공업화를 시도하여 현대적 군사력을 갖추려고 하였다.

셋째, 3반5반운동으로 민간 기업에 대한 통제가 강화되었다. 사회주의화에 저항할 것으로 예상되던 민간 기업의 경영자들은 해외로 떠나거나 약화되었기 때문에 상공업의 집단화와 국영화를 실시하는 것이 수월해졌다.

넷째, 농촌에서 토지개혁을 실시하였지만 지나치게 영세한 경영으로 인하여 농업생산이 저조해졌다. 집단화를 통해서 경영규모를 확대하면 농업 생산이 증대하고 더 많은 식량을 국가가 통제할 수 있을 것이라고 보았다.

다섯째, 중화인민공화국이 수립된 후 외세의 배격과 국가의 독립 · 통일이 기본적으로 실현되자, 사람들은 희망과 활력을 갖고 국가와 사회 건설에 참여하여 기대 이상의 성과를 거두었다. 이에 따라 마오쩌둥과 중국공산당의 입장과 지도력, 권위가 크게 강화되었다.

여섯째, 1953년 스탈린 사망 이후 1956년에 흐루쇼프의 스탈린 비판을 보고 마오쩌둥이 소련을 절대적인 리더로 간주하는 신화에서 벗어나게 하였다. 마오쩌둥은 대중운동과 동원에 의해 목표를 실현할 수 있다는 신념과 자기 자신에 대한 과신 등이 더해져 독자적인 사회주의 건설로 나아가게 되었다.

(2) 국가체제의 정비

1952년 9월 32개의 1급 행정구(성 · 직할시 · 자치구), 16개의 대도시, 2,174개의 현 및 현급 행정구, 28만 개의 향에서 인민대표대회가 소집되고, 인민정부가 수립되었다. 그 가운데 19개 성, 85개의 시(현급 시를 포함), 436개의 현과 대부분의 향에서 인민정부 위원을 선거로 선출했다. 12월부터 향 수준의 기층 선거가 시작되었고, 현 · 시 수준의 선거를 거쳐 1954년 7, 8월에 1급 행정구의 선거가 시작되어 각 지역의 전국인민대표대회 대표가 선출되었다. 1953년 6월 말을 기준으로 중국의 총인구는 6억 191만 명이었고 유권자 총수는 약 3억 2,400만 명이었다. 이 가운데 2억 7,800만 명이 투표를 하여 86%의 투표율을 보였다.

이 선거는 경쟁선거가 아니라 미리 준비된 명단에 대한 신임투표였고, 거수 등 공개적인 방법으로 실시된 경우가 있었다. 지주나 반혁명분자의 선거권이 박탈되었고, 도시와 농촌의 선거에서 대표 선출 비율에 큰 차이가 있는 불평등한 선거제도였다. 선출된 지역 대표는 모두 1,136명이었는데, 여기에는 군 대표 60명, 해외 거주 대표 30명을 더해 총 1,226명의 대표가 구성되었다.

1954년 9월 제1기 전국인민대표대회 제1차 회의가 개최되었다. 전국인민대표대회는 헌법의 개정과 법률의 제정, 국가주석의 선출, 국무원 인사의 결정 등의 권한을 가지고 표면적으로 행정부와 사법기관을 그 지도 아래 두는 중화인민공화국의 최고 권력기관이지만 실제로는 당의 결정을 추인하는 기관이었다. 제1기 전국인민대표대회 제1차 회의에서는 중화인민공화국 헌법을 채택하였다. 이 헌법은 과도기의 총노선, 제1차 5개년 계획을 법제화한 사회주의 헌법으로 1975년 대폭 수정되기까지 중화인민공화국의 기본법이었지만 문화대혁명으로 인하여 1966년부터는 실제 효력을 상실하였다. 이 헌법은 노동자 계급이 지도하고 노농동맹을 기초로 하는 인민민주주의 국가로 국가의 성격을 규정하였고 지방에서 국가에 이르는 인민대표대회에서 정부 행정 기관을 임명하였다.

정무원과 동일한 지위를 가지고 있던 인민혁명군사위원회는 헌법에 기초하여 중앙인민정부위원회의 영도를 받게 되었고, 국방부가 새로운 내각인 국무원의 산하에 설립되었다. 이 헌법은 1924년과 1936년 소련 헌법을 참고하였지만 1924년 소련헌법이 각 공화국에 연방탈퇴권을 부여한 것과는 달리 "소수민족" 지역이 분리될 수 없도록 하였다.

54년 헌법은 50여 개의 여러 민족을 '민족의 구역자치'로 통합하는 '통일된 다민족 국가'라고 하여 여러 민족의 분리, 자결의 권리를 부정하였다. 이 회의에서는 헌법 이외에도 전국 인민대표대회 조직법, 국무원조직법 등이 심의 채택되었다.

이 대회의 특징은 첫째, 통일전선적 정권의 색채를 남기면서도 실질적인 부분에서는 중국공산당의 지도권이 크게 강화되고, 사회주의화가 명확히 내세워졌다. 주요 지위를 차지한 비공산당계 지도자는 전국인민대표대회 상무위원회 부위원장 13명 가운데 8명, 국무원 각료 36명 가운데 10명, 국방위원회 부주석은 15명 가운데 4명이었다. 전국인민대표대회 대표도 1,226명 가운데 공산당원이 668명(54.5%), 비공산당계가 558명(45.5%)이었다. 그러나 그 이상의 직위에서는 국가주석 마오쩌둥, 부주석 주더(朱德), 전국인민대표대회 위원장 류샤오치(劉少奇), 국무원 총리 저우언라이, 부총리 등 10명이 모두 공산당원이었다. 또한 헌법 전문에 '과도기의 총노선'이 포함되었고, 공산당을 지도자로 한다는 점이 표현되었다.

둘째, 근대국가로서의 체제가 정비되고, 정치 · 군사 · 경제 · 사회의 근대화와 제도화를 향한 본격적인 첫걸음이 시작되었다. 정무원을 폐지하고 새로운 행정기구인 국무원을 설립하였으며 중앙과 성 사이에 설치되어 대폭적인 자치를 부여받았던 6개의 대행정구를 폐지하고 성을 직접 통치하는 중앙집권적 체제를 형성하였다.

(3) 사회주의적 개조

1) 상공업의 집단화

1949년 10월 중화인민공화국이 수립되었지만 경제면에서는 인구의 90%인 농민 가운데 60%가 기아선상에 있었고, 도시에서는 수 배에서 수십 배가 넘는 물가상승으로 고통당했으며, 약 400만 명의 실업자가 출현하였다. 그러나 신중국은 다양한 개혁과 운동을 통해 급속하게 경제를 부흥시켰다.

중국의 사회주의 개조 과정에서 민족자본과 '관료자본'[2]은 구분되어 개조되었다. 중국의 관료자본은 1935년부터 1936년 사이에 은행의 독점을 실현하였고, 국민당 정부의 '자원위원회'를 통해서 공업 부문의 지배체제를 확립하였다. 이들 '관료자본'은 중화인민공화국 수립 이후 몰수되어 중국의 국영공업의 기반이 되었다.

중화인민공화국의 국영 방직공장은 대부분 국민당 정부의 중국방직건설공사를 접수해서 성립한 것이었다. 국민당 정권의 자원위원회가 경영하던 유전, 탄광, 발전소, 제철소 등도 국영공업이 되었다. 국영공업의 또 다른 부분은 신중국 성립 이후에 만들어졌다. 제1차 5개년 계획에 따라 중국은 소련의 기술 지원을 받아 150가지 프로젝트를 추진하여 대규모 철강 콤비나트, 금속, 기계, 석유, 화학, 발전소 등을 건설하였다.

중국의 민족자본은 이용과 제한이라는 방침이 세워졌다. 중국에서 자본주의 상공업을 사회주의로 개조하는 과정은 비교적 평화적인 방법으로 시행되었다. 사영상공업은 국가가 통제할 수 있는 자본주의라는 의미의 국가자본주의로 전환되었다. 국가자본주의의 초기 단계에서 공업 기업은 '위탁가공 · 발주'와 '통일구입 · 독

---

2) 관료자본이란 특권적 관료층이 국가권력을 배경으로 축적한 재부를 생산과정이나 유통과정 등을 통해 가치를 증식시키는 경우를 의미한다. 중국에서는 19세기 말 양무운동 이후 출현하였고 1920~1940년대에는 장제스를 비롯한 국민당계의 유력자들이 전국경제위원회, 자원위원회, 노동부, 중앙은행 등의 국가기관을 장악하여 자본을 축적하였다.

점판매'의 형태를 취하고, 상업 기업은 '대리점 판매 · 대리판매'라는 방식으로 간접적 통제가 이루어졌다.

국가자본주의의 고급단계에서는 '공사합영(公私合營)'이라는 형태로 경영을 직접 통제하는 방식이 취해졌다. 공사합영기업은 국가와 공사합영기업이 투자하고 국가가 간부를 파견하여 자본가와 합영을 하는 기업이었다. 상공업에 대한 통제는 신중국 수립 초기에 유통 면에서 원재료와 제품을 장악하여 '자본주의'의 활동을 제한하는 단계로부터 기업 경영에 대한 직접개입을 하는 '공사합영'으로 이행하였다.

공사합영 기업으로의 본격적인 전환 계획은 1954년 1월부터 종업원 10인 이상의 사영 공업을 대상으로 합영화를 준비하였다. 이에 따라 공사합영기업은 1955년 말에는 전국의 사영기업의 대부분이 공사합영기업으로 '개조'되었다.

공사합영기업에서 자본가들은 주식 배당과 임원 보수를 이윤 총액의 25%까지 인정받을 수 있었다. 이것은 나중에 다시 자본가가 보유한 고정자산을 재평가해서 기업의 규모와 이윤의 크기를 불문하고, 일률적으로 5%의 이자를 지불하는 방식으로 전환되었다. 이러한 지불 방식은 1955년 11월부터 시작되었는데 원래 7년 동안 지불할 계획이었으나 '문화대혁명'으로 중단되었다가 10년 간 연장되어 지불되었다.

이러한 방식으로 중국의 민족자본가들이 기업의 경영권을 상실하면서 중국에서 계급으로서의 자본가계급은 사라졌다. 그러나 개별 기업에서 노동자들의 경영상의 지위가 향상된 것은 아니었다. 1952년부터 전개되었던 '5반'운동은 자본주의 기업 내에 '노동자생산유지위원회'를 조직하였고 노동조합과 노동자 자신이 기업의 관리를 책임지는 기업도 생겨났다. 1953년 '증산절약' 운동에서 조직된 '증산절약위원회'에서도 노동조합과 노동자가 자본가와 함께 기업을 공동관리하였다. 이 시기에는 국가도 노동자의 역할을 중시하고, '위탁 가공'이나 '발주'의 계약과 은행 차입 등은 노동자의 합의가 필요했다.

그러나 공사합영의 진전에 따라 이러한 상황은 변화하여 국가가 파견한 행정 간부가 기업의 권한을 장악했다. 이에 따라 노동조합의 간부와 대중은 기업 관리에 관여할 수 없게 되었다. 결국 국가권력이 공사합영기업을 장악하게 되면서 기업의 경영자인 자본가계급이 사라졌지만 노동자가 기업의 주인이 된 것이 아니었다. 현실적으로 기업의 경영자가 자본가로부터 국가로 변화하였으며, 기업의 노동자가 주인으로서의 의식을 가질 수 없게 되었다.

사회주의 개조는 국가가 유통 기구를 통제하면서 시작되어 국민경제 전체를 통제하는 방향으로 진행되었다. 원료와 판매 경로를 국가가 장악하였기 때문에 기업은 국가의 통제에서 벗어날 수 없었다. 또한 사영기업은 공사합영기업으로 전환되면서 국가의 행정적 관리구조에 직접적으로 편입되었다. 이에 따라 국가권력이 기업을 직접 관리하게 되면서, 기업은 경영의 자주권을 상실하였다.

1950년대 사회주의화가 실시된 중국은 전국에 '단위(單位)'라고 부르는 사회생활의 기초 조직이 확산되고 있었다. 큰 단위의 경우 직장과 주택, 상점과 학교, 보육원, 병원, 우체국 등 생활에 필요한 모든 시설이 설치되었다. 통제계획경제 아래서 민중들은 각 호마다 식량과 설탕, 식용유 등 배급권을 '단위'를 통하여 수령하였다.

이 '단위' 사회를 통해 공산당과 정부는 민중을 개별적으로 장악하고, 정치사상을 통제할 수 있었다. 개인의 경력을 기록한 당안(檔案)은 개인별로 문서봉투에 넣어 행정기관이 관리했다. 도시에는 각 지역 별로 '가도위원회(街道委員會)-거민위원회(居民委員會)'라는 조직이 설치되었다. 이러한 조직화를 통해서 공산당은 민중을 조직하여 동원할 수 있었다.

2) 농업의 집단화

중화인민공화국 수립 이후 토지개혁이 실시되었지만 농업문제가 완전히 해결된 것은 아니었다. 경영 규모가 작은 자작농이 수익을 확보하지 못해서 농지나 가옥을 매각하고 경영 규모가 비교적 큰 자작농이 이를 사들이는 움직임이 있었다.

또한 급속한 공업 발전을 추구하면서 1949년 7,826만 명이던 도시 인구가 1953년까지 2,061만 명이 새로 늘어나 식량 수요가 급증하였고, 면화를 비롯한 공업용 원료가 되는 농작물 수요도 증가하였다. 1953년 10월에 열린 전국식량회의는 시장에 나오는 식량이 부족한 상황을 우려하여 식량 증산을 중시하였다. 마오쩌둥은 농업 증산에는 집단화가 최선이라고 보았다.

또한 중공업화를 추진하는데 필요한 대규모의 자금을 농업 부문에서 조달하기로 하고 정부에서 농업을 관리·통제하기 시작했다. 즉 1953년 11월부터 정부는 상품작물을 강제로 공출하기 위해 농산물을 전면적으로 통제했다. 도시 중심의 공업화는 고율의 농업세와 낮은 농산물 공출 가격으로 자금을 축적하여 추진되었다.

중국 농촌에서는 농업 집단화가 주장되기 시작하였다. 그런데 중국의 경우는 소련의 집단화 방식과 중대한 차이가 있었다. 중국은 소련의 농업집단화를 모델로 하여 농업합작화를 추진하였지만 내용적으로는 차이가 있었다. 소련은 기계화를 중시하였지만 중국에서는 집단화를 기계화에 선행시켰다. 이것은 농민들의 주관적인 능동성을 중시하는 마오쩌둥의 생각이 반영된 것이었다.

중국은 합작화를 소련과 같은 급격한 방식이 아니라 단계에 따른 점진적인 방법으로 시행하였다. 중국정부는 계절에 따라 농번기에 협력하는 노동교환을 환공대(換工隊)로 조직화하고, 다시 각 가정을 경영과 노동의 단위로 하면서 항시적으로 노동력을 교환하는 호조조(互助組)로 발전시킨 후 서서히 자연촌락을 기초로 하는 초급농업생산합작사로 발전시킨 후에 최종적으로 고급농업생산합작사를 조직한다는 방침을 수립하였다.

또한 소련에서 부농(쿨락)을 강제추방하거나 살해했던 것과 달리, 중국의 부농은 경제적 지위가 약화되었지만 농업생산합작사에 참가할 수 있었다. 공산당은 농업합작화를 통하여 농업생산을 비약적으로 발전시킬 수 있고, 식량 매입이 용이해질 것으로 기대하였다.

| 표 2-2 | 1950년대 농업의 합작화

연 도	합작사에 참가한 농호(%)	농업생산합작사			호조조 (%)
		합 계	고급합작사(%)	초급합작사(%)	
1950	10.7	…	…	…	10.7
1951	19.2	…	…	…	19.2
1952	40.0	0.1	…	0.1	39.9
1953	39.5	0.2	…	0.2	39.3
1954	60.3	2.0	…	2.0	58.3
1955	64.9	14.2	…	14.2	50.7
1956	96.3	96.3	87.8	8.5	…

출처 : 國家統計局 편, 《偉大的十年-中華人民共和國經濟和文化建設成就的統計》, 1959, p.30

표 2-2에 의하면 호조조는 1954년까지 전체 농가의 58.3%까지 조직되었다. 초급합작사는 자연촌을 단위로 노동력을 집단화하지만 가입할 때 제공한 토지와 가축의 질과 양, 그리고 노동이 합산되어 분배하는 반(半)사회주의적 조직이었다. 초급합작사는 1954년 228만 5천 호(전 농가의 2%)였고 1955년에는 1,688만 1천 호로 전체 농가의 14%까지 조직되었다. 호조조는 1955년 50.7%로 감소하였고 고급합작사가 확대되면서 사라졌다.

고급합작사는 자연촌보다 한 단계 규모가 큰 행정촌을 기본 단위로 해서 집단소유, 집단노동, 통일경영, 통일분배를 명확히 했던 사회주의적인 조직이었다. 초기에 고급합작사의 조직은 지지부진하였다. 그러나 1955년 7월 31일 마오쩌둥이 「농업합작사화의 문제에 관하여」에서 농촌 속에서 부농과 빈농의 계급분화가 진행되어 후자 가운데 사회주의를 목표로 새로운 대중운동이 높아가고 있는데도, 당원들이 전족을 한 여자처럼 뒤뚱뒤뚱 걸으며 이를 두려워하고 눌러버리려고 하는 자가 있다고 질타한 것이 계기가 되어 급속도로 추진되었다. 그 결과 1955년 여름부터 1956년에 걸쳐 급속하게 농업집단화가 추진되어 1956년 말까지 전체 농가의

87.8%가 고급합작사가 되었다. 중국에서 농업집단화가 비교적 순조롭게 진행될 수 있었던 것은 농촌에서 합작화를 실행할 수 있는 당조직이 확대되었기 때문이었다. 1955년 초 무렵에 향(鄕)의 70%에 당 지부가 조직되었고 연말까지 90%에 달하였다. 농촌의 공산당조직은 제대군인과 빈농 등을 영입하여 조직을 확대하였다.

또한 고급생산합작사 단계에서 이익 분배가 취소되고 일한대로 보수를 받으면서, 부농을 제외한 농촌 인구 가운데 60-70% 이상을 차지하는 중농과 빈농들에게 이익을 가져다 주었다. 공산당의 농촌 경제정책은 농업생산합작사에 지원을 집중하였기 때문에 농민들이 농업합작사 가입 이외에 다른 선택을 할 수 없었다.

그러나 1956년 말부터 합작사에 수반하여 강화되었던 농산물 공출의 강제, 기대에 못 미친 생활수준의 개선, 농민의 생산의욕저하 등의 모순이 나타났다. 1957년 전반부터 합작사원의 퇴사와 합작사의 해산 현상이 현저하게 나타났다. 이러한 현상은 주로 유복한 계층의 수입이 감소하면서 발생하였다. 실제 퇴사한 숫자는 가입 농가의 1% 정도로 적었지만 정치적 반향은 컸다. 이러한 움직임에 호응해서 허난, 윈난 등에서는 성(省) 수준에서 합작사화를 억제하는 움직임이 확산되었다. 또 후베이, 산시(山西), 후난 등의 성에서는 합작사화에 수반된 획일적인 명령주의 때문에 수확이 큰 폭으로 감소하여 농민들의 불만을 야기했다.

한편 농민들은 합작사에 토지를 헌납했지만 전체 토지의 5% 정도의 자류지(自留地)를 가지고 있었다. 농민들은 자류지에 채소 등 소득이 높은 작물을 재배하여 직접 시장에 판매하였다. 1956년 농촌의 총수입 가운데 20-30%가 이 자류지에서 나왔다. 자류지에서 사육된 가금류와 돼지는 도시에 풍족한 부식을 제공하는데 기여하였다.

1957년 8월 당중앙은 「농업생산합작사의 정돈에 관한 지시」에서 합작사의 규모를 규제하고, 합작사에서 과도한 통일과 집중의 배제, 생산대가 작업생산량에 책임을 지는 삼포제도(三包制度)를 실시하였으며, 수입이 감소한 농가에 대한 배려 등을 규정하였다.

고급합작사로 농민들을 조직하는 것은 달성되었지만 농업생산이 기대했던 만큼 발전하지 않았고 식량매입량도 감소하였다. 이 때문에 공업화에 따라 증가한 도시 인구를 부양할 수 있는 충분한 식량을 공급하기 어려웠다. 이러한 어려움에 직면해 있던 당 지도부는 1958년부터 대약진운동과 인민공사를 추진하게 된다.

3. 대약진운동과 인민공사

(1) 스탈린 비판과 반우파투쟁

1) 스탈린 비판의 충격

1956년 2월 소련공산당 제20차 대회에서 흐루쇼프 제1서기는 「비밀보고」를 통해 1920년대 말부터 1950년대 초에 걸쳐 스탈린의 개인 독재가 소련을 지배했고, 무고하게 많은 공산당 간부와 일반 민중이 체포되고 사형당했다는 비판하였다. 이 「비밀보고」는 미국의 정보기관이 입수하여 『뉴욕타임즈』에 발표되었기 때문에 전 세계에 알려졌다.

그 결과 '사회주의 세계의 우상'의 위신이 땅에 떨어졌고 사회주의 국가의 지도자들은 어려운 입장에 직면하게 되었다. 중국의 입장에서 볼 때 흐루쇼프의 스탈린 비판은 스탈린의 공적을 모두 무시하였고, 국제적인 지도자 스탈린을 소련에서 비판하였다는 점 등에서 불만을 품었다. 중국은 4월 5일에 「프롤레타리아 독재의 역사적 경험에 관하여」라는 『인민일보』 사설에서 스탈린이 개인숭배 등의 잘못이 있었지만 나치 독일에 맞서 제2차 세계대전을 승리로 이끄는 등 공적도 평가해야 한다고 하면서 '공적 70%, 오류 30%'로 봐야 한다고 주장하였다.

마오쩌둥은 소련 방식의 경제건설을 전면적으로 재검토하고, 4월과 5월 정치국 확대회의에서 '10대 관계론'을 제시하여 중공업 일변도와 농민에게 과중한 부담을 주는 소련 사회주의와는 다른 정치경제건설 구상을 표명하였다. 그는 농업을 중시하고 국방비를 삭감하여 경제건설을 강화하며 지방의 자주권을 확대하고 소수민족 문제에 주의하는 등 소련과 다른 방식을 추구하여 소련 일변도에서 이탈하기 시작했다.

그러나 중국공산당은 1956년 9월 중국공산당 제8차 전국대회에서 흐루쇼프가 제기했던 스탈린 비판을 받아들여 개인숭배 반대, 관료주의와의 투쟁을 제기하였다. 새로운 중국공산당 「당규약」에서는 1945년의 「당규약」에 포함되어 있던 '마오쩌둥 사상'이라는 용어를 삭제하였다. 또한 당 규약에서는 당 회의의 정례화, 당 조직의 정비, 조직원칙으로서의 민주집중제를 시행하고 당의 일상활동을 처리하기 위해 중앙서기처를 신설하였다.

이 대회의 정치보고에서는 중국의 주요 모순을 선진공업국 건설에 대한 인민의 요구와 낙후된 농업국이라는 현실 사이의 모순, 경제문화의 신속한 발전에 대한 인민의 요구와 인민의 요구를 만족시킬 수 없는 현재의 경제문화 상황 간의 모순이라고 지적하였다. 또한 이 대회는 주석에 마오쩌둥, 부주석에 류샤오치, 저우언라이, 주더, 천윈, 총서기에 덩샤오핑 등 새로운 지도부를 선발하였다.

한편 1955년 4월, 제1회 아시아 · 아프리카회의가 인도네시아의 반둥에서 개최되었는데 중국은 저우언라이를 파견하여 이들 나라의 민족해방투쟁을 중시하고, '평화공존 5원칙'을 적극적으로 제창했다. 이것은 외교면에서 소련과 거리를 두고자 했던 독자노선의 맹아라고 할 수 있다. 1956년 흐루쇼프의 스탈린 비판은 중국과 소련이 점차 대등한 관계로 변화하는 계기가 되었다.

1956년 10월 헝가리의 수도 부다페스트에서 20만 명의 시위대가 복수정당제에 의한 총선거, 소련군 철수, 표현과 사상의 자유 등을 내세우며 민주화 시위를 벌였다. 그러나 소련은 군대를 동원하여 무력으로 헝가리의 민주화를 진압하였다. 이에 대해 마오쩌둥은 동구 몇몇 국가에서 계급투쟁을 완료하지 못한 것이 문제라고 보게 되었고 그가 중국 국내의 정세를 파악하는데 헝가리 사건이 영향을 미쳤다.

2) '백화제방 · 백가쟁명'과 반우파 투쟁

중공중앙은 1957년 2월에 「인민 내부의 모순을 정확히 처리하는 문제에 관하여」라는 제목의 연설을 발표하고, 공산당에 대한 외부의 적극적인 비판을 환영한다고 표명했다. 이어서 선전부와 통일전선부를 중심으로 '백 가지 꽃이 피고, 백 가지 학파의 의견이 다투도록 하자(백화제방 · 백가쟁명 百花齊放 · 百家爭鳴)'고 고취시켰고, 당 외부인사는 좀더 대담하게 당의 결점을 폭로해 달라면서 당은 외부인사를 숙청하는 일 같은 것은 결코 생각하지 않고 있다고 하였다. 백화제방 · 백가쟁명은 자신과 조금이라도 다른 생각을 갖고 있던 사람을 숙청했던 스탈린과 달리 당원이 아닌 일반인도 자유롭고 활발하게 학술과 예술을 논할 수 있는 모습을 보여주기 위해서 시작되었다.

비판을 주저하던 민주당파와 무당파 지도자들은 민주당파 정당을 만들고 국가의 중대 문제와 관련된 결정에 당외 인사들이 참여해야 한다고 하였다. 또한 공산당이 모든 것을 다 좌지우지하여 공산당 천하가 되고 있다는 추안핑(儲安平) 『광명일보』 편집장의 비판과 "공업 분야에는 설계원이 많이 있는데 반해, 정치 분야에서는 없다. 정치협상회의, 인민대표대회, 민주당파, 인민단체는 정치 분야에서 4개의 설계원이어야 한다"는 장보쥔(章伯鈞) 민주동맹 부주석의 주장 등이 나왔다.

마오쩌둥은 자신의 예상을 뛰어넘는 비판들이 나오자 기존의 입장을 바꾸어 6월부터 음모를 꾸미는 우파에 대한 가차없는 비판을 호소했다. 이때부터 대규모 '반우파투쟁'이 시작되었다. 중앙위원회의 지시를 받고 즉각 베이징 등 각 도시에서는 노동자들의 '반우파 투쟁 좌담회'가 개최되었다. 마오쩌둥은 헝가리와 같은 사태가 중국에서 발생하는 것을 막기 위해 반우파투쟁이라는 '계급투쟁'을 인위적으로 확대시켰다고 한다.

1957년 3월 마오쩌둥은 전국의 5백만 정도의 지식인 가운데 90% 정도가 사회주의제도를 옹호하고 있다고 하였다. 1958년까지 "인민공화국을 적대시하고 자본주의를 지지하는 우파분자"로 분류되었던 사람은 전국적으로 55만 명에 달했다. 그 중에서도 민주동맹에 대한 공격은 극심했고, 우파분자로 분류되었던 민주동맹의 성원은 약 6천 명으로 조직원의 1/5이 넘었다. 그러나 개혁 개방 이후에 우파로 분류된 55만 여 명 가운데 53만 여 명이 우파가 아니라는 것이 밝혀졌고, 단지 5천여 명 만이 우파로 분류되었다.

1957년 7월 이후의 반우파 투쟁을 통해 민주당파 인사들이 축출되면서 '당외(黨外) 민주'가 소실되었고, 중국공산당의 독재가 강화되었다. 많은 전문가들이 지위를 상실하여 정부의 행정능력이 저하되었다. 농촌에서는 '반모험'의 움직임이 중단되면서 다시 급진화의 길로 나아가게 되었다.

또한 이를 통해 당 내부에서도 마오쩌둥에게는 거역할 수 없다는 분위기와 함께 마오쩌둥의 지도력이 강화되었고, 그 결과 마오쩌둥은 독자적인 사회주의 건설에 도전할 수 있는 정치환경을 갖출 수 있었다.

반우파 투쟁을 정당화하는 작업 과정에서 마오쩌둥의 독특한 이론인 '계속혁명론'이 생겨나게 되었다. 마오쩌둥의 '계속혁명론'은 제도적으로 사회주의 사회가 실현되었다고 해도 계급의식은 인간의 의식 가운데 잔존하는 것으로 끊임없이 투쟁을 반복할 수 밖에 없다는 이론이다.

1957년 9월부터 10월까지 열린 중국공산당 제8기 3중전회에서 마오쩌둥은 "프롤레타리아와 부르주아의 모순, 사회주의와 자본주의 사이의 모순은 의심의 여지 없이 현재 우리 사회의 주요 모순"이라고 하였다. 마오쩌둥의 사회주의 사회의 모순은 계급모순이며, 사회주의 전체 단계에서 계급투쟁이 존재한다는 인식은 '프롤레타리아 독재 아래에서의 계속혁명'이라는 문화대혁명의 이데올로기로 발전해갔다.

반우파 투쟁 이후 중국사회는 좋은 계급인 홍5류(紅五流)와 나쁜 계급인 흑5류(黑五流)라는 구분에 따른 사회적 차별이 심해졌다. 홍5류는 혁명간부 · 혁명군인 · 혁명유족과 노동자 · 농민 출신이며, 흑5류는 구지주 · 구부농 · 반동분자 · 악질분자 · 우파분자인데, 이러한 출신 성분이 '당안'(신상조서)에 기입되고 공안부문에 의해 보관되어, 교육과 취직, 출세, 결혼 등에 영향을 미치게 되었다. 이러한 차별을 출신 혈통주의라고 부르는데, 차별을 받았던 사람들은 문화대혁명 과정에서 홍위병에 가담하여 출신 혈통주의를 통렬히 비판하였다.

(2) 대약진운동과 인민공사

경제발전을 위해 사회주의화를 하였지만 1954년 8월 국가계획위원회의 보고에 따르면 석탄과 철강재, 화학비료 등 50개 품목 가운데 23개 품목의 생산이 부족했다. 1955년부터 1956년까지 석탄, 목재, 탄산나트륨 등 일부 품목을 제외하면 대부분의 물자가 부족한 상태였다. 1차 5개년 계획의 생산목표를 달성하기 어려운 상태에 직면하였다. 그럼에도 불구하고 1953~1957년 국민소득은 연평균 8.9% 성장하였다.

물자 부족과 계획 달성이 어려운 상황에서 비교적 높은 경제성장을 할 수 있었던 것은 중공업을 중심으로 투자가 집중되어 이 분야의 성장율이 높았기 때문이다. 그러나 식량 생산, 소비재 생산, 교통운수 시설 부문과의 격차가 확대되고 있었다. 또 하나는 1953년부터 1957년 시기에 인구의 자연 증가율이 2.23%에 이르러 7천 만 명 이상 인구가 증가하였기 때문이었다.

높은 경제성장 속에서도 중국에서는 물자 부족을 호소하며 처우 개선을 요구하는 파업과 학생시위가 일어났고 농촌에서는 농작물의 통일 수매와 통일 판매정책 등에 대한 불만으로 일부 농민들이 합작사에서 탈퇴하기도 하였다.

이에 대해 류샤오치와 저우언라이 등은 농업과 경공업도 배려한 균형잡힌 공업 발전을 추진하고 과도한 집단화를 피하여 농민의 자발성을 존중하려 하였다. 그러나 마오쩌둥 등은 공업화의 속도를 높이고 농업집단화를 강화하는 급진적 사회주의를 추구하여 "뒤처진 생산력과 앞선 생산관계 간의 모순"을 극복해야 한다고 보았다.

1957년 11월 마오쩌둥은 러시아 혁명 40주년을 축하하고 각국 공산당의 회의에 참석하기 위해 모스크바를 방문하여 "15년 만에 미국을 추월한다"고 한 흐루쇼프를 의식해서, 영국을 "15년 이내에 추월할 것"이라고 선언했다.

1958년 5월 중국공산당 제8차 전국대회 제2차 회의가 소집되었다. 여기서 급진적인 사회주의화라 할 수 있는 '사회주의 건설의 총노선'이 채택되어 '대약진운동'이 시작되었다. 그 내용은 이상적인 사회상을 제시하기보다 건설을 추진하는 대중노선과 두 가지 기본노선, 주관적인 능동성을 강조하는 것이었다. 그것은 혁명적 정신을 발휘하는 주관적인 의지를 인민이 가지고 있다고 보았기 때문이다. 두 가지 기본 노선이란 공업과 농업, 중앙의 공업과 지방의 공업을 동시에 발전시키고, 서양기술과 중국 전통기술을 병용한다는 주장이었다.

대약진 운동은 경제의 고도성장을 통해서 선진국을 따라잡고 집단화와 협동화를 하여 공산주의에 신속하게 도달하려 하였다. 공업은 연간 26~32%, 농업은 연간 13~16%라는 비정상적으로 높은 경제성장율이 목표치로 제시되었다. 이 목표를 생산 설비의 새로운 증설을 통해서가 아니라, 재래 기술과 민중의 힘을 총동원하여 달성하려 했다.

공업부문에서 대약진운동은 철강 생산 증대에 집중되었다. 1958년의 철강생산 목표는 1957년도 실적인 535만 톤의 두 배인 1,070만 톤으로 증산한다는 것이었다. 농업 면에서의 곡물 생산은 전년 대비 1.9배 증가한 3억 5,000만 톤(1인당 500kg)을 생산하기로 결정하였다. 이러한 목표는 농민의 집약농업에 의지하고, 대중운동에 바탕을 둔 대규모 수리 · 관개건설과 비료주기운동을 전개해 식량 생산을 대폭적으로 증산하는 것이었다.

마오쩌둥은 사회주의에서 생산력을 끌어올리기 위해서는 생산관계의 변경이 중요하다고 보았다. 그는 농업분야에서는 기계화보다 집단화를 추구했고, 그 결과 인민공사가 등장하였다. 1958년 중국에서는 대대적인 생산운동과 함께 사회의 개조를 위하여 인민공사를 건설하였다. 인민공사란 1향 1사의 규모를 기본으로 하여, 향 인민정부 · 향 인민대표대회와 합작사를 일체화한 것이다. 인민공사는 농업 · 공업 · 상업 · 문화 · 교육 · 군사를 서로 결합시켜 집단적 생산과 집단생활을 영위하는 자력갱생과 자급자족의 지역공간으로 만들 것을 목표로 했던 조직으로 중국공산주의의 기층 단위가 되었다.

| 표 2-3 | 농촌 인민공사화(1958)

	8월 말	9월 상순	9월 중순	9월 하순	12월 말
인민공사	8,730	12,824	16,989	26,425	26,578
공사에 참가한 농호	37,780,000	59,790,000	81,220,000	121,940,000	123,250,000
전체 농가 가운데 공사에 참가한 농호비중	30.4%	48.1%	65.3%	98.0%	99.1%
공사의 평균 농호수	4.328호	4.662호	4.781호	4.614호	4.637호

출처 : 國家統計局 편, 《偉大的十年-中華人民共和國經濟和文化建設成就的統計》, 1959, p.36.

일반적으로 인민공사 안에는 20~40가구로 구성된 생산대(生産隊)가 있고, 그 위에 7~12개의 생산대로 구성된 생산대대(生産大隊)가 있으며 10~15개의 생산대대가 하나의 인민공사를 이루었다. 인민공사는 1958년 8월 말에 전 농가의 30.4%, 9월 말에는 98%, 12월 말에는 전체 농가의 99.1%인 1억2천3백 만 가구가 참여하여 합계 26,578개가 만들어졌다.

인민공사는 집단노동과 '노동점수제'에 의해 수확물이 분배되었다. 공공식당이 설치되어 농민들은 주로 공공식당에서 식사를 하게 되었고, 여성은 부엌에서 '해방'되어 농장으로 나갔다. 인민공사는 학교와 양로원을 경영했고 민병을 보유하고 있었다. 1958년 말까지 전국에 340만 개의 공공식당, 340여 만 개의 탁아소, 15만 개의 경로당 등이 만들어졌다.

마오쩌둥은 평등주의 가치관과 정신적 가치를 중시하였다. 인민공사의 목표는 공산주의에 가깝게 가는 것이었다. 또한 마오쩌둥의 "인민을 위해 봉사한다", "자신을 희생한다"는 정신적 가치는 개인의 희생에 기초한 관념이었다.

1958년 8월부터 10월까지 벌어진 진먼다오에 대한 포격으로 국제적인 긴장이 높아진 국제정세를 배경으로 중국내에서는 민중을 대약진운동에 쉽게 동원할 수 있었다. 대약진운동은 인간의 정신력과 집단의 힘에만 의지했던 대생산, 자연개조, 사회개조의 거대한 실험이었다. 그러나 동시에 각각의 객관적 조건을 무시하고, 진행 과정을 조정할 수 있는 기구가 없었기 때문에 심각한 왜곡 현상을 드러냈다.

철강생산을 전년도의 두 배인 1,070만 톤으로 증산하기 위하여 1958년 연말까지 전국적으로 9천만 명의 농민이 동원되어 100만 개 이상의 소형 토법 용광로에서 재래식 철강(土鋼) 308만 톤을 생산했다. 중국정부는 1958년 말까지 1,369만 톤의 철강을 생산하였다고 발표했지만, 이 가운데 416만 톤은 유황 성분 등이 많이 섞여 있어 기계 공업 등에 쓸 만한 강도에 미치지 못하였다. 이 운동은 철광석·석탄과 노동력을 허비했으며 가을 수확시기에 전개되었기 때문에 농업에 큰 타격을 주었다.

1958년 농업 투입 노동력은 전년에 비해 3,818만 명이 감소되었고, 식량생산량은 목표인 3억~3.5억 톤을 크게 밑돈 2억 톤이었다. 이 경향은 이후 더욱 심해져 1959년에는 1억 7,000만 톤, 1960년에는 다시 1억 4,350만 톤으로 감소하여 1951년 수준까지 하락하였다.

| 표 2-4 | 1952-1962년 일인당 소비량의 변화

연도	식량(kg)	식용유(kg)	고기(kg)	설탕(kg)	옷감(m)
1952	197.67	2.09	5.91	0.91	5.71
1957	203.06	2.42	5.02	1.51	6.82
1958	198.23	2.86	5.22	1.62	8.37
1959	186.59	2.25	3.08	1.53	9.72
1960	163.62	1.87	1.53	0.97	8.35
1961	158.78	1.37	1.41	1.78	2.87
1962	164.62	1.08	2.21	1.59	3.70

출처 : 趙德馨, 《中華人民共和國經濟史 1949-1966》, 河南人民出版社, 1991, p.743

이에 따라 1인당 식량 소비량도 급속도로 줄어들었다. 표 2-4에 의하면 1957년 1인당 203kg이었던 식량소비량이 1961년에는 159kg으로 감소하였다. 식용유와 고기 등 부식의 소비량도 모두 감소했다. 돼지고기의 소비량은 1952년 5.91kg에서 1961년에는 1.41kg으로 급격히 감소하였다.

한편 인민공사는 너무 급격하게 설립되었기 때문에 5~6천 호의 거대한 인민공사도 나타났다. 또한 가난한 생산대와 풍요한 생산대의 소득을 평균분배하거나 사원의 재산을 무상으로 공사 소유로 하는 행위 등이 발생했다. 분배에서도 공공식당이 설치되고 노동에 따른 분배가 이루어지지 않았다. 이 때문에 일하든 일하지 않든 똑같다는 왜곡된 평등주의와 위로부터 이루어진 명령주의 때문에 농민의 생산의욕이 저하되었다. 또한 자유롭게 식사하는 공공식당에서 식량 등을 심각하게 낭비하는 현상이 발생했다. 농민들이 채소 재배 등에 이용하던 소규모의 자류지(自留地)가 집단소유제가 되었고, 가정부업이 금지되었으며 자유시장도 폐쇄되었다. 대약진운동이 전개된 3년 동안 중국경제는 1,200억 위안의 손실을 보았다고 한다.

(3) 펑더화이 사건과 루샨회의

1959년 7월 초순부터 8월 중순에 걸쳐 두 개의 중요 회의인 중국공산당 정치국 확대회의와 중국공산당 제8기 8중전회가 장시성(江西省) 루샨(廬山)에서 개최되었다. 원래 이 회의는 대약진운동이 초래했던 몇 가지의 중대한 과오와 왜곡된 상황을 조정하기 위해 개최될 예정이었다. 우선 정치국 확대회의에는 정치국원 외에 성·시·자치구의 당 위원회 제1서기 및 국가의 관련 부문 책임자들이 참가했다. 대부분의 참가자들은 5월과 6월에 각지의 실태를 조사하기 위해 시찰을 하고, 중남구·화동구·서북구 등으로 나뉘어 의견을 교환했다.

국방부장인 펑더화이는 회의 전에 고향인 후난을 시찰하면서 식량이 부족한 상황에서 무리한 노동으로 농민들이 고생하고 있고 솥이나 철기를 파괴하여 제철 원료로 사용하고 가옥이나 수목을 파괴하여 제철 연료로 사용하는 심각한 상황을 알고 있었다.

펑더화이는 마오쩌둥에게 개인편지 형식으로 식량생산이 과장되어 보고되었고, 무계획적인 철강생산으로 나타난 문제점 등을 비판하는 의견서를 제출했다. 그러나 마오쩌둥은 이에 대해 격렬하게 반발했다. 즉시 펑더화이와 그에게 동조했던 사람들을 우익 기회주의자 등의 낙인을 찍어 축출하였다. 그리고 중국공산당 제8기 8중전회에서는 당면한 주된 위험은 일부 간부 사이에서 자라나고 있는 우익 기회주의사상이라는 성명서가 발표되었다.

펑더화이를 국방부장에서 파면한 가운데 우파적 경향에 반대하는 캠페인이 시작되어 사회주의 총노선, 대약진, 인민공사에 반대하는 것, 펑더화이파를 변호하는 것, 당의 방침을 집행하는 않는 것은 '우경 기회주의 분자'로 간주되어 비판받았다. 마오는 펑더화이 등의 내부 비판을 '원칙이 없는 분파적 행위'라고 하여 비판하였고, 자신과 반대자의 견해 가운데 하나를 선택하도록 하였다. 1959년 펑더화이 사건으로 인하여 중국공산당의 '당내 민주'도 사라지게 되었다.

그 결과 대약진운동은 문제점이 시정되기는커녕, 한층 더 급진주의 노선을 향해 달려가게 되었다. 게다가 1959~1961년에는 엄청난 자연재해가 발생해 1인당 식량 생산은 기아선상을 밑돌 정도로 사태가 심각했다. 중국정부에서 파악한 1959년의 곡물 생산량은 3,400억 근이었는데 이 가운데 1,200억 근을 정부에서 구매하여 기근을 더욱 심각하게 만들었다.

그럼에도 불구하고 허위로 가득 찬 보고와 열광주의, '공산풍(共産風)'의 낭비가 계속되어 역사상 유례가 없었을 정도로 대규모의 아사자가 생겨나는 비참한 사태를 야기했다. 대약진운동이 전개되었던 1959년부터 1962년시기에 2000만 명 이상의 비정상적인 인구 감소가 있었던 것으로 추정된다.

대약진의 실패는 마오쩌둥의 위신을 약화시켰고, 마오를 제외한 대부분의 공산당 지도자이 옌안식의 대중을 동원한 정치운동에 부정적인 인식을 가지게 되었다. 또한 중국공산당이 주도한 대약진운동이 실패하면서 공산당의 기층 조직이 약화되었다.

(4) 국제관계의 긴장

대약진운동 시기에 중국은 대외관계에서도 긴장 상태에 있었다. 1958년 7월 중국을 방문했던 흐루쇼프는 중국과 소련의 공동방위를 강화하기 위해 '중소 공동함대'를 만들고, 중국에 장파(長波) 무선기지를 건설하자고 제의했다. 이것은 사실상 중국의 군사력을 소련의 군사력에 종속시키려는 것이었다. 중국은 이 흐루쇼프의 제안을 자국의 해역은 자국이 수호한다며 거부했다. 흐루쇼프는 인민공사 건설이 소부르주아 열광주의의 경향이 있다고 경고하였고 이에 대해 중국이 내정간섭이라고 반발하였다.

흐루쇼프가 귀국 한 직후인 8월 23일부터, 중국은 소련에 사전 통고를 하지 않고 일방적으로 타이완의 진먼다오(金門島)와 마쭈다오(馬祖島)에 40일 동안 포격을 하였다. 중국은 '타이완 해방'을 위해서는 무력행사도 불사하겠다는 입장을 보인 것이다. 9월 초 미국은 타이완해협에 제7함대를 파견하여 중국과 미국 간에 긴장이 고조되었다. 그러나 이 사태는 중국과 미국이 외교적 교섭을 하면서 수습되었다.

이 시기에 소련은 미국과 평화공존정책을 취하고 있었기 때문에 소련과 중국의 협조가 어려워졌다. 미국은 소련에게 핵실험과 핵확산 금지를 요구하였고 소련이 이를 받아들여 1959년 6월 중국에게 핵 기술을 제공한다는 내용을 포함하고 있던 「국방 신기술에 관한 협정」을 파기하였다. 중국은 소련이 중국에 군사 기술 제공을 거부하자 큰 충격을 받았다. 이는 소련이 우선적으로 미국과의 평화공존정책을 추진하고 있음을 명확히 했던 것이며, 동시에 중국과의 균열을 결정적으로 만든 첫 걸음이라고 할 수 있다.

중국과 인도와의 관계는 인도 정부가 티베트의 달라이 라마의 망명을 받아들인 사건 때문에 악화되었다. 티베트 지역에서는 사회주의 정책에 대한 저항이 계속되다가 1959년 라싸의 인민해방군이 관극회(觀劇會)에 달라이 라마 14세를 초대했는데 이를 납치 음모라고 생각한 라싸 시민들 가운데 일부가 무장봉기를 일으켰다. 결국 중국의 무력 진압을 피해 1959년 3월 달라이 라마는 인도로 망명하여 다람살라(Darlamsala)에 티베트 망명정부를 수립했다.

인도의 네루 수상이 달라이 라마의 망명정부를 인정하자 중국과 인도는 서로 대립했으며, 8월에는 양국 국경에서 군사충돌이 발생하였다. 이렇게 중국과 인도가 서로 대립할 때, 소련은 중국과 인도 사이에서 중립적인 입장을 취했기 때문에 소련에 대한 중국의 불신은 한층 강화되었다.

9월 30일 아이젠하워 미국 대통령과 평화공존을 위한 역사적 미소회담을 마친 흐루쇼프는 귀국길에 중국을 방문했지만 가시 돋친 설전으로 공동성명을 발표할 수도 없었다. 또한 그 직전에 루산회의에서 소련과 관계가 밀접한 것으로 보였던 펑더화이가 실각한 것 등의 영향으로 중·소간의 상호불신이 더욱 심해졌다.

제 3 장

경제조정정책과 프롤레타리아 문화대혁명

1. 경제조정정책

2. 프롤레타리아 문화대혁명

1. 경제조정정책

(1) 조정정책의 제기

펑더화이(彭德懷)의 대약진 비판과 마오쩌둥(毛澤東)의 반격으로 공산당은 대약진운동에서 발생한 문제에 제대로 대응할 수 없었기 때문에 사태가 점점 악화되었다. 대약진운동은 농업생산량을 크게 감소시켰지만 정부에서 징수한 곡물의 양은 1960년까지 증가하였다. 농촌에서 농업 생산이 감소했지만 정부에서 거두어들인 곡물은 증가했기 때문에 농민들의 식량부족 현상이 심각해졌다. 이러한 식량 부족으로 소와 돼지 등 가축의 수도 대폭 감소하였다. 경공업 부문에서도 1961년까지 생산이 감소하여 생활필수품이 부족해졌으며 전체적인 생활수준이 낮아졌다.

1962년 1월의 중국공산당 중앙위원회 확대공작회의('7,000인 대회')에서는 대약진 이후의 경험과 교훈을 총괄하여 검토하였다. 이 대회에서 류샤오치(劉少奇)는 지나치게 높은 계획과 과도한 투자, 무리한 식량 매입으로 문제가 발생하였고, 경제건설을 서둘러서 도시 인구와 직원·노동자의 수가 급증하여 식량과 주택문제가 심각해졌으며, 농업생산에도 지장을 초래했다는 점을 지적하였다. 류샤오치는 소련의 지원 중지와 몇 년의 기후 악화 등 천재(天災)가 30%이고, 정책 결정의 오류 등 인재(人災)가 70%라고 지적하였고, 이 대회에서 마오쩌둥은 "중앙이 범한 오류는 반드시 직접적으로 나의 책임으로 돌아온다. 간접적으로도 나의 책임이 일부 있다"고 대약진운동의 실패에 대해 생애를 통해 유일하게 자아비판을 하게 되었다.

류샤오치와 덩샤오핑(鄧小平)은 "조정, 공고(강화), 충실, 제고(향상)"이라는 방침에 의거하여 생산과 생활의 향상을 도모하는 경제조정정책을 추진하였다. 인민공사의 규모를 축소하고 공공식당을 폐지하였으며, 농민의 생산의욕을 높이기 위해 농민들이 경영하는 자류지(自留地)와 가정부업을 확대하고, 자유시장, 손익의 자기 부담과 농가의 생산책임제를 추진하였다(三自一包). 안후이성의 생산대(인민공사의 말단 조직) 가운데 85%는 토지를 농민에게 분배하고 '책임전(責任田)'이라 불리는 일종의 농가 생산청부제를 실시했다. 1961년에는 농업세를 29% 인하하고, 농산물의 가격을 25% 인상하였으며, 해외에서 화학비료를 수입하였다.

또한 식량위기를 극복하기 위해서 대약진운동 시기에 급증한 노동자와 도시인구를 삭감하려는 정책을 실시하였다. 1961년 말 노동자 인구가 4,170만 명, 도시 인구가 1억 2,000만 명이었는데 노동자 수를 1천만 명 이상, 도시 주민을 2천만 명 이상 줄이려 하였다. 정부는 도시의 잉여 노동력을 농촌으로 보냈고, 수리건설 규모를 축소하였으며 인민공사의 일부 공업을 폐쇄했다.

공업부문에서도 투자 대상을 조정하여 생산성이 낮은 생산 설비가 폐쇄되고 경공업 분야의 생산을 확충하였다. 이에 따라 기업들은 폐쇄되거나 조업정지와 합병, 업종전환 등을 실시하였다. 이에 따라 공업생산이 격감했고 투자액도 대폭 삭감되어 건설하고 있던 많은 공사가 중단되었다. 공장에서는 공장장 책임제를 실시하여 통제를 강화하고 생산효율을 높이려 하였다. 교육 분야에서도 대약진운동 시기에 증가했던 학생 수를 대폭 삭감하였다.

이러한 경제조정정책에 따라 중국 경제는 회복기에 들어가 1963년~1965년에는 국민경제의 균형도 회복되고, 농공업 생산도 상승세로 바뀌게 되었다. 그러나 대약진으로 인한 위기와 책임의 평가를 둘러싸고 마오쩌둥과 류샤오치 사이에는 관점의 차이가 있었다. 마오쩌둥은 류샤오치의 경제조정정책을 '수정주의'로 보기 시작하였다.

(2) 사회주의 교육운동

마오쩌둥은 1962년 9월의 중국공산당 제8기 10중전회에서 프롤레타리아 계급과 부르주아 계급간의 투쟁이 존재하고 사회주의와 자본주의라는 두 개의 길의 투쟁이 존재한다는 점을 강조하였다. 또한 마오쩌둥은 생산책임제를 자본주의의 부활이라고 주장하면서 격렬하게 공격했다. 그러나 류샤오치와 덩샤오핑은 기아 선상을 막 벗어난 중국에게 경제조정이 계속 필요하다고 보았다.

1963년부터 시작된 농촌 사회주의 교육운동에서 류샤오치와 덩샤오핑은 생산활동에 지장을 초래하지 않도록 정치적 혼란을 피하고 간부의 업무 태도와 부정을 시정하는 데 중점을 두었던 것에 비해, 마오쩌둥은 농촌에서 새로운 부르주아가 출현했다고 하면서 계급투쟁을 중시해야 한다고 주장했다.

류샤오치와 덩샤오핑이 지도했던 국내의 생산력과 경제 효율을 중시하는 노선은 마오쩌둥의 국제 세계에 대한 위기 인식과 충돌하면서, 경제·사회건설 노선을 둘러싼 상호간의 중대한 차이로 발전하였다. 마오쩌둥은 경제 중시를 내건 노선을 흐루쇼프의 수정주의적 경향, 나아가서는 자본주의의 길과 관계가 있는 것으로 인식해 경계하게 되었다.

(3) 사회적 차별구조

조정정책이 실시되면서 교육부는 대약진 시기에 급증한 각종 교육기관을 정리하여 학교 수를 줄였고 학생 수도 감소하였다. 남아 있는 학교들은 중점학교로서 교육의 질적 향상이 강조되었다. 1954년 중점대학을 설치한 이후 중점중학, 중점소학교라는 엘리트 교육방식이 정착했다. 물론 중점학교에 들어가는 데는 출신계급이 크게 작용했다. 대약진시기에 설립된 비정규적인 학교들이 정리되면서 교육의 차별화가 심화되었다. 일반 대중을 위한 보통교육은 국가예산에서 배제되었다. 현실적으로는 최고 엘리트에서 간부, 일반대중, 낙후된 계층이라는 중층적 차별구조가 사회주의 사회에서 형성되었다.

1950년대의 방만한 인구정책으로 인구가 급증하면서 취업문제가 심각해졌다. 이에 대처하기 위하여 1962년 말 노동부는 도시에서 취업할 수 없는 노동력을 농촌으로 하방(下放)시키거나 기업에 임시로 취업시켰다. 또한 3~4년 후에 도시로 돌아오는 것을 전제로 도시의 지식청년을 국영농장 등으로 하방시켰다. 도시 지식청년의 하방은 도시와 농촌, 정신노동과 육체노동의 대립을 극복한다는 이념을 내세우고 있었지만 점차 강제적인 성격을 띠게 되었다.

이와 함께 1964년에는 류샤오치가 주장한 임시공 · 계약공 제도가 폭 넓게 채용되었다. 류샤오치는 저렴한 임시공을 채용하여 취업의 기회를 확대시키려 하였다. 그러나 임시공은 동일 노동에 종사해도 상용노동자보다 임금 면에서 불리한 대우를 받았고 노동보험이나 기업복리제도의 적용도 받지 못하였다. 이 때문에 대규모의 임시공과 계약공은 열악한 조건에 놓이게 되어 사회적 불만이 쌓이게 되었다. 이러한 조정정책의 문제점은 문화대혁명이 급진화하는 하나의 사회적 요인이 되었다.

(4) 국제적 고립의 심화

중 · 소 대립은 1960년부터 이데올로기 논쟁으로 발전하였으며 국가관계에도 그대로 반영되었다. 1960년 7월 소련은 중국에 체류하고 있던 소련인 기술자 1,390명을 일방적으로 철수시키고, 대형 경제건설 프로젝트에 대한 지원을 중단했다. 이에 따라 중국은 예정보다 빨리 자력갱생으로 나아가게 되었다.

그 직후부터 1962년 경까지 간헐적으로 신장(新疆) 위구르 자치구의 중소 국경에서 무력 충돌이 발생했다. 1962년 10월 20일에는 중국과 인도 국경에서 대규모 분쟁이 발생했고, 그 직후 '쿠바 미사일 위기'가 일어났는데, 케네디의 적극적인 해상 봉쇄 때문에 흐루쇼프는 쿠바에서 공격용 무기를 철수하겠다고 약속하였다. 중국은 소련의 흐루쇼프가 핵무기를 갖고 흥정한 것과 자의적으로 쿠바에 핵무기를 반입하여 쿠바의 주권을 침범한 사실을 비난했다.

흐루쇼프는 동유럽 국가들의 지지를 기반으로 중국을 비난했다. 중국은 중국인민의 이해와 협력을 확보하기 위해 1963년 2월 『인민일보』에 사설 「차이점은 어디로부터 왔는가」와 중국공산당 중앙위원회의 「국제공산주의운동의 총노선에 관한 제안」(6월)을 발표하였다. 이때부터 전면적인 '중소 논쟁'이 시작되었으며, 같은 해 7월에는 미국, 소련, 영국에 의해 부분적인 핵실험 중지조약이 조인되어 중국의 고립감을 더욱 부채질했다.

중소분쟁은 전 세계에서 혁명 투쟁을 발전시키는 것을 중시할 것인가(중국), 미국과 평화공존을 우선할 것인가(소련)라는 세계 전략을 둘러싼 문제와, 사회주의국가 내부에서도 정치투쟁을 강화할 것인가(중국), 전 인민의 국가로서 정치적 안정을 지향해야 할 것인가(소련)하는 사회주의 건설의 추진 방법을 둘러싼 것이었다. 또한 중국과 소련은 7,300km의 국경선의 획정과 군사기지 건설을 비롯한 군사협력 등 구체적인 국익을 둘러싼 대립도 있었다. 중국은 소련에 대해 사회주의 이념을 왜곡하는 '수정주의'라고 비난했다.

중국공산당은 아시아 · 아프리카의 민족혁명 세력의 협력을 얻기 위하여 인도와의 국경분쟁을 해결하려 모색하였고 점령지역에서 철병하였다. 1964년 8월 미국의 구축함이 베트남 어뢰정의 공격을 받았다는 통킹만 사건이 발생하자 미국은 북베트남에 보복 폭격을 하였다. 미국은 북베트남을 폭격하면서 베트남전에 개입하였다. 중국도 1965년부터 1970년까지 지원부대를 베트남에 파견하였고 대규모 원조를 제공하였다. 1965년 6월부터 중국은 북베트남에 '중국후근부대(中國後勤部隊)'라는 명목으로 1970년까지 32만 명을 파견하여 방공 작전과 방어 시설, 도로, 철도 구축에 투입하였다. 이러한 군사작전으로 1,100명이 넘는 사망자와 4,300명의 부상자를 냈다.

중국은 흐루쇼프가 실각한 직후인 1964년 10월 16일에 원자폭탄 실험에 성공했다. 그러나 중국이 기대했던 소련의 브레즈네프와의 화해는 성과를 거두지 못하였고 1965년 3월 중국이 불참한 채 세계공산당협의회가 강행되어 중국공산당과 소련공산당의 관계가 실질적으로 단절되었다. 중 · 소 국경의 소련군은 흐루쇼프 시대보다 증강되었고 중·소 양군의 충돌 가능성이 높아졌다.

마오쩌둥은 이러한 국제사회에서의 충격 때문에 강한 고립감과 위기의식을 갖게 되었다. 미국과 소련이라는 두 초강대국으로부터 위협에 놓여있는 가운데 중국은 반미반소(反美反蘇)를 내세우며 이에 대응하였다. 수정주의를 반대하기 위해 문화대혁명을 발동하였고, 방위체제 구축을 위해 3선건설을 추구하였다. 절대적 빈곤과 전쟁 환경이라는 중국을 둘러싼 국제정세 속에서 마오쩌둥은 혁명을 계속하여 이에 대항하고자 한 것이다.

2. 프롤레타리아 문화대혁명

(1) 문화대혁명의 시작

1) 인민해방군과 3선건설

중·소 관계가 악화되는 상황 속에서 인민해방군은 정치·사상공작을 확대하였다. 1959년 펑더화이가 실각한 후 국방부장에 취임한 린뱌오(林彪)는 마오쩌둥 사상 학습 캠페인을 전개했고, 1964년 1월 붉은 표지의 소책자인 『모주석어록(毛主席語錄)』을 간행했다. 『모주석어록』은 교육수준이 낮은 인민해방군 병사들을 위해 마오쩌둥의 저작을 발췌하여 편집한 소책자로 문화대혁명 중에는 홍위병이 이것을 손에 들고 흔들며 열광적인 분위기를 조성하였다. 이에 마오쩌둥은 1964년 2월 「전국은 해방군에게 배우자」라는 제목의 사설을 『인민일보』에 발표하여 이에 호응했다. 해방군 내에서 마오쩌둥사상 학습 캠페인은 마오쩌둥의 권위를 회복하는데 공헌했다.

1964년 마오쩌둥은 적의 침공에 대비해 연해지역을 1선, 중부지역을 2선, 내륙 후방지역을 3선으로 보고 공업기지의 내륙 이전을 추구한 3선건설을 시도하였다. 이에 따라 대도시와 연해지역의 공장을 오지로 이전하는 문제가 제기되었다. 또한 공장 이외에 대학 · 과학원 등의 이전 계획도 포함되어 있었다.

1964년 말 인민대표대회에서 저우언라이는 1966년부터 시작하는 제3차 5개년계획의 주요 임무로 중국을 현대적인 농업 · 공업 · 국방과 과학기술을 갖춘 사회주의 강국으로 건설하여 세계의 선진 수준을 따라잡고 앞지르는 것이라고 보고하였다.

2) 마오쩌둥의 의도

대약진운동의 실패와 그 후의 조정정책에 의한 경제회복의 흐름은 당내 특히 중앙위원회 내에서 류샤오치와 덩샤오핑의 위신을 높였다. 중국공산당의 중앙위원회, 중앙정치국, 서기처(덩샤오핑이 서기처 총서기), 선전부, 조직부, 농촌공작부, 그리고 베이징시 당위원회 펑전(彭眞; 제1서기 겸 시장) 등은 류샤오치와 덩샤오핑의 강한 영향력 아래 놓이게 되었다. 이렇게 해서 지도자로서 마오쩌둥이 갖고 있던 위신과 권위는 류샤오치와 덩샤오핑이 상승하면서 상대적으로 저하되고, 마오쩌둥 자신은 심한 고립감을 느끼게 되었다. 이 점도 문화대혁명이 일어난 또 다른 요인이었다.

조정정책의 과정에서 안후이성과 광시성에서는 농민이 생산대에서 농지를 빌려 경작하고 수확한 농작의 일부를 차지료(借地料)로 지불하는 도급경작이 확산되고 있었다. 차지료를 지불하고 남은 농작물이 전부 농민의 수입이 되었기 때문에 농민의 경작 의욕을 자극하여 전체 농업 생산도 증가했다. 중공중앙의 농업부장 덩즈후이(鄧子恢)가 개별 농가의 도급 경작을 인정해야 한다고 하자 덩샤오핑도 검은 고양이든 얼룩 고양이든 쥐를 잘 잡는 게 좋은 고양이라고 지지하였다. 그러나 마오쩌둥은 도급 경작은 집단농업의 해체로 이어지는 조치로 보고 반대하였다. 마오쩌둥의 후계자들은 대약진운동과 경제조정정책을 거치면서 점차 마오의 이념과 정책을 제대로 수행하지 않고 무시하는 것으로 보였다. 마오는 대중동원을 중시하였으나 류샤오치 등 다른 지도자들은 대약진을 통해서 대중동원 방법이 당시 상황에 적절하지 않다고 본 것 같다. 마오쩌둥은 류샤오치를 비롯한 공산당 지도자들이 소련과 같은 수정주의를 따르면서 자신의 혁명사업을 전복시키고 있다고 보았다.

특히 마오쩌둥은 농가생산책임제의 회복과 공업에서 물질적 유인책 수용 등의 정책들이 사회의 불평등과 전문화, 위계화를 조장하는 정책으로 사회주의와 양립하기 어렵다고 보아 반대하였다.

국제적으로도 1958년 흐루쇼프가 중국해군과 공동함대를 만들자고 한 것과 핵원조 합의를 취소한 것, 소련의 평화공존노선 등 소련과 갈등을 겪고 있었다. 그는 1964년 10월 흐루쇼프가 실각한 이후에도 소련이 정책 변경을 하지 않는 것을 보고 소련의 수정주의가 개인의 문제가 아니라고 인식하게 되었다. 그리고 그는 이러한 수정주의가 중국에도 확산되고 있다고 보았다.

결국 마오쩌둥은 1965년 초 류샤오치와 덩샤오핑 등을 타도하기로 결심한다.

마오쩌둥은 1965년 초 류샤오치와 덩샤오핑을 타도하기로 결심한다. 마오쩌둥의 목표는 류샤오치와 덩샤오핑 등의 인맥을 타파하고 중앙과 지방 지도부를 교체하며, 새로운 기본 노선을 확립하고 새로운 권력기구를 창출하는 것이었다.

그러나 중앙정치국에서는 정치국 상무위원 겸 국방부장인 린뱌오와 정치국원 후보인 천보다(陳伯達)와 캉셩(康生) 정도가 마오쩌둥을 지지했다. 마오쩌둥은 강한 적을 공격하기 위해 한편으로는 거점을 만들면서, 다른 한편으로는 갑자기 적의 본진에 쳐들어가는 것이 아니라 인민이라는 큰 바다로 적을 유인해서 교란하고 토벌하는 방식을 취했다.

3) 『해서파관』

역사학자이면서 베이징시 부시장이었던 우한(吳含)의 신편 역사극 『해서파관(海瑞罷官)』은 큰 화제를 불러 일으켰다. 『해서파관』은 명대의 청렴결백한 관리인 해서(海瑞)가 황제 가정제에게 간언을 하다가 파면당하고 고향으로 돌아간다는 내용의 역사극이었다. 마오쩌둥은 1959년 4월 대약진의 성과를 과장해서 보고하는 문제를 지적하면서 해서처럼 진실을 솔직하게 말하도록 해야 한다고 하였다. 그 후 우한은 해서의 이야기를 역사극 『해서파관』으로 만들어 1961년 1월 베이징에서 공연하고 있었다.

류샤오치와 덩샤오핑은 1964년 7월 '문화대혁명 5인 소조'를 중앙서기처 산하에 설치했다. 조장은 서기처에서 덩샤오핑 다음의 제2인자인 베이징시장 펑전(彭眞)이었고, 조원은 대부분 류샤오치 · 덩샤오핑 계열로 구성되었다.

마오쩌둥은 우선 우한을 공격해 '문화대혁명 5인 소조'를 중앙지도부에서 강제로 끌어내리려 하였다. 마오쩌둥은 우한의 역사극을 '계급적인 문제'로 중시하고, 부인인 쟝칭(江青)을 이용해 비밀리에 상하이에서 반론을 준비시켰다. 1965년 11월 상하이의 『문회보(文匯報)』에 야오원위안(姚文元)의 「신편 역사극 『해서파관』을 평한다」가 게재되었다. 이 글은 『해서파관』에 나오는 '토지의 반환', '억울한 죄의 명예회복'을 당시의 '생산 책임제'와 '정치적으로 잘못 규정된 죄에 대한 명예회복'을 지지하면서, 부르주아 · 지주 · 부농을 부활시키며 나아가 펑더화이의 명예회복을 기도하는 정치적 음모가 숨어 있다고 비난하였다.

『해서파관』을 비판한 야오원위안의 글은 문예논쟁을 단순한 학술적 문제가 아닌 정치적 문제로 간주하였기 때문에 지식인들을 겨냥한 정치운동으로 확산될 가능성이 있었다. 또한 『해서파관』은 베이징시 당서기 펑전의 측근인 우한이 쓴 것이었기 때문에 펑전이 곤란한 상황에 놓이게 되었다.

류샤오치 · 덩샤오핑 · 펑전 등은 이 문제를 문예 분야의 문제로 제한하고 정치

문제로 만드는 것에 제동을 걸었다. 중앙정치국 상무위원의 대다수는 야오원위안의 의견에 동의하지 않았고, 각 성 · 시의 선전부 등 관련 부문에서는 이 평론의 게재를 승인하지 않았다. 1966년 2월 펑전은 문화대혁명 5인 소조를 소집하여 우한 등에 대한 비판을 당 지도하의 학술토론 안에 묶어서 정치투쟁으로 발전시키지 않는다는 취지의 「2월 제강」을 발표했다. 이에 대해 마오쩌둥은 당의 중앙선전부는 좌파를 지지하지 않고 좌파를 억누르고 있다고 비판하면서 문화혁명 5인 소조 · 중앙선전부 · 베이징시 당위원회를 해산시키라고 하였다.

4) 문화대혁명의 시작

1966년 5월 4일부터 26일에 걸쳐 중국공산당 중앙위원회 정치국 확대회의가 베이징에서 개최되었다. 5월 16일에는 마오쩌둥 자신이 수정한 「중국공산당 중앙위원회의 통지」(「5 · 16통지」)가 채택되었다. 이 「5 · 16통지」는 「2월 제강」이 당중앙과 마오쩌둥의 사회주의 문화혁명의 노선을 위반한 것이라고 비판하였다. 이 회의에서는 문화대혁명 5인 소조를 폐지하고 정치국 상무위원회 아래 '중앙문화대혁명소조'를 조직하여 문화대혁명을 전개하기로 결정하였다. 이후 중앙문화대혁명소조는 문화대혁명을 추진하는 지도부의 역할을 하였다.

한편 이 회의에서는 군에서 류샤오치 · 펑전과 연결되어 있던 참모장 뤄루이칭(羅瑞卿)과 이데올로기를 담당했던 중앙선전부장 루딩이(陸定一), 베이징시위원회의 펑전이 해임되었다. 마지막으로 당중앙의 일상 업무을 담당한 중앙서기처의 양샹쿤(楊尙昆)도 해임되었다. 이에 따라 류샤오치 · 덩샤오핑의 권력기반이 크게 약화되었다.

이 「5 · 16통지」가 공표되면서 문화대혁명이 대중운동으로 전개되기 시작하였다. 5월 25일 캉셩의 지시를 받은 베이징대학 강사 녜위안즈(聶元梓) 등이 대학의 당위원회와 베이징시 위원회를 비판하는 대자보(벽신문)를 붙였다. 5월 29일에는 칭화대학 부속중학(고등학교)의 40여 명의 학생이 홍위병이라고 불리는 조직을 만들었다. 홍위병은 마오쩌둥이 자신의 카리스마로 자신이 만든 공산당과 국가체제를 파괴하기 위하여 젊은이들을 동원한 것이었다.

6월 1일 마오쩌둥은 녜위안즈 등의 대자보를 1960년대 중국의 파리코뮨 선언서이고, 그 의의는 1871년 세계 최초로 노동자 권력을 수립했다는 파리코뮨을 능가하고 있다고 평가하면서 급진적인 학생들의 움직임을 적극적으로 지지했다. 이후 전국의 학교에서 홍위병이 조직되어 당위원회와 교사에 대한 홍위병의 조반(造反; 반란)이 확대되었다.

류샤오치와 덩샤오핑은 6월 초 학생들의 과격한 움직임을 통제하기 위해 베이징의 각 대학과 중학에 공작조를 파견하기로 결정하였다. 이때 장칭과 캉셩 등의 지시를 받았던 칭화대학의 징강산 홍위병이 중앙에서 파견한 공작조와 대결하여 충돌이 발생했다. 8월 1일부터 12일에 걸쳐 개최된 제8기 11중전회에서 마오쩌둥은 '조반에는 도리가 있다(造反有理)'라고 하면서 공산당이 학생운동을 탄압하고 있다고 비판했다.

5일에는 마오쩌둥의 「사령부를 포격하라: 나의 대자보」가 발표되었고, 8일에는 「프롤레타리아 문화대혁명에 관한 결정」이 채택되어, 프롤레타리아 문화대혁명은 본격적인 단계로 들어갔다. 이 「결정」에서는 프롤레타리아 문화대혁명의 목적으로 자본주의의 길을 걷는 당권파를 타도하고, 부르주아지 계급의 반동적 학술 '권위'를 비판하며, 부르주아지 계급과 일체의 착취계급의 의식형태를 비판하고, 교육과 문예를 개혁하며 모든 사회주의 경제기초에 적응하지 못하는 상부구조를 개혁하여 사회주의제도를 공고하게 하고 발전시키는 것이라고 하였다. 또한 낡은 사상·낡은 문화·낡은 풍속·낡은 습관 등 네 가지 낡은 것을 파괴하고 신사상·신문화·신풍속·신습관으로 사회의 정신을 바꿔야 한다고 보았다.

또한 프롤레타리아 문화대혁명을 실행하는 권력기구인 문화혁명소조, 문화혁명위원회, 문화혁명대표대회는 파리 코뮨과 같이 전면적인 선거를 실행하여 선출해야 한다고 하였다.

이 11중전회의 결정은 대약진 이후 중국에 나타난 수정주의의 책임이 당기구 자체에 있으며 이를 수정하기 위해서는 민중을 동원하여 공산당과 지식인에 대한 전면적인 정치투쟁을 전개하여 기존의 권력기구를 재편해야 한다는 것이었다.

이 제8기 11중전회에서 류샤오치는 서열 2위에서 8위로 격하되었고, 덩샤오핑은 총서기의 지위를 상실한 일반 중앙위원이 되었다. 그 대신 린뱌오가 서열 2위로 올라섰고 부주석으로 지명되었다. 천보다, 캉셩 등 문혁파가 서열 5위와 7위로 뛰어올랐다. 이와 같은 중앙정치국의 개편에 따라 마오쩌둥을 선두로 린뱌오가 거느리는 군대, 천보다 · 캉셩 등의 중앙문화혁명소조, 문화대혁명에 지지를 표명한 국무원의 저우언라이 등의 문화대혁명을 추진하는 세력이 형성되었다.

여기에 사회주의 체제 아래에서 사회적 혜택을 받지 못하고 차별을 당했던 도시민중과 신중국 수립 이후 마오쩌둥 사상과 중국혁명을 교육받은 학생과 지식인들이 프롤레타리아 문화대혁명에 동원되었다.

5) 류샤오치와 덩샤오핑의 실각

1966년 8월 18일 베이징의 천안문광장에서 문화대혁명을 축하하는 1백만 명의 대중이 참가한 집회가 열렸다. 천안문광장에는 『모주석어록』을 높이 들고 프롤레타리아 문화대혁명 만세, 모주석 만세를 외치는 대중들로 뒤덮였다. 마오쩌둥은 천안문 위에서 그들을 접견했다. 린뱌오는 실권파의 타도, 네 가지 낡은 것을 타파할 것을 호소했다. 이틀 후 베이징의 홍위병들은 가두로 진출하여 상점의 간판을 파괴하고 명칭을 바꾸었다. 이와 함께 홍위병은 '반혁명분자'의 가택수색을 실시하고 '반혁명분자'를 끌어내 비판하고 박해했으며 문화재를 파괴하였다. 베이징의 홍위병운동은 상하이 등 다른 대도시로 파급되었다.

중국공산당 중앙과 국무원은 홍위병운동을 지지하여 혁명적 학생이 베이징을 방문하여 혁명운동의 경험을 나누도록 기차운임을 무료로 하고 생활보조비와 교통비를 국가재정에서 지출하기로 결정했다. 이리하여 수업을 그만두고 혁명을 하는 전국적인 경험 교류가 시작되었다. 베이징의 천안문광장에서는 홍위병의 집회가 연이어 개최되었고 지방의 홍위병이 베이징으로 모여 들었다.

제9기 11중전회 이후, 류샤오치와 덩샤오핑에 대한 공격은 더욱 격렬해졌다. 8월 21일 『홍기(紅旗)』 사설은 "직위가 아무리 높다고 해도, 아무리 고참이라고 해도, 대단한 명망을 갖고 있더라도, 마오쩌둥 사상에 반대한다면 단호히 투쟁하자"라며 사실상 류샤오치와 덩샤오핑을 타도하려는 결의를 표명했다. 10월 23일의 중국공산당 중앙위원회 공작회의에서 류샤오치와 덩샤오핑은 자아비판 문서를 제출했고, 이후 연금상태에 처해졌다. 1967년 1월 이후 류샤오치는 집무가 불가능해지고, 가족도 이러한 사태에 휩싸여 되풀이해서 '비판 투쟁'을 받게 되었다.

1967년 4월 1일 『인민일보』는 류샤오치를 "당내 최대의 실권파, 중국의 흐루쇼프"라고 낙인찍은 치번위(戚本禹)의 논문을 게재했다. 7, 8월에는 류샤오치 · 덩샤오핑 · 탄전린을 비판하는 대규모 집회가 개최되고, 9월에는 당 · 정 요인의 거주 지역인 중난하이(中南海)에서 '반혁명분자'와 '검은 집단'에 대한 일제 추방이 결정되어, 류샤오치와 덩샤오핑의 자녀는 양친과 떨어져 불운한 나날을 보내게 되었다.

(2) 코뮨의 시작과 끝

1) 상하이의 탈권 투쟁

1967년 1~2월에 중앙문혁소조의 장춘차오(張春橋), 야오원위안 및 상하이조반파의 지도자 왕홍원(王洪文) 등은 상하이의 노동자 학생 조반조직을 연합하여 당의 시위원회와 인민위원회의 권력탈취 투쟁(奪權)을 전개하였다. 상하이에서의 탈권투쟁은 1967년 2월 5일 노동자 혁명조반 총사령부, 농민총사령부 등 38개의 조반 조직에 의해 '상하이 코뮨(上海人民公社)'을 성립시켰다. 장칭과 함께 '사인방'을 이루었던 장춘차오, 왕홍원, 야오원위안이 탈권투쟁에서 중요한 역할을 하였다. '사인방'은 권력 중심부에 있던 사람들 가운데 마오쩌둥의 이념을 가장 충실하게 실현했던 집단이었다.

상하이 코뮨은 원래 상하이시 당위원회와 인민위원회가 가지고 있던 모든 권력을 탈환하여 창조된 프롤레타리아 독재의 지방 국가권력이라고 선언했다. 코뮨의 지도부는 혁명적 대중이 파리 코뮨의 원칙에 따라 대표를 선출한다고 되어 있었다. 처음에 마오쩌둥은 상하이의 탈권투쟁을 적극적으로 지원했다. 그러나 상하이 코뮨이 성립된 지 1주일 뒤인 12일에 마오쩌둥은 '상하이 코뮨'이라는 명칭에 대해서 반대하였다. 마오쩌둥이 발언하기 이틀 전에 『인민일보』는 혁명대중 · 혁명군인 · 혁명간부의 '삼자결합' 방식에 의해 새로운 권력기구인 혁명위원회를 만들어낸 헤이룽장성(黑龍江省)의 예를 들면서 프롤레타리아 혁명파 탈권 투쟁의 훌륭한 본보기라고 칭찬했다. 결국 2월 23일, 상하이 코뮨은 상하이혁명위원회로 개칭되었다.

이러한 마오쩌둥의 태도 변화는 당과 군 조직의 존속과 관련된 문제를 염려하였기 때문이었다. 즉 파리코뮨처럼 철저하게 아래로부터 이루어지는 선거 방식을 중시하면, 곧 당위원회의 지도권이 위협받게 되고, 당의 지휘를 받고 있는 군대에도 문제가 발생할 것으로 보았다. 당과 군이 해체되면 세계혁명의 기반을 상실하는 것이므로 그것은 피해야만 했다. 이러한 상황에 대해서는 당의 고참간부는 물론 문화대혁명파 내부 및 군 내부에서도 강한 저항이 있었다. 탄전린(譚震林) · 천이(陳毅) 등은 1967년 2월 문화대혁명에서 당의 지도문제와 간부정책, 군의 혼란 등 문화대혁명의 문제점을 제기하며 문혁파를 비판하였다(2월 역류). 이에 대해 마오쩌둥은 정치국을 비판하였고, 중앙문혁소조가 정치국을 대신하게 되었다. 이후 혁명위원회 설립을 호소하면서 1966년 가을부터 시작했던 '경험 대교류'를 1967년 3

월에 중지하였다.

그러나 마오쩌둥의 이념에 따라 혁명을 더욱 강력히 추진하려는 젊은이들과 차별받고 있던 사람들은 이러한 상황을 납득할 수 없었다. 각지에서 대중운동과 탈권 투쟁이 결합되면서, 문화대혁명은 한층 광범위하면서도 혼란스럽게 전개되었다. 3월부터 6월에 걸쳐 전국적으로 홍위병뿐만 아니라 노동자·농민·군대를 끌어들여, 탈권 또는 주도권을 다투는 격렬한 무장투쟁이 전개되었다.

1967년 7월 우한에서는 해방군과 해방군을 지지하는 노동자조직이 조반파와 대규모 무장투쟁을 일으켰다. 이 사태를 해결하기 위해 파견된 공안부장 셰푸즈(謝富治)와 중앙문혁소조의 왕리(王力)가 우한(武漢)군구 사령 천자이다오(陳再道) 휘하의 부대 및 이를 지지하는 노동자조직 백만웅사에 의해 감금되었다. 그 해 8월 이후에는 문화대혁명파 중에서도 극좌적인 지도자와 과격한 홍위병 조직에 대해 비판이 제기되면서 사태를 완화시키고 적극적으로 수습에 나서기 시작했다. 우한 사건 이후 혼돈 속에서 사회를 안정시키고 권력기구의 재건에 몰두할 수 있던 사람들은 기본적으로 조직을 온전하게 지키고 있던 군대였다.

문화대혁명의 과정에서 격렬한 대립과 무장투쟁이 전개된 것은 몇 가지 원인이 있다. 우선 홍위병들은 마오쩌둥의 노선을 신봉했지만 마오쩌둥의 문화대혁명에 대한 입장도 시기에 따라 변했기 때문에 홍위병 조직 사이에서 해석상의 차이가 존재하고 있었다. 이와 함께 홍위병에 참여한 사람들의 성분에 차이가 있었다. 초기에는 홍오류의 자제들이 중심이 되어 홍위병이 조직되었지만 점차 젊은 실업자 내지 반실업자들과 사회에서 소외받던 흑오류에 속하는 청년들이 대거 참여하였다. 문화대혁명에 참여한 홍위병 가운데 흑오류에 속했던 위뤄커(遇羅克)는 "아비가 혁명가면 자식도 혁명가, 아비가 반동이면 자식도 반동"이라는 부모의 출신 계층에 따라 자식들도 영향을 받는 혈통주의를 비판하여 큰 반향을 일으켰다.

그러나 안정된 직장을 가진 다수의 노동자들이나 농민들은 대약진운동의 실패에 실망하고 있었으므로 문혁파의 급진적 사회주의 정책에 크게 동감하지 않았다. 이 때문에 문화대혁명을 지지하는 홍위병·조반파 세력과 이에 동감하지 않은 기존의 당조직과 대중조직들 사이에 대립과 갈등이 극심하게 일어나서 혼란이 가중되었다.

2) 권력기구의 재건

이러한 상황 속에서 마오쩌둥은 1968년 7월 28일 조반파의 무장투쟁을 중지시키고 홍위병들을 농촌으로 보내도록 하였다. 1968년 9월부터 대학 졸업생들은 농촌이나 공장으로 하방(下放)되고, 연말에는 중등교육을 받은 도시의 학생들이 변경 지역의 농촌에 가서 사는 상산하향(上山下鄕)운동이 전국적으로 시작되었다. 학교에서 배운 지식을 노동 현장에서 응용한다는 '교육과 노동의 결합'이라는 이상주의적 목표를 가지고 있었지만 결과적으로 청년들을 농촌으로 추방하게 되었다. 이에 따라 홍위병도 중국의 정치무대에서 퇴장하였다.

마오쩌둥은 '국내의 주요 적은 타도했지만 국제적인 대결은 더욱 심해지기 때문에 코뮨 권력의 수립을 미루고 재빨리 체제를 재건해서 외부에 대비해야만 한다'고 생각했다. 1967년 1월 31일 헤이룽장성 혁명위원회가 수립된 이후, 혁명 간부·군인·대중의 '삼자결합'에 의한 성(省) 수준의 권력기구 재건이 급속도로 진행되었다. 혁명위원회는 당무와 행정, 군사, 사법 등 전권을 한 손에 장악하는 기구였지만 전문 지식과 능력을 갖춘 행정 간부가 부족하여 경제 운영에 장애가 발생하기도 하였다. 1968년 9월 티베트와 신장(新疆)의 혁명위원회가 성립되어 1년 9개월 만에 전국이 모두 사회주의적 지방정권이 되었다고 선언하였다. 혁명위원회는 민중대표가 다수 참여하였지만 실권은 군대와 당간부들이 장악하고 있었다.

다음 달인 1968년 10월에 중국공산당 제8기 12중전회가 개최되었다. 이 대회에서 류샤오치는 '제국주의, 현대수정주의, 국민당 반동파의 앞잡이'로 당에서 '영구제명'되었다. "덩샤오핑은 또 한 명의 당내 최대의 실권파"라고 격렬하게 비판을 받았지만 류샤오치처럼 '심사 소조'가 조직되지도 않았으며, 12중전회에서 제명되지 않고 '당에 남아 있으면서 감찰을 받는 처분'에 그쳤다. 이외에도 당과 군의 장로 대부분이 비판받았고 린뱌오계와 장칭계가 크게 부각되었다.

나아가 당 중앙위원회 제9차 전국대회의 준비가 시작되었다. 이 긴급회의를 개최한 배경에도 국제적 요인이 강하게 작용했다. 베트남 전쟁이 격화되었을 뿐만 아니라, 나아가 1968년 봄 이후 독자 노선을 걸으면서 민주화를 향해 나아가던 체코슬로바키아에 8월 하순 소련이 군대를 투입해서 무력으로 이러한 움직임을 제압했다. 중국과 소련과의 긴장 상태는 다음해인 1969년 3월 중국공산당 제9차 전국대회 1개월 전 헤이룽장성(黑龍江省) 국경을 접하며 흐르는 우수리 강에서 중·소(中蘇)간 무력충돌이 발생하면서 현실이 되었다.

(3) 린뱌오 사건과 중·미 교류

1) 린뱌오 사건

1969년 4월 중국공산당 제9차 전국대회 직후 중국공산당의 권력 구도는, 신격화된 마오쩌둥의 위광 아래에서 린뱌오파와 사인방파가 제휴하여 권력의 중추를 이루고 있었다. 그러나 양자는 신뢰관계를 바탕으로 결합하고 있었다기보다도 저우언라이 세력과 군 장로가 갖고 있던 잠재력을 견제하려는 일종의 정치적 판단과 홍정에 따라 제휴하고 있었다. 하지만 새로운 중앙정치국의 구성과 군을 장악했다는 점에서 볼 때 린뱌오파가 우위에 있었다.

1970년 3월, 마오쩌둥은 헌법 개정을 위한 중앙공작회의를 소집하고, 류샤오치 이후 공석이었던 국가주석직의 폐지를 제안하여 출석자 다수가 찬성하였다. 그리고 8월부터 9월까지 중국공산당 제9기 2중전회가 루산(廬山)에서 열렸다. 여기서 린뱌오는 천보다 등과 함께 마오쩌둥 천재론, 마오쩌둥 찬미를 소리 높여 외쳤고,

마오쩌둥 주석이 위대한 지도자이고 국가원수이며 최고통치자라는 점을 법률적으로 공고하게 하는 것이 좋다고 함으로써, 국가주석직을 부활시키고 마오쩌둥이 그 자리에 오를 것을 제안했다. 만일 마오쩌둥이 그 자리를 고사하면 결과적으로 린뱌오가 국가주석에 취임할 계획이었던 것 같다.

그러나 8월 25일, 마오쩌둥은 급히 정치국 상무위원회 확대회의를 소집해서 린뱌오의 제안에 관한 토론을 중지할 것을 지시하고, 나를 천재라고 예찬하는 천재적 이론가의 의도는 자신이 천재가 되고 싶다는 것이라고 '천재론'을 비판했다. 마오쩌둥이 린뱌오를 불신하고 저우언라이를 지지하게 되자 린뱌오 등은 점점 초조해졌다.

1971년 2월에 공군작전부 부부장인 아들 린리궈(林立果)를 중심으로 마오쩌둥을 암살하려는 무장 쿠데타 계획인 「571(五七一)공정 기요」가 상하이에서 작성되었다. 4월 마오쩌둥, 저우언라이의 비판을 받은 린뱌오파는 심각한 위기감을 느껴 '571공정'을 예정보다 앞당겨 실시할 것을 결정하였다. 9월 6일, 우한에서 마오쩌둥이 한 담화 내용을 베이징에서 받아 본 린뱌오 등은 쿠데타를 실행하기로 하고, 상하이나 쑤저우(蘇州) 부근에서 마오쩌둥을 암살하거나 혹은 열차를 폭파시키기로 했다고 한다. 그러나 린뱌오의 딸 린리헝(林立衡)이 저우언라이에게 정보를 제공하여 계획은 실패하고 말았다. 린뱌오 등은 산하이관(山海關) 공항에서 공군기로 도망하려고 했지만 9월 13일 몽골 상공에서 추락사하였다. 린뱌오사건은 사건이 일어난 지 1년이 지난 후에 공개되었다. 마오쩌둥의 '친밀한 전우이자 후계자'였던 린뱌오의 죽음은 문화대혁명의 어두운 그림자를 보여주는 것이었다.

2) 중미교류

문화대혁명 시기 중국은 미국과 소련 두 나라와의 군사 충돌을 대비하면서 동시에 '인도 반동파'와 '일본 군국주의'와도 대결해야 한다는 고립감을 가지고 있었다.

린뱌오사건 직후인 1971년 10월 유엔총회에서 중화인민공화국은 타이완 정부를 대신하여 대표권을 회복하고 안보이사회의 상임이사국으로서 국제사회에 복귀하였다.

당시 중국과 미국은 모두 양국 관계개선을 희망하고 있었다. 1969년 1월 미국 대통령으로 취임한 닉슨은 베트남 전쟁에서 명예롭게 철수하기 위해 중국의 협조가 필요했고, 중국도 미국과 소련이라는 두 초강대국과의 적대관계를 해소할 필요가 있었다. 1968년 체코슬로바키아의 '프라하의 봄'이라 불리던 민주화가 소련의 개입으로 좌절되자 마오쩌둥은 소련을 '사회제국주의'라고 비판하였다. 1969년에는 우수리 강의 중·소 국경인 다만스키 섬/전바오다오(珍寶島)에서 소련과 군사적 충돌이 발생하는 등 중·소관계가 악화되고 있었다.

이러한 상황에서 마오쩌둥은 미국과의 관계 개선을 결정하였고 저우언라이 총리가 미국과 교섭을 하였다. 중국과 미국은 파키스탄과 루마니아를 통해서 여러 차례의 교섭을 하였다. 그 결과 미국은 중국여행제한 완화(1970년 3월), 타국산 비전략물자의 대중국 수출규제 완화(1970년 4월) 같은 조치를 취하였다. 1971년 4월에 열린 세계탁구선수권 대회 후 중국이 미국 탁구팀을 베이징에 초청하였는데 이는 중국과 미국의 관계 개선 가능성을 보여준 '핑퐁외교'였다. 1971년 7월에 미국 국무장관 키신저가 중국을 방문하여 닉슨대통령의 방중을 합의하였다. 그리고 1971년 10월 유엔총회는 중화인민공화국의 가입과 중화민국(타이완)의 제명을 결정했다. 1972년 2월 미국의 닉슨대통령은 중국 베이징을 방문하여 마오쩌둥과 회담을 하였다. 중국과 미국은 '평화공존 5원칙'을 확인하고 패권주의에 반대하며 중국은 하나이고 타이완은 중국의 일부라는 점을 분명히 했다. 이후 중국은 일본·서독 등과 국교를 수립했다. 중국에게 대미 관계의 개선은 1978년부터 시작되는 개혁 개방의 시대로 나아가는 중요한 기반이 되었다.

(4) 덩샤오핑과 사인방

1) 덩샤오핑의 부활

1972년 4월, 『인민일보』에 「이전의 과오를 이후의 교훈으로 삼고, 병을 치료해서 사람을 구하자」라는 제목의 사설이 발표되었다. 사설에 따르면, 90% 이상의 간부는 훌륭하거나 비교적 쓸 만한 사람으로 간주되었다. 이후 공산당의 원로 간부인 천윈(陳雲) · 왕전(王震) 등은 복권되었다.

저우언라이는 이러한 간부복귀 정책을 추진하는 동시에 행정과 경제 건설에 분주했다. 그러나 저우언라이는 1972년에 발병했던 암이 악화되어 1974년 후반부터 병원에 입원하였다. 저우언라이를 대신해서 일상공작을 담당할 사람이 필요했으므로 덩샤오핑이 1973년 3월 국무원 부총리의 직무에 복귀했고, 12월에는 중국공산당 중앙위원회 정치국회의에서 중앙군사위원회위원, 정치국원으로 복귀했다. 그리고 병세가 악화된 저우언라이가 입원했던 1974년 10월에는 제1부총리에 취임해서 국무원을 담당하게 되었고, 1975년 1월에는 당 부주석, 중앙군사위원회 부주석 겸 총참모장에 임명되었다.

한편 문화대혁명을 통하여 부상한 왕훙원이 중앙위원회 부주석, 장춘차오가 정치국 상무위원, 쟝칭 · 야오원위안이 정치국위원으로 선출되었다. 그들은 마오쩌둥을 배경으로 '사인방'을 결성하고 신문 · 출판 · 문예 등의 이데올로기 부문을 장악하여 저우언라이와 덩샤오핑을 중심으로 하는 실무파에 대항하였다.

1975년 1월에 개최된 전국인민대표대회 제4기 제1차 회의에서는 저우언라이가 농업, 공업, 과학기술, 국방의 '4개 현대화'가 제기되었다. 이 대회에서 새로운 헌법을 공포하면서 국가주석의 자리는 폐지되었다.

2) 덩샤오핑과 사인방(四人幇)

1974년 2월부터 사인방은 린뱌오를 공자에 연결시켜 비판하는 비림비공(批林批孔)운동을 통해 저우언라이를 공자에 견주어 비판하였다. 이후 덩샤오핑이 저우언라이를 대신해서 일상 업무를 담당하자 그는 사인방의 표적이 되었다. 사인방 집단과 저우언라이, 덩샤오핑 집단의 대립이 당내에서 표면화된 시기는 1975년 가을부터이다. 덩샤오핑은 농업의 낙후가 국가 건설에 제동을 걸면서 인민공사의 정돈과 농업기계화가 필요하다고 하였다. 이에 대해 쟝칭(江青)은 농촌에서의 자본주의 부활의 위험성을 호소하였다.

사인방의 공세는 마오쩌둥도 움직이게 만들었다. 이 시기에 사인방을 지지하던 마오쩌둥의 조카 마오위안신(毛遠新)은 수차례에 걸쳐 마오쩌둥에게 덩샤오핑을 비판하는 말을 했다. 저우언라이의 병세가 급속도로 악화되는 상황에서 덩샤오핑은 심각한 타격을 받았고, 이어서 대부분의 업무에서 제외되었다. 1976년 1월 8일 중국 민중의 사랑을 받았던 저우언라이가 향년 78세로 사망했고 유골은 유언에 따라 중국 전토에 뿌려졌다. 1월 15일 개최된 저우언라이 추도대회에서 조사를 읽었던 덩샤오핑은 그 직후 권좌에서 사라졌다.

(5) 천안문사건과 마오쩌둥의 죽음

1) 제1차 천안문 사건

저우언라이의 죽음은 국무원 총리와 당 부주석 지위를 둘러싸고 권력 투쟁을 야기했다. 세력을 확대했던 사인방이 두 지위를 차지하리라고 예상했지만 사태는 다르게 전개되었다. 중국공산당 정치국회의는 1월 하순, 마오쩌둥의 뜻을 받들어서 화궈펑(華國鋒)을 총리 대행으로 임명했다. 당시 그는 부총리 겸 공안부장이었는데, 중국공산당 제10차 전국대회 당시의 당내 서열은 13위로 중앙에서의 활동 경력이나 인맥이 별로 없었다.

1975년 이후 덩샤오핑의 지도 아래 '전면적인 정돈'이 진행되면서, 경제 상황은 정체 상태에서 벗어나 급속히 회복되기 시작했다. 이러한 상황에서 덩샤오핑의 지도력에 대한 사람들의 기대가 높았던 만큼, 그의 실각이 명백해지자 인민들의 불안감은 심해졌다. 덩샤오핑 비판운동이 본격화되는 가운데, 이러한 중앙의 움직임에 반발하고 사인방에 항의하는 인민들의 움직임이 대두하였다.

3월부터 난징(南京)에서는 상하이 『문회보』가 저우언라이를 비방하는 기사를 게재한데 항의하는 학생과 노동자들이 저우언라이를 추도하면서 "장춘차오 타도!"라는 표어를 붙이고 불만을 표출하였다. 베이징 천안문 광장의 인민영웅기념비 앞에 많은 사람들이 모여 저우언라이를 사모하는 마음으로 헌화하고, 표어를 내걸며, 시를 낭송하고 저우언라이를 칭송하는 연설을 했다. 이러한 사태는 4월 4일 청명절에 최고조에 이르렀다. 민중이 당국의 경고를 무시하고 광장에 집결해서 저우언라이를 추도함과 동시에 사인방을 비판하는 시 등을 붙였다.

이러한 사태를 중시했던 당 중앙위원회는 4월 4일 밤에 긴급 중앙정치국회의를 개최하고 5일 새벽, 인민영웅기념탑 주변을 뒤덮고 있었던 꽃다발과 대자보, 현수막 등을 완전히 철거하고, 1만 명의 민병과 3,000 명의 무장경찰을 동원해서 민중의 항의를 봉쇄했다. 오전 9시에서 10시 경 군중들이 인민대회당 동문 밖에 모여 "저우언라이 총리를 반대하는 자들은 누구라도 타도하자"며 외쳤다. 분노한 군중들과 민병, 경찰들이 충돌했다. 이것이 '제1차 천안문 사건'이다.

이것은 민중들이 자발적으로 저우언라이에 대한 애도를 표시하면서 4인방을 반대한 것이었다. 4월 7일의 중앙정치국회의에서는 덩샤오핑을 당 내외 모든 직무에서 해임하였다. 또한 마오쩌둥의 제안에 따라 화궈펑을 중국공산당 중앙위원회 제1부주석 겸 국무원 총리로 임명하였다. 이 회의가 열린 직후에 마오쩌둥은 화궈펑을 불러, "자네가 한다면 나는 안심이다(你辦事, 我放心)"라고 말했다고 한다.

2) 마오쩌둥의 죽음

이에 따라 후계자 경쟁에서 화궈펑이 약간 앞서게 되고 정쟁은 일단락된 것처럼 보였지만, 사회는 더욱 혼란해졌다. 사람들은 불안에 휩싸인 채 덩샤오핑 비판운동에 동원되었다. 한편 마오쩌둥은 5월 27일 이후 건강이 악화되어 대중 앞에 모습을 드러내지 않았다. 7월 6일에는 혁명 원로이자 인민해방군의 창설자인 주더(朱德) 장군이 90세로 세상을 떠났다. 곧이어 7월 28일에는 공업도시 탕샨(唐山)에서 진도 7.8의 대지진으로 사망자 24만 2,000명, 중상자 16만 4,000명이라고 알려진 대참사가 일어났다. 탕샨대지진은 경제, 사회에 큰 타격을 주었을 뿐만 아니라, 사람들의 심리에도 엄청난 불안감을 불러일으켰다.

그리고 약 1개월 뒤인 9월 9일 오전 0시가 조금 지나 마오쩌둥이 82세로 생애를 마쳤다. 그 날 오후 3시, 중국공산당 중앙위원회 · 전인대 상무위원회 · 국무원 · 중앙군사위원회는 마오쩌둥의 죽음을 전세계에 알렸다.

마오쩌둥과 죽음과 함께 중국에서 마오주의 시대가 막을 내리게 되었다. 그의 죽음은 동시에 1919년 5 · 4운동기간에 정치적으로 성숙했던 중국의 제1세대 마르크스주의 혁명가들의 시대가 끝나고 있음을 보여주었다. 문화대혁명의 과정에서 류샤오치(1969)와 린뱌오(1971)는 사망했고, 중국공산당 창당대회에 참석했던 동비우(1975.4)와 캉셩(1975.12)도 죽었다. 1976년 저우언라이(1976.1)와 주더(1976.7), 그리고 마오쩌둥이 사망하면서 5 · 4세대의 혁명가들은 거의 사라졌다. 단지 가장 어린 5 · 4세대의 혁명가인 덩샤오핑은 실각한 상황에서 마오쩌둥 이후의 시대를 기다리고 있었다.

제4장

개혁개방과 현대화

1. 개혁개방으로의 전환

(1) 화궈펑 체제와 덩샤오핑의 부활

마오쩌둥 사후에 강청 등 사인방과 반(反)사인방세력은 대립하였다. 반사인방세력은 화궈펑 등 문화대혁명파 온건그룹과 예젠잉(葉劍英) 등 군 장로 그룹이었다. 반사인방 연합 세력은 10월 6일 저녁 8시에 중난하이의 회인당에서 중앙정치국 상무위원회 확대회의를 소집하였다. 반 사인방 연합 세력은 우선 중난하이에서 왕홍원과 장춘차오, 야오원위안을 체포하고, 쟝칭과 마오위안신 등을 자택에서 체포하여 불과 한 시간 내에 그들을 권좌에서 끌어내렸다. 이때 핵심 인물은 오랫동안 마오쩌둥의 경호를 담당한 중앙판공청 주임으로 중난하이의 정보를 한 손에 장악하고 있던 왕동싱(汪東興)이었다. 다음날인 10월 7일, 중국공산당 중앙위원회는 화궈펑이 당 주석, 당 중앙군사위원회 주석으로 취임한다고 발표했다.

마오쩌둥 사후 사인방이 몰락하자 국무원 총리였던 화궈펑은 당주석과 중앙군사위원회 주석직에 취임했다. 화궈펑은 마오쩌둥도 갖지 못했던 당 · 정 · 군의 3권을 장악하였다. 화궈펑은 당내에서 입지가 강하지 않았지만 마오쩌둥이 "자네가 한다면 나는 안심이다(你辦事, 我放心)"라는 말을 하여 권력을 계승했다고 한다. 그는 '사인방'을 쿠데타로 몰아내고 권력을 계승하였기 때문에 정당성이 취약했다. 마오쩌둥이 권력을 넘긴다고 한 말 한마디로 집권한 화궈펑은 '두 가지 전부(兩個凡是)'라는 방침에 따랐다. 마오 주석이 내린 결정은 단 하나도 변경해서는 안되고 마오 주석이 내린 지시는 시종 변함없이 전적으로 따른다는 것이었다. 따라서 화궈펑은 '계급투쟁' · '계속혁명' · '문화대혁명의 성과'를 강조하였다. 그는 마오쩌둥의 노선을 계승하면서 경제의 재건에 힘써야 했다. 그러나 혁명을 계승하면서 경제 건설을 하는 것은 쉬운 일이 아니었다.

화궈펑은 마오쩌둥의 노선을 찬양하면서 4개 현대화 건설을 내걸었다. 그러나 반사인방 캠페인과 사인방의 재판 그리고 문화대혁명기의 억울한 처벌에 대한 명예회복이 계속되면서 문화대혁명의 재검토와 마오쩌둥에 대한 평가가 요구되었다. 이는 문화대혁명의 추진자였던 화궈펑 자신과도 관계된 문제였다. 또한 경제건설도 자금부족과 기술부족 등으로 실패하였고 1979년 2월 베트남과의 전쟁도 별 다른 성과를 거두지 못하였다.

한편 덩샤오핑은 1977년 5월 중국공산당 중앙위원회에서 복귀가 결정되어 7월 중국공산당 제10기 3중전회에서 모든 직무에 복귀하였다. 이에 따라 덩샤오핑은 중앙정치국 상무위원, 당 부주석, 국무원 부총리, 중앙군사위원회 부주석 겸 총참모장으로 복귀하였다. 덩샤오핑은 사실에 기초에서 진리를 추구하는 것(實事求是)이 특별히 중요하다고 하면서 화궈펑의 노선과 대립하였다.

1978년 5월『광명일보』에는「실천은 진리를 검증하는 유일한 기준이다」라는 평론이 게재되었다. 이후 '진리의 기준 논쟁'이 시작되었는데 핵심적 내용은 어떠한 이론도 실천으로부터 검증을 받아야 한다는 것이었다. 실사구시는 마오쩌둥이 1930~40년대 초반에 소련 유학파의 교조주의적 경향을 비판할 때 사용했던 표현으로 덩샤오핑이 화궈펑의 '두가지 전부'를 교조주의로 간주하여 마오쩌둥의 실사구시로 비판한 것이었다. '진리의 기준 논쟁'은 문화대혁명과 제1차 천안문 사건을 재검토하고 마오쩌둥을 상대화하여 화궈펑의 입지를 약화시켰다.

진리의 기준 논쟁에 이어서 문화대혁명시기에 실각했던 많은 간부의 명예 회복이 이루어졌다. 1977년부터 3년간 290만 명의 사람들이 명예를 회복했다. 1957년 반우파 투쟁으로 우파분자로 몰렸던 55만 명도 대부분 명예가 회복되었다. 1978년 10월 이후 베이징과 그 밖의 대도시에서 천안문 사건에 대한 명예 회복과 마오쩌둥 체제를 비판하는 대자보가 나붙었다.

(2) 중국공산당 제11기 3중전회

1978년 12월 18일부터 22일까지 중국공산당 11기 3중전회가 개최되었다. 이 대회에서는 사상해방과 현실에 입각하여 진리를 추구하는 것을 내용으로 하는 실사구시를 내세워 '두 가지 범시'를 비판하였다. 또한 1976년 천안문사건을 반혁명이라고 한 결의를 과오라고 취소하고 펑더화이 등의 명예를 회복시켰으며, 덩샤오핑을 지지하는 천윈(陳雲)과 후야오방(胡耀邦) 등이 요직에 기용되었다. 이 대회에서는 문화대혁명의 피해를 발표하여 문화대혁명을 부정적으로 평가하였다.

이 대회에서 공산당은 사업의 중점을 계급투쟁에서 사회주의 현대화(4개 현대화) 건설로 이행하기로 결정하였다. 이와 함께 농업을 중시하여 자류지와 가정 부업을 회복하며 시장을 통한 개인경제를 도와주기로 하였다. 이 대회에서는 대외무역 확대, 외자 이용, 선진기술과 관리 경험 흡수, 대외개방을 활성화 전략으로 수출을 위한 특별구의 설치 방침이 결정되었다.

1980년 2월 개최된 중국공산당 11기 5중전회에서 류샤오치의 명예를 회복시킴과 동시에 1976년 제1차 천안문 사건에 관여했던 왕둥싱(汪東興) 등을 해임하였다. 화궈펑은 당주석의 지위에 있었으나 개혁에 반대했다는 이유로 비판을 받아 1980년 8월에 총리를 사임하고 자오쯔양(趙紫陽)이 대신했다.

1980년 11월부터 '린뱌오 · 사인방 반혁명집단'에 대한 재판이 개시되었다. 쟝칭 · 장춘차오에게 사형, 왕홍원에게 무기징역, 야오원위안에게 징역 20년의 판결이 내려졌다. 이어서 1981년 6월 제11기 6중전회에서 화궈펑이 당주석을 사임하고 후야오방(胡耀邦)이 당주석이 되었다. 이 대회에서는 덩샤오핑이 지도하여 기초한 「건국 이래 당의 약간의 역사적 문제에 관한 결의」를 채택하고 1949년 이후의 공산당사의 여러 문제와 마오쩌둥의 공로와 죄과에 대한 평가를 하였다. 이 결의는 문화대혁명이 전면적인 과오라는 평가를 내렸고 마오쩌둥이 만년에 했던 오류를 공개적으로 인정하였다. 그러나 마오쩌둥의 독재와 린뱌오와 4인방의 폭거는 개인의 오류라고 평가하였다. 이러한 평가는 현재까지 중국공산당의 문화대혁명에 대한 공식적 입장이다.

(3) 농촌과 연해지역의 개혁 개방

1) 인민공사의 해체

문화대혁명 시기의 말기인 1975년부터 쓰촨성 당 제1서기에 취임했던 자오쯔양은 경영관리 권한을 이양하고 가정의 부업을 장려하여 성과를 거두었다. 또한 1978년에는 자류지를 대폭 확대하였고, 인민공사 안의 생산대가 작업조에 생산량을 청부시켜 청부생산량에 따라 보수를 계산하는 생산책임제를 도입하였다(包産到組). 이러한 정책으로 쓰촨의 농업 생산이 비약적으로 발전하였다. 안후이성에서도 일부 인민공사에서 촌 간부들이 생산대의 토지를 각 농가에 청부하고 농민의 생산의욕을 높여 증산에 성공했다.

작업조에 생산을 청부하는 것이 진전되면 호(戶)에 생산을 청부하게 된다. 호별 농업생산 책임제는 각 농가가 인민공사로부터 생산임무를 청부 계약하여 수행하는 제도로서 책임량을 완수했을 경우 초과분을 적당한 비율로 분배받는 경우와 국가와 집체조직에 일정량을 납부한 후에 모든 잉여를 농가가 취득하는 경우가 있었다. 이러한 방식은 계산이 간단하고 책임이 명확하며 농민들이 노동성과를 직접 수취하는 형태이기 때문에, 집단농업과 대립되는 개인농업이라고 비판되어 왔다. 그러나 개혁 · 개방 이후 호별 청부 등의 생산책임제는 전국에 급속히 확산되었다.

1982년 11월부터 12월에 개최되었던 제5기 전국인민대표대회 제5회 회의에서 신헌법이 토의 · 채택되면서 인민공사의 해체가 결정되었다. 이에 따라 1984년 말까지 인민공사가 해체되고 향 인민대표대회와 향 인민정부가 수립되었으며 농가

생산책임제가 빠르게 보급되었다. 1983년 전반에는 98%의 생산대가 각종 생산책임제를 채택하였다. 생산책임제는 농민의 생산 의욕을 자극하여 식량을 비롯한 농산물의 생산이 크게 증가했다. 1984년 식량생산량은 4억 톤을 넘어 1인당 식량이 400kg에 도달하여 20년 만에 식량 순수출국가로 변했다.

2) 연해지역의 개방과 기업개혁

중국은 대외개방을 위하여 1979년 경제특구를 설치하기로 결정하였다. 선전(深圳)과 주하이(珠海), 산터우(汕頭), 샤먼(厦門)에 경제특구를 설치하였다. 특구에서는 외국 자본과 외국 기술에 기반해 합작기업이 설립되었다. 덩샤오핑은 평균주의를 중시했던 마오쩌둥과는 달리 풍요롭게 될 수 있는 조건을 갖춘 지역과 사람들부터 먼저 부자가 되자는 선부론(先富論)을 주창하였다. 1980년에 덩샤오핑은 금세기 말까지 당시의 4배 수준인 일인당 국민 총생산 1천 달러를 달성하겠다고 선언하였다.

중국은 계획경제를 채택하고 시장 조절을 보완적으로 시행하였으나 개혁 개방을 추구하면서 상품경제의 중요성이 강조되어 생산과 분배에서 인사까지 기업에게 자주권을 부여하는 방향으로 전환하였다.

1979년부터 일부 기업을 대상으로 국내 경제체제 개혁을 위해서 기업자주권을 확대하는 개혁을 실시하였다. 개혁의 내용은 기업에 이윤을 유보하는 제도를 만들고 기업에게 생산 · 판매 · 자금의 사용 · 인사 · 노동자에 대한 상벌 등에서 일정한 자주권을 부여하였으며 기업에서 당위원회의 지도 아래 공장장책임제를 실행하였다.

또한 가격개혁을 시행하여 통제가격에서 시장가격제도로 전환하였다. 중국정부는 1979년부터 일부 품목의 가격통제를 완화하기 시작하였다. 가격통제를 완화한 것은 국가의 보조금을 없애고 가치법칙과 시장의 수요와 공급에 근거하여 가격을 변동시킬 수 있기 때문에 도시 경제개혁의 핵심문제였다.

중국의 공장과 기업은 '단위'라고 불리었는데 생산단위일뿐만 아니라 생활까지 돌보는 일종의 사회단위이기도 했다. 따라서 규모가 큰 중공업 분야 등의 조직을 개혁하는 것은 어려움이 따랐기 때문에 경공업 부문의 중소 규모의 기업과 개인경영기업 등을 먼저 개혁하였다.

개인기업은 1978년 10만 개에서 1985년에는 1,700만 개로 증가했다.

이와 함께 모든 경제활동의 권한이 중앙에 집중되어 있던 문제점을 해결하기 위하여 중앙재정과 지방재정을 분리했다. 재정 면에서는 통일 징수 · 통일 분배방식에서 미리 중앙에 대한 상납금이나 중앙으로부터의 보조금을 체결하고 나머지는 지방이 독자적으로 재정을 관리하는 지방재정 청부제로 전환하였다.

1984년에는 다롄 · 친황다오 · 톈진 · 상하이 · 푸저우 · 광저우 · 잔장 · 베이하이 등 14개 연해 지역을 대외경제 개방도시로 인정하였다. 또한 농촌의 향진(鄉鎭)기업을 건설하여 농가수입을 향상시키고 농촌의 잉여노동력을 흡수하려 하였다.

| 표 4-1 | 연평균 경제성장 속도 비교

구 분	사회총생산	농공업총생산	농업총생산	공업총생산	국민소득
1953~1980	8.0%	8.2%	3.5%	11.1%	6.0%
1981~1985	11.0%	11.0%	11.5%	10.8%	9.7%

출처 : 李德彬,《中華人民共和國經濟史簡編》, 湖南人民出版社, 1987, p.585.

중국경제는 이러한 경제개혁 조치로 인하여 과거에 비해 높은 경제성장을 성취할 수 있었다. 표 4-1에 의하면 1981년부터 1985년까지의 연평균 성장이 이전의 28년 동안의 평균 성장률에 비해 높았다는 점을 알 수 있다. 특히 농업생산에서 평균 11.5% 성장을 이루어 이전의 연 평균 3.5%에 비해 3배 이상 성장을 하였다. 농업생산이 증대하면서 식량을 자급자족하게 되어 1961년 이후 식량 수입국이었던 중국은 식량 수출국이 되었다. 이 시기 중국의 11%의 경제성장과 9.7%의 국민소득의 증가율은 세계적으로도 높은 수준이었다.

중국의 개혁 · 개방정책은 농업부문에서 시작되었고 대외 개방은 중앙에서 멀리 떨어져 있는 광똥과 푸젠에 경제특구가 설치되면서 발전하였다. 공장과 기업의 경우도 대기업이 아닌 경공업 부문의 중소 규모의 기업과 개인기업 등에서 개혁이 시작되었다는 특징이 있다. 여러 가지 부작용이 발생했지만 중국은 개혁 · 개방 정책을 통하여 높은 경제성장을 이룩하였다.

3) 개혁의 문제점

중국은 경제개혁을 통하여 높은 경제성장을 성취할 수 있었지만 이러한 성장에 따른 여러 가지 문제점도 발생하였다.

1978년부터 1985년까지 국가예산 적자는 1,000억 위안에 달했는데 대부분 지나친 투자와 대량의 보조금 때문이었다. 또한 1985년과 1986년 280억 달러의 무역적자가 발생하였다. 게다가 에너지 공급이 완만하게 증가했기 때문에 공장 가동에 어려움을 겪었다. 공장부지의 증가와 신규 주택건설, 매년 1,400만 명의 인구 증가로 인해서 경지면적이 매년 감소하는 문제가 발생하였다.

농촌에서는 인민공사를 해체하고 생산책임제로 이행하면서 농업 생산량이 증대하고 주곡 생산 일변도에서 벗어나 다각경영이 진전되었다. 그러나 소득격차가 확대되고 생산책임제에서 공업이나 부업에 종사하는 농가에서 경작을 하지 않아 경작지가 황폐화하는 현상이 나타났다. 또한 농산물의 매입가격이 인상되어 농민의 소득이 증대했지만 정부의 재정부담이 심해졌다. 곡물과 식용유 보조금은 1974년 40억 위안에서 1983년에는 200억 위안으로 증가했다. 이러한 적자를 해결하기 위해 소비자가격을 인상하게 되었다. 1984년 가을부터 심해진 물가상승은 민중의 불만을 초래했다.

개혁이 진행되면서 기존의 당 조직 · 행정 · 기업 내 기득권과의 충돌로 상당한 곤란이 있었다. 기업의 자주권이 확대되면서 공장장 책임제는 공장의 당 위원회 서기와의 마찰을 가져왔다.

광똥성 등은 비약적인 경제발전을 이룩하였지만 동북을 비롯한 과거의 중공업 지대는 낙후하여 발전이 늦었다. 연해와 내륙의 격차, 개인 경영 · 외자기업과 국유기업 노동자와의 격차 등이 확대되면서, 개혁 개방의 혜택을 적게 받는 곳에서 불만이 확산되었다.

개혁 개방 이후 샹첸칸(向錢看: 배금주의) 현상이 만연하여 공산당원들이 일상 당무와 행정 등을 소홀히 했다. 게다가 경제적 이익을 위해 권력을 남용하는 경제 부정이 빈발하였다. 관료들은 이중가격제를 이용해서 물자를 싼값에 사고 비싸게 팔아서 부당한 이득을 얻는 경우가 많았다.

개혁 개방을 촉진하기 위해 경제 부문의 권한을 지방 정부로 이양한 결과, 지방 이익 우선주의의 경향이 나타나 과잉 투자와 과잉 생산을 하기도 하였다. 지방재정 청부제를 실시하자 지방정부들이 재정수입을 확대하기 위해 이윤율이 높은 기업을 맹목적으로 건설하여 중복투자가 초래되었다. 또한 기업에 대한 지방정부의 행정적 간섭도 강화되었다. 지방 보호주의도 강화되어 해당 지역의 생산물을 판매하여 재정수입을 증가시키려는 움직임이 나타나면서 다른 지역에서 생산된 상품의 판매를 허가하지 않는 경향이 발생하여 상품유통에 장애를 주기도 하였다.

통제경제에서 시장경제로 이행하면서 시장가격을 자유화하자 물가가 크게 상승하여 서민생활에 타격을 주었다. 1978~1983년 사이 연 평균 2.8% 상승했던 물가가 1984년~1987년에는 7.3%로 인상되었고, 1988년에는 18.5%로 상승했다. 특히 1988년 5월과 6월 사이에 돼지고기, 계란, 채소, 설탕에 대한 가격통제가 풀리자 30~60%까지 가격이 폭등했다. 이에 따라 도시 주민의 실질소득이 저하하고 인플레이션에 대한 불만이 심해졌다.

또한 고위 관료들의 자녀와 친척들이 자신들의 지위를 이용하여 불법행위를 하는 등 부정부패가 확산되면서 민중들의 불만이 누적되고 있었다. 이러한 민중들의 개혁 개방의 부작용에 대한 불만과 민주화의 요구가 다음의 1989년 6 · 4 천안문 사건의 배경이 되었다.

(4) 민주화 요구와 6·4천안문 사건

1) 민주화 요구

1978년 10월 11기 3중전회 개최를 전후하여 사상해방과 실사구시, 천안문 사건에 대한 재평가 등의 분위기 속에서 베이징의 시단(西單)에서는 마오쩌둥과 화궈펑을 비판하고, 언론의 자유와 민주의 실현을 주장하는 대자보가 '민주의 벽'에 나붙게 되었다. 각지에서 청년 학생들이 『베이징의 봄』, 『탐색』, 『4 · 5논단』 등 자주적인 민간 간행물이 출판되었다. 베이징 동물원의 전기공이었던 웨이징성(魏京生)은 『탐색』지의 편집장으로 '제5의 현대화, 즉 정치 분야에서의 현대화'를 제기하면서 인권, 평등, 민주주의를 호소하였다.

덩샤오핑은 개방정책과 문화대혁명에 대한 재평가로 사회주의와 마르크스 레닌주의, 마오쩌둥 사상에 대한 신념의 위기가 심화되는 속에서 1979년 3월 현대화를 실시하기 위한 '4개의 기본원칙'을 제시하였다. 이 원칙은 사회주의 노선, 프롤레타리아 독재, 공산당의 영도, 마르크스 레닌주의와 마오쩌둥 사상이라고 하였다. 덩샤오핑은 민주화를 요구하는 사람들을 사회주의와 공산당 지도를 뒤엎으려는 '반혁명분자 · 악질분자'로 노골적으로 비난하였다.

중국공산당은 '4개의 기본원칙'을 위반한 1979년 3월 웨이징성을 국가기밀 누설죄로 체포하여 15년 형을 선고받았다. 중국은 현대화 노선을 지향하면서도 '4개의 기본원칙' 가운데 특히 '공산당의 영도'를 현재까지 유지하고 있다.

그러나 덩샤오핑이 정치 개혁의 필요성 자체를 부정한 것은 아니었다. 1980년

8월 정치국 확대회의에서 권력의 과도한 집중과 과도한 겸직, 당과 행정의 중복, 당의 행정 대행, 고급 간부의 종신 고용제 등의 폐해를 지적하였다. 중국공산당에서는 보다 급진적인 정치 개혁 구상도 나왔다. 그 해 가을 중앙당교의 랴오가이룽(廖蓋隆)이 2원제의 도입, 중앙정치국의 폐지, 자주적인 노조, 농민조합의 설치 등 「경신개혁안(庚申改革案)」을 제시하기도 했다. 그러나 이 논의는 대외적으로 공개되지 않았다.

1986년 봄에는 중국사회과학원과 중앙당교의 연구자들이 '삼권분립'과 '견제와 균형' 등의 서방 정치이론을 논의하기도 하였다. 그러나 왕전과 펑전 등 보수파들은 '4가지 기본원칙 견지', '부르주아 자유화 반대'를 강조하였다. 이에 대해 급진적 개혁파인 안후이성 중국과학기술대학의 부학장인 팡리즈(方勵之) 등은 중국에서도 삼권분립이 가능하다고 비판하였다. 그는 권력은 부패하기 때문에 권력에 대한 제약, 견제와 균형이 필요하고 공민의 정치과정에 대한 참여 자체가 민주주의의 내용이라고 주장하였다. 1986년 12월 안후이성의 중국과학기술대학에서 민주화를 요구하는 학생운동이 시작되어 전국 150개 대학으로 확산되었다. 그러나 공산당과 공안은 이를 통제하였다.

1987년 1월에 개최된 중국공산당 정치국 확대회의에서 후야오방은 민주화를 주장하는 지식인과 학생에 대해 연약한 태도를 취했다는 이유로 총서기 직에서 물러나고 자오쯔양이 발탁되었다. 자오쯔양 총서기가 '사회주의 초급단계론'을 제기하면서 지식인과 학생들이 언론의 자유, 민주화, 다원화를 요구하였다. 이해 가을 바오통(鮑彤)과 옌자치(嚴家祺)가 중심이 되어 「정치체제 개혁안」을 작성하여 10월 중국공산당 제13차 전국대회에 보고하였다. 이 개혁안은 당의 지도 계통과 행정의 지도 계통의 중복을 없애는 '당 · 정 분리'와 아래로의 권력 이양, 정부기구 개혁 등을 제기하였으나 반발에 부딪쳐 성과를 거두지 못하였다.

그러나 이러한 정치 개혁 방안 가운데 일부는 성과를 거두기도 하였다. 1982년

당과 국가의 최고지도자의 겸직과 연속 3선이 금지되는 등 간부의 종신제가 폐지되었다. 공산당 조직의 업무 규칙이 만들어지는 등 정책결정이 제도화했고 전국인민대표대회의 방청제도가 만들어졌다. 1988년에는 '국가 인사부'를 설치하여 국가공무원도 공모를 통해서 선발하도록 하였다.

2) 6・4천안문 사건

1989년 4월 15일 후야오방 전 총서기가 심근경색으로 타계했다. 이 소식을 들은 학생과 지식인들은 그를 추도하고 업적을 찬양하는 집회를 개최했는데 후야오방의 '명예회복 요구', '독재와 봉건주의 타도', '인권옹호', '자주적 학생조직의 결성', '민영신문 발행 허가' 등을 요구하는 민주화운동으로 확대되었다. 노동자와 시민들도 경제개혁에 수반하여 나타난 부정부패와 물가상승, 혼란에 대해 비판하였다. 그러나 22일의 추도대회에서 그의 명예는 회복되지 않았고 시위가 확산되었다.

학생들의 시위에 대해 중국공산당 지도부는 자오쯔양 총서기와 같이 동정적인 입장과 리펑(李鵬)이나 야오이린(姚依林) 등 강경한 입장이 대립하였다. 이러한 대립 속에서 덩샤오핑을 비롯한 공산당 원로들이 이 문제에 깊이 개입하였다.[3]

4월 26일 『인민일보』는 사설을 통해 학생들의 시위를 '계획적인 음모이며, 동란'으로 규정하고 중국공산당의 지도와 사회주의 지도를 근본으로부터 부정하는 것이라고 비판했다. 학생들은 이에 반발하여 '사회주의 질서'를 지지하고, '관료제, 부패, 특권'에 반대하는 '애국운동'이라고 반박하였다. 4월 27일에는 시위자의 수가 50% 정도 증가하여 10만 명에 육박하였다. 이 사설을 두고 자오쯔양은 평화적 해결을 추구하면서 이를 철회할 것을 주장했고 보수파들은 강경한 입장을 고수했다.

---

3) 이른바 '8대 원로(元老)'는 중앙군사위원회 주석 덩샤오핑(鄧小平 84세), 국가주석 양상쿤(楊尙昆 82세), 전국정치협상회의 주석 리셴녠(李先念 80세), 당 중앙고문위원회 주임 천윈(陳雲 84세), 당 중앙고문위원회 부주임 보이보(薄一波 81세), 국가부주석 왕전(王震 81세), 전 전국인민대표대회 상무위원장 펑전(彭眞 86세), 저우언라이의 미망인 덩잉차오(鄧穎超 85세)였다.

5월 4일에 아시아개발은행 총회에 출석했던 자오쯔양 총서기는 중국에서 큰 동란이 일어나는 것은 있을 수 없다고 하여 다른 견해를 공개적으로 밝혔다. 5월 13일부터 학생들이 단식 투쟁에 돌입했고, 15일부터 소련의 고르바초프가 중국을 방문하는 시기에 이 운동은 고조되었다. 16일에 자오쯔양은 고르바초프와 회견하면서 중요한 문제는 모두 덩샤오핑의 지시대로 당내에서 결정되고 있다고 하였다. 민주화를 요구하는 시위는 100만 명 규모로 확대되었고 단식투쟁을 하는 학생을 자오쯔양이 위문하기도 하였다.

5월 17일 덩샤오핑은 시위자들의 시위가 "반혁명 폭란(暴亂)"으로 자신과 공산당의 권력을 위협하고 있다고 판단하고 군사력으로 진압하기로 결정하였다. 5월 20일 수도 베이징에 계엄령이 시행되었지만 사태가 수습되지 않았다. 5월 21일 100만 명의 시민이 계엄령 발동에 반대하는 시위를 펼쳤다. 한편 인민해방군의 녜룽전(聶榮臻)과 쉬샹첸(徐向前) 원수는 텔레비전에 등장하여 학생운동의 애국주의를 찬양했다. 5월 22일 계엄군은 도시 외곽으로 잠시 철수하였다.

그러나 6월 3일 새벽부터 계엄부대가 베이징시 중심부로 진입하면서 저항하는 학생과 시민에게 발포하였다. 계엄부대는 4일 새벽에 천안문 광장으로 진입하여 시위대를 해산시켰다. 이 과정에서 인민해방군의 발포로 많은 시민과 학생이 죽거나 부상당했다. 인민해방군의 진압 과정에서 중국 당국의 발표로도 시민 200여 명이 사망하고 3,000여 명이 부상당했으며, 군경 수십 명과 6,000여 명이 부상당했다고 한다. 6·4 천안문 사건으로 중국의 많은 정치활동가들이 침묵하거나 해외로 망명하였다.

6월 23일에 개최된 제13기 4중전회에서 자오쯔양이 총서기에서 해임되고, 상하이시 당위원회 서기였던 장쩌민(江澤民)이 총서기로 지명되었다. 11월의 5중전회에서 덩샤오핑이 당 중앙군사위원회 주석을 사임하고 장쩌민에게 물려주었다.

2. 남순강화와 경제성장

(1) 국제적 고립과 냉전의 붕괴

1989년 6 · 4 천안문 사건에 대해 미국을 비롯한 서방 국가들은 '민주주의에 대한 도전'과 '인권 탄압'으로 보고 중국과의 경제교류와 정부 차원의 교류를 중단하고 제재를 가했다. 이에 대해 중국은 인권탄압 비난은 내정 간섭이고 서방의 '평화적인 전복(和平演變)'에 반대한다고 반발하였다. 이에 따라 중국과 서방 국가와의 경제 교류는 악화되었고 서방측과의 평화 공존과 경제 교류를 중시했던 대외노선이 난관에 봉착하였다.

1980년대 후반 소련의 고르바초프가 추진하던 페레스트로이카의 영향을 받아 헝가리 · 폴란드 · 체코슬로바키아 · 동독 등이 민주화를 추진하였다. 1989년 11월 동서 냉전의 상징이었던 베를린 장벽이 붕괴되었고 동유럽 사회주의 국가들이 붕괴하였다.

이러한 상황 속에서 중국은 한국과 타이완 등 주변 국가들과의 관계 개선을 도모하였다. 타이완은 1988년 장징궈(蔣經國)로부터 정권을 인계받은 리등후이(李登輝)에 의해 민주화가 추진되고 있었다. 이후 타이완은 중국과의 경제 교류를 대폭 확대하고 있었고, 동남아시아 국가들도 현지의 화인(華人) 자본들이 중국에 대한 투자를 증대시켰다.

중국 정부는 몽골 · 인도네시아 · 싱가포르(1990), 베트남(1991)과의 관계를 정상화하였다. 북한의 입장을 고려하여 한국과 국교 수립에 신중하던 중국은 1992년 8월 한국과 종래의 적대관계를 청산하고 국교를 수립하였다. 한 · 중 수교 이후 양국의 관계는 급속도로 발전하였다.

(2) 남순강화와 고도 경제성장

1989년 천안문 사건으로 중국의 인플레이션은 진정되었지만 투자와 무역도 감소하여 경제 침체를 가져왔다. 1991년부터 덩샤오핑 등은 개혁 개방에 노력하자고 호소하면서 상하이에서 활약을 보였던 주룽지(朱鎔基)를 부총리로 발탁하였다.

덩샤오핑은 1992년 1월 18일부터 2월 21일에 걸쳐 우한 · 선전 · 광저우 · 주하이 · 상하이 등의 남방 도시를 방문하여 시장화와 개방을 더욱 추진개혁 개방을 가속화하자고 촉구하였다. 덩샤오핑은 계획이 사회주의이며, 시장이 자본주의라는 견해는 잘못된 것이고 계획과 시장은 모두 경제수단이라고 하면서 시장경제의 도입을 강조하였다. 사회주의인가 자본주의인가보다는 생산력의 발전, 종합적인 국력, 인민의 생활 향상에 유리한가 아닌가가 사물의 시비를 가리는 기준이 되어야 한다고 하였다.

이러한 덩샤오핑의 남순강화에 따라 중국공산당은 개혁 개방을 더욱 확대하게 된다. 6월에는 대외개방 정책을 해안 지역에서 내륙과 국경 지대를 포함한 전방위 개방으로 발전시키기로 하였다. 이에 따라 각 지방은 개발구를 건설하고 부동산업과 서비스 산업 등을 발전시키는데 노력하였다. 이에 따라 경제가 회복되고 외국기업의 진출도 활발해졌다. 1993년 11월 중국은 국유기업의 법인화와 주식회사화, 소형 국유기업의 리스 경영과 매각, 정책은행과 상업은행의 구별, 분세제 도입을 통한 중앙세와 지방세를 구분하는 등의 개혁을 하였다.

그러나 1993년에는 인플레이션이 전년에 비해 13.2%증가했고, 1994년에는 21.7% 증가를 기록하여 금융질서가 혼란스러워졌다. 이에 대해 주룽지 부총리는 무분별하게 증가한 개발구의 90% 이상을 해산하고 고금리정책을 채택하여 1996년에 6.1% 증가로 인플레이션을 진정시켰다. 이러한 조치 속에서도 1992년부터 1997년까지 중국의 GDP성장율은 9%에서 14%로 유지되었다.

(3) 장쩌민 체제의 확립

1992년 10월 중국공산당 제14차 전국대회에서는 덩샤오핑의 '남순강화'에 의거하여 경제체제 개혁의 목표로 사회주의 시장경제 체제를 확립하고 생산력을 더욱 해방시키고 발전을 촉진하는데 있다고 하였다. 이 대회에서 장쩌민(江澤民)은 주식제 등의 국유기업 개혁과 분배 제도 · 사회보장제도의 개혁을 포함하는 경제정책을 가속화하고 외자 · 자원 · 기술을 적극적으로 도입하고 개방을 확대하며 농업과 3차 산업의 진흥 등을 제시하였다.

이를 뒷받침하기 위하여 '사회주의 초급단계론', '사회주의 시장경제론'을 당의 정통이론으로 삼았다. 이 대회의 당규약에서는 중국이 사회주의 현대화를 건설하기 위한 사회주의 초급단계에 있고 역사적으로 중국적 특색을 지닌 사회주의의 길을 가고 있는 것이라고 하였다.

또한 제2차 천안문 사건 직후 중앙위원회에 발탁되었던 장쩌민을 총서기로 선발하고 "장쩌민 동지를 핵심으로 할" 것이 명기되었다. 이에 따라 장쩌민을 핵심으로 한 리펑(李鵬), 차오스(喬石), 리루이환(李瑞環), 주룽지(朱鎔基), 류화칭(劉華清), 후진타오(胡錦濤) 등 12명으로 구성된 '제3세대 지도집단'이 형성되었다. 중앙고문위원회는 제12차 당대회에서 설치되어 후야오방의 사임과 6 · 4 천안문 사건 처리에 결정적 역할을 하였으나 폐지되었다. 이는 중국혁명 1세대 원로들이 대부분 정치 무대에서 퇴장한 것을 의미한다.

한편 이 대회에서 장쩌민 총서기는 "중국적 특색을 지닌 사회주의라는 덩샤오핑 동지의 이론은 마오쩌둥 사상의 계승과 발전"라고 했으며 덩샤오핑이론을 마오쩌둥 사상과 동열로 두고, '당의 행동지침'으로 삼았다. 이는 마오쩌둥은 중화인민공화국 '건국의 아버지'이고, 덩샤오핑은 중국 '현대화의 아버지'로 숭배하는 것이었다.

1993년 봄 전국 인민대표대회 제8기 제1차 회의에서 장쩌민이 임기 5년의 국가

주석으로 선출되었고, 국무원 총리에 리펑이 재선되었다. 이를 통해 장쩌민은 당·정·군의 3권을 장악하게 되었다. 이 대회에서 이루어진 헌법 개정에서 종래의 '계획경제'가 사라지고 '사회주의 시장경제'를 실행한다고 하였으며, '국영기업'을 '국유기업'으로 수정하여 국가는 직접 경영에 관여하지 않고 주로 소유권을 확보한다는 것을 천명하였다.

(4) 홍콩의 반환

1997년 2월 19일 중국의 '최고실력자'이자 '근대화의 총설계사'로 불렸던 덩샤오핑이 사망하였다. 그리고 이해 7월 1일에는 '홍콩 반환'이 실현되어 '1국 2제도(一國兩制)'가 시행되었다. 중국과 영국은 1984년 12월에 「중·영 공동성명」을 발표하여, 1997년 7월 1일에 홍콩을 일괄적으로 중국에 반환하며 한 국가에서 사회주의와 자본주의의 두 가지 제도가 병존하는 '1국 2제도' 아래서 특별행정구로서 자본주의 제도를 유지한다고 결정하였다.

홍콩은 홍콩 기본법이 제정되고 영국 총독을 대신한 특별행정구 장관 둥젠화(董建華)가 선출되었으며 임시 입법의회를 조직하여 반환 준비를 진행하였다. 1842년 아편전쟁에서 패배하여 상실했던 홍콩을 반환받은 것은 중국의 '조국통일'과 개혁개방의 성과로 장쩌민 정부의 권위를 높여주었다. 그리고 홍콩에 이어서 1999년 12월 20일에는 마카오도 포르투갈에서 중국으로 반환되었다.

1997년 9월 중국공산당 제15차 대표대회가 개최되고 장쩌민이 당 총서기로 재선되었다. 이 대회에서 장쩌민은 덩샤오핑의 공적을 '덩샤오핑 이론'이라고 하면서 '마오쩌둥 사상'에 다음 가는 마르크스 레닌주의의 '제2의 비약'으로 규정하였다. 수정된 당 규약에는 "중국공산당은 마르크스 레닌주의, 마오쩌둥 사상, 덩샤오핑 이론을 자신의 행동지침으로 삼는다"고 하였다.

이 대회에서 장쩌민은 2010년까지 국민총생산을 2배로 하고 21세기 중반에는 현대화를 기본적으로 실현하여 '부강하고 민주적이며 문명화된 사회주의 국가'를 건설하겠다고 하였다. 아울러 법에 의해 다스리는 '법치국가'의 구축을 강조하여 이 시기에 각종 치안 관련 입법이 제정되거나 정비되었다. 이 가운데 '인권'의 존중과 보장도 천명되었다.

장쩌민이 1997년 가을 미국을 방문한 후 정치범으로 복역하고 있던 웨이징성(魏京生)의 미국 출국이 허용되었다. 1997년 10월 중국은 「유엔 인권 A규약(경제적, 사회적 및 문화적 권리에 관한 국제규약)」에 조인하였다. 1998년에는 「유엔 인권 B규약(시민적 자유권)」에 서명하였다.

(5) 아시아 금융위기와 중국

홍콩이 반환된 직후 태국의 바트화가 절하된 것을 계기로 아시아에서 금융위기가 발생하였다. 이는 인도네시아, 한국, 말레이시아, 필리핀 등에도 파급되었고, 홍콩도 그 여파로 타격을 입었다. 홍콩은 달러 페그제 유지를 선언했고, 홍콩의 주식은 폭락하였다.

아시아 금융위기의 영향으로 아시아 각국이 심각한 불황에 빠지자 중국도 이에 영향을 받았다. 인민폐의 절하 압력이 강했지만 중국은 '국제적 책무'를 강조하면서 인민폐 절하를 하지 않았지만 이에 따라 중국 경제도 불황에 빠졌다. 해외로부터의 직접 투자가 감소하고 1997년 경제성장율은 9.3%로 한 자리 수로 하락하였다. 1998년에는 7.8%, 1999년에는 7.6%가 되었다.

이러한 상황 속에서 1998년 3월 제9기 전국인민대표대회에서 국무원 총리로 취임한 주룽지는 8%의 성장과 3%의 물가 상승률을 유지하며 인민폐의 절하를 하지 않을 것이라고 하였다. 아울러 국유기업 개혁, 금융 개혁, 행정기구 개혁을 달성하겠다고 하였다.

1999년 9월 중국공산당 제15기 4중전회에서는 「국유기업 개혁에 관한 결정」이

제출되어, 중대형 국유기업에 대한 대폭적인 정리정돈과 중소형 국유기업의 민영화를 추진하였다. 정리대상이 된 국유기업에서 500만 명에서 1,000만 명 규모의 노동자가 실업(샤강 下崗)하게 되었다.

금융개혁에서는 중앙은행인 인민은행의 권한 강화와 중국은행, 중국공상은행, 중국건설은행, 중국농업은행 등 4대 국유 상업은행의 자산에 대한 관리와 주식화가 추진되었다. 행정기구 개혁에서는 기구와 인원에 대한 정리 정돈을 실행하였다. 국무원의 15개 부·위원회를 폐지하거나 통합하여 29개 부문으로 정리하고 115만 명의 인원을 감축하였다.

3. 21세기의 중국

(1) 세계무역기구 가입과 세계화

아시아의 금융위기 속에서 주룽지는 세계무역기구(WTO) 가입을 추진하였다. 세계무역기구에 가입하는 것은 국제시장 시스템 속에 중국이 참가하는 것으로서 국내시장의 정비가 필요하였다. 중국의 국민총생산에서 무역 의존도는 1990년 29.8%였으나, 2000년에는 43.9%까지 상승하였다. 지속적인 중국의 경제성장을 위해서는 국제시스템에 참여해야 하고 이를 위해서는 중국의 각종 제도를 정비해야 했다.

세계무역기구 가입을 위해서는 우선 관세율의 인하와 무역장벽의 철폐를 통한 자유무역을 추진해야 했다. 이를 위해서는 중국 국내산업에 개편이 필요하였다. 중국의 사회주의시장경제 체제는 산업계에 대한 설득보다는 지도부에 의한 결정에 따라 정책이 추진되었다.

중국이 세계무역기구에 가입하기 위한 과정에서 미국과의 교섭에서 어려움을 겪었다. 미국은 중국경제의 수준을 높게 평가하여 엄격한 조건 아래서 가입을 인정하고자 하였고, 중국은 개발도상국인 중국에게 특별한 우대조치를 요구하였다. 결국 2001년 11월에 카타르의 도하에서 개최된 세계무역기구 각료회의에서 중국의 가입이 정식으로 승인되었고, 다음 달 12월에 정식으로 가입하였다.

그 결과 중국은 미국과의 사이에서 2005년까지 광공업 상품, 주요 농산품, 자동차 등의 관세율을 50% 이상 인하하고, 2년 후에 외국계 은행과 증권회사가 중국의 법인을 상대로 하여 인민폐 업무를, 그리고 5년 이후부터는 개인을 상대로 업무를 실시할 수 있게 되었다. 이 이후 중국에 대한 직접 투자가 다시 늘어나게 되었다. 2006년 중국의 전체 GDP 가운데 수출입 비중은 70% 이상이 되었다.

(2) 중국 특색의 사회주의 체제

덩샤오핑의 노선은 유연한 경제와 강경한 정치였다. 장쩌민 노선은 이를 충실하게 지키면서 발전시켰다. 경제 분야에서는 성장을 최우선시하여 시장경제에 합치하는 형태로 공유제 원칙을 서서히 무너뜨리면서 사영경제 부문의 확대를 달성하는 반면, 정치 분야에서는 공산당 영도의 원칙을 강화하는 것과 함께 '중국적 특색을 지닌 사회주의'의 원칙을 강조했다.

사회주의 시장경제가 도입되면서 '사회주의'의 측면이 약화될 가능성을 저지해야 한다면서 장쩌민은 1994년부터 애국주의 교육을 도입하고 항일전쟁(중일전쟁) 등에 대한 교육과 학습을 강화하였다.

1997년 덩샤오핑의 사망과 제15차 당대회 이후 아시아의 금융위기와 세계화가 추진되는 가운데 중국은 시장경제화와 세계무역기구 가입을 서두르고 있었다. 이에 따라 중국 내에서 다원주의적인 변화에 중국공산당이 어떻게 대응해야 할 것인가에 대한 논의가 시작되었다. 개혁 개방 이후 사영기업가, 외국계 기업 직원과 고급 전문기술자, 문화인 등 다양한 계층이 출현하였다.

이에 대해 2000년 초부터 장쩌민은 '3개 대표'론을 주장하였다. 이는 '선진적인 생산력', '선진적인 문화', '광범위한 인민의 근본적 이익'의 세 가지를 공산당이 대표해야 한다는 것이다. 마르크스주의의 기본 관점에서 볼 때 공산당은 노동자와 농민계급을 대표하는 정당이었지만 '광범위한 인민'으로 범위가 확대된 것이다.

장쩌민은 개혁 개방이 추진되면서 민영 과학기술 기업의 창업자와 기술자, 외자 기업에 초빙된 관리기술원, 개인 경영자, 사영 기업주, 자유업자 등 다양한 계층이 등장했으며 이들과 노동자, 농민, 지식인, 간부, 해방군 장교와 사병들은 모두 단결해야 하며 모두가 중국의 특색있는 사회주의 사업의 건설자라고 하였다.

결국 '3개 대표'론은 개혁·개방으로 형성된 새로운 사회계층의 공산당 입당을 인정하여 체제 내로 편입시키고 이를 통해 지배 엘리트층간의 기득권 체제를 고착화시키려는 것으로 보인다.

(3) 조화사회의 건설

2002년 11월 중국공산당 제16차 대회는 지도부의 교체, 당의 연소화와 엘리트화, '3개 대표'론으로 '국민정당'으로의 전환을 선언하였다. 이 대회에서는 장쩌민이 1992년부터 시작된 10년 간의 임기를 마치고 당 총서기에서 내려오고 후진타오가 총서기에 취임했다. 후진타오와 우방궈(吳邦國), 원자바오(溫家寶), 자칭린(賈慶林), 쩡칭홍(曾慶紅), 황쥐(黃菊), 우관정(吳官正), 리창춘(李長春), 뤄간(羅幹) 등 9명이었다. 이 가운데 우방궈, 자칭린, 쩡칭홍, 황쥐, 리창춘은 장쩌민에 가까운 상하이방이었다. 이 대회에서는 '3개 대표론'에 의거하여 당 규약을 개정하고 당원 자격에도 '18세 이상의 노동자, 농민, 군인, 지식분자'에 더하여 '기타 사회계층의 선진분자'를 추가하였다.

2003년 3월 전국인민대표대회 제10기 제1차 회의에서 후진타오가 장쩌민을 대신하여 국가주석에 취임하였다. 부주석에는 쩡칭훙이 취임했다. 국무원 총리에는 원자바오가, 전국인민대표대회 위원장에는 우방궈가 취임했다. 2004년 9월 중국공산당 제16기 4중전회에서 장쩌민은 당 중앙군사위원회 주석에서 사임하고 후진타오가 중앙군사위원회 주석직을 이어받았다.

2007년 10월 중국공산당 제17차 대표대회에서 후진타오 정부는 2기를 맞이하였다. 중앙정치국 상무위원회에서는 68세의 쩡칭훙, 우관정, 뤄간이 은퇴하고 새롭게 시진핑(習近平), 리커창(李克强), 허궈창(賀國强), 저우융캉(周永康)이 진입했다.

후진타오의 노선은 '친민(親民) 노선'으로 불리고 구체적인 슬로건으로는 '과학적 발전관'과 '조화로운 사회(和諧社會) 건설'이다. 이것은 개혁 개방 이후 경제적 성장을 통해서 중국의 국제적 지위가 향상되어 G2가 되었으나 빈부 격차와 지역적 불평등, 정치 부패와 환경 오염 등 심각한 문제가 발생하였고 이에 대한 불만으로 각종 항의 시위 등이 증가하고 있었다.

'과학적 발전관'은 사람을 기본으로 삼고 지속가능한 발전을 지향하는 것이고, '조화로운 사회건설'은 빈곤해결을 위한 대책 등 격차를 축소시키기 위한 재분배를 의미한다. 이에 따라 농촌 지역에 대한 고정자산 투자 등의 재정적 지원이나 약간의 보조금 지급 등을 하였다. 그러나 세계적 금융위기 속에서 성장을 끌어올리는 것이 우선시되어 '조화로운 사회' 건설이 순조롭지 않았다.

'조화로운 사회'를 건설하기 위해서는 중국공산당이 소득의 공정한 재분배를 가능하게 하는 효과적인 시스템을 구축하는 것이 중요하다. 그러나 공산당의 기득권과 관계된 부분을 제도적으로 개혁하는 것이 가능할 것인지는 좀 더 지켜보아야 할 것이다.

(4) 21세기의 중국의 도전

2008년 8월 8일부터 24일까지 204개 국가와 지역이 참가한 가운데 베이징 올림

픽이 개최되었다. 베이징 올림픽 성화 봉송 과정에서 티베트 문제 등을 둘러싸고 각지에서 반중시위가 벌어졌고 5월 12일에는 쓰촨성에서 대지진이 일어나 많은 희생자가 발생하였다. 그러나 베이징 올림픽은 성공적으로 개최되었고 전세계에 부상하는 중국의 모습을 보여주었다.

2009년 10월 1일 중화인민공화국은 건국 60주년을 맞이하여 천안문광장과 창안대가(長安大街)에서 기념식 행사와 대규모 군사 퍼레이드를 통하여 중국의 최신무기를 대내외에 과시하였다. 중국 경제는 개혁 · 개방 30여 년 동안 급속도로 발전하였다. 1978년 GDP규모 15위로부터 2010년에는 일본을 제치고 국내총생산에서 세계 2위를 차지하였다. 1978년 중국의 1인당 GDP는 190달러였지만 2012년에는 5,680달러에 도달하였고, 외환보유고는 3조 3,116억 달러로 7년 동안 세계 1위를 차지하였다. 중화인민공화국은 21세기에 '부강한 중국'으로 부상하고 있는 것으로 보인다.

세계경제가 미국의 서브프라임 모기지 사태와 리먼브러더스 증권의 경영 파탄으로 심각한 위기에 빠져서 시장만능주의를 지향하는 신자유주의에 기초한 금융자본주의 병폐가 세계경제를 뒤흔들고 있던 시기에 중국경제는 상대적으로 안정을 이루었다. 중국정부는 리먼브러더스 사태가 발생한 이후 바로 4조 위안 규모의 긴급재정지원을 선언하였다. 중국은 거대한 재정지원 등으로 세계적 경제위기로 인한 영향을 비교적 적게 받았다. 중국이 시장을 국제자본에 전면적으로 개방하지 않고, 인민폐도 국제화시키지 않았던 것이 전화위복이 된 것이었다.

중국은 개혁 · 개방 30여 년 동안 급속한 경제발전을 이룩하였지만 부정부패와 부익부 빈익빈 현상과 지역간의 격차, 민족 갈등, 환경 오염 등 각종 문제에 직면하고 있다. 중국의 각종 갈등은 보시라이(薄熙來) 전 충칭시 서기 사건을 계기로 이념갈등으로 표출되고 있다.

국제적으로는 중국의 부상에 대한 중국위협론이 주변국에 확산되고 있으며, 미국의 중국 견제도 강화되고 있다. 미국의 한국 · 일본 등과의 동맹 강화 속에서 중국은 동남아시아와 아프리카 등에 영향력을 확대하려 노력하고 있다. 중국은 국내의 민족주의적 분위기 속에서 댜오위다오(센가쿠) 영유권 분쟁 등에서 강경한 입장을 취하고 있다.

2012년 11월 중국공산당 18기 1중전회에서는 시진핑(習近平), 리커창(李克强), 장더장(張德江), 위정성(兪正聲), 류윈산(劉雲山), 왕치산(王岐山), 장가오리(張高麗)를 중앙정치국 상무위원으로 선출했다. 이 대회에서 시진핑은 중국공산당 총서기에 선출되었다. 그리고 2013년 3월 14일 12차 전국인민대표대회에서 국가주석과 국가중앙군사위원회 주석으로 선출되었으며 전인대 폐막연설을 통해 '중화민족의 위대한 부흥'이라는 중국의 꿈을 강조하면서 중화민족의 부흥을 역설하였다. 그는 소강사회의 전면적 건설을 실현하고 부강한 민주 문명과 조화로운 사회주의적 현대화를 쟁취해 중화민족의 위대한 부흥이라는 '중국의 꿈(中國夢)'을 중국 특색의 사회주의에 따라 실현하자고 하였다. 우리는 앞으로 '중국의 꿈'이 어떻게 현실화할 것인가 관심을 가지고 지켜보아야 할 것이다.

제2부

제5장

인구와 가족

1. 인구

2. 가족

1. 인구

(1) 인구변동

현재 중국은 공식 통계로 13억 5천만의 인구를 가진 세계 제일의 인구대국이며, 비공식적인 추산으로는 실제 인구가 14억 명을 돌파한 것으로 여겨지고 있다. 이러한 인구규모는 세계 2위의 인구대국인 인도의 12억 명에 비해서도 약2억 명이 큰 규모이며, 미국에 비해서는 약 4.5배, 일본의 11배, 남북한을 합친 우리나라 인구의 약 20배에 이르는 거대한 규모이다.

중국의 이러한 인구규모는 국가발전의 중요한 자원으로 작용하기도 하지만, 한편으로는 국가발전에 커다란 부담요인으로 작용할 뿐만 아니라 향후 세계의 곡물 수급에 큰 교란을 초래할 위협 요인으로 인식되고 있기도 하다.

아래에서는 중국의 인구변동에 관한 전반적인 상황을 살펴본다.

1) 신중국 건설 이전의 인구변동

청(淸)나라 말기까지 근대 이전의 중국은 전형적인 소농(小農) 경제와 이를 기반으로 한 가족제도를 유지하면서 인구의 지속적인 증가를 경험하는 한편, 가뭄과 홍수 등 천재지변과 전쟁으로 인한 주기적인 환난을 겪으면서 매번 수많은 인구의 사상과 소멸을 다반사로 겪어왔다.

중국의 인구는 명(明)나라 중엽에 이미 1억 4천만 명이 넘었지만, 명나라 말기에 동란과 기근을 거치면서 인구의 거의 반이 사망하여 겨우 7천 5백만 명이 살아남았다고 한다. 그러나 청나라가 안정된 17세기 중엽부터 19세기 중엽까지의 200여 년간 사회적 안정과 경제적 발전에 따라 인구 증가가 아주 빨라져서 명나라 말기의 7,500만 명이 4억 명 이상으로 대폭 증가해서 인구가 많은 것이 심각한 문제가 되기 시작했다.

19세기 중반부터 1949년 신중국 건설 이전까지의 기간에는 제국주의 열강의 식민 침략과 군벌(軍閥)의 혼전이 벌어지는 전쟁의 도가니 속에서 농민들의 반란과 자연재해가 끊이지 않았다. 이러한 가운데 중국의 인구변동은 출생 인구도 많고, 사망 인구도 또한 많은 전형적인 고출생률, 고사망률에 따른 낮은 자연증가율의 단계에 속하는 인구변동 모델을 보였다.

이 기간동안 인구의 총규모는 1억 3천만 명 정도의 증가를 보였지만, 연평균으로는 120만을 넘지 않았다.

2) 현대 중국의 인구변동

① 인구 규모의 변화

마오쩌둥에 의해 신중국 성립이 선포된 1949년부터 중국인구는 전래없이 급증하는 시기에 진입하게 된다.

1951년 센서스에 따른 전국 인구는 약 5억 6천만이었으나 그 수치는 1993년에 이미 11억 8천5백만 명으로 증가했다. 42년 간 인구가 약 6억 2천만 명이 순수 증가하여 두 배 이상이 되었고, 해당 기간 동안 인구의 자연증가율은 연평균 1.8%에 달한 셈이다.

자세히 살펴보면, 중국의 인구규모는 1954년에 6억 명, 1964년에 7억 명, 1974년에 9억 명으로 급증해서 20년간 3억 명이 증가했다. 이렇게 빠른 인구증가를 보인 이유는 전반적으로 사회가 안정된데 따른 것이지만, 해당 기간 중에 마오쩌둥이 인구증가를 국부의 원천으로 생각하고 인구출산을 장려했던 정책적 입장을 취했던 것이 가장 중요한 배경이었다.

그러나 인구규모의 급증에 따른 부작용 노출로 인해 마오쩌둥이 사망한 뒤 덩샤오핑은 전반적인 인구 억제 정책을 채택하여 가족계획을 거국적으로 추진하게 되면서 인구증가율이 둔화되긴 하지만, 이미 거대한 인구기반으로 인해 절대인구수는 여전히 큰 규모로 성장하게 된다. 다시 말해 1970년대 중반부터 인구증가 속도가 완만해지기 시작하지만, 공식적인 총인구는 1981년에 10억 명, 1988년에 11억 명으로 증가하였다.

1990년 말 공식통계에 따른 중국 총인구는 11억 3천 4백만 명이고, 그 해 인구의 자연증가율은 1.44%, 출생률은 2.16%였는데, 상대적으로 낮아진 자연증가율에도 불구하고, 총인구는 1995년에 다시 12억 명을 돌파하게 된다.

2000년 중국 인구는 12억 7천만 명에 이르며, 현재의 증가율 둔화에도 불구하고, 중국의 총인구는 2030년경에 최고치에 이르러 15억 2천만 명까지 올라갔다가, 그 후에야 점차 완만하게 하강할 것이라고 예측되고 있다.

중국노동통계연감에서 구성한 1978년부터 2001년까지의 중국 인구변동 상황을 아래 표에서 살펴보면, 동 기간 중 남여의 성별구성 비율에는 큰 변화가 없다. 한편 1978년부터의 개혁개방 이후 중국사회의 빠른 도시화에 따른 영향으로 도시 인구의 비율은 2배 이상 증가하여, 1978년의 17.9%에서 2010년에는 약 50%로 증가하였다.

② 출생률, 사망률, 자연증가율

인구변동에 영향을 미치는 지표에는 출생률, 사망률 및 국내외 인구이동이 있다. 아래 표에는 이 중에서 자료가 있는 출생률, 사망률 및 이 두 지표의 차이 값에 해당하는 자연증가율이 제시되어 있다. 이 지표들을 백분율(%)이 아니라 천분률(‰)로 표기한다.

표에 나타난 개혁개방 이후의 변화 경향을 전반적으로 살펴보면, 1990년대 이후 출생률은 빠르게 감소한 한편, 사망률도 완만하게 감소추세를 보여서, 인구의 자연증가율은 1990년을 기점으로 하여 하강추세를 보이고 있다.

| 표 5-1 | 인구구성의 변동

연도	총인구수 (만명)	성별구성비율(%)		도 · 농구성비율(%)		인구변동지표(‰) *		
		남성	여성	도시	농촌	출생율	사망율	자연증가율
1978	96,259	51.5	48.5	17.9	82.1	18.3	6.3	12.0
1980	98,705	51.5	48.5	19.4	80.6	18.2	6.3	11.9
1985	125,851	51.7	48.3	23.7	76.3	21.0	6.8	14.3
1990	114,333	51.5	48.5	26.4	73.6	21.1	6.7	14.4
1995	121,121	51.0	49.0	29.0	71.0	17.1	6.6	10.6
2000	126,743	51.6	48.4	36.2	63.8	14.0	6.5	7.6
2005	130,756	51.5	48.5	43.0	57.0	12.4	6.5	5.9
2010	134,091	51.3	48.7	50.0	50.0	11.9	7.1	4.8
2011	134,735	51.3	48.7	51.3	48.7	11.9	7.1	4.8

출처 : 『중국노동통계연감 2012』, 국가통계국편, 제3장에서 재구성

* 인구변동지표는 천분율(‰)로 표기함

신중국 건설이후 70년대 중반까지 중국의 인구증가가 폭발적이었다는 점은 위에서도 언급했지만, 1949년부터 1958년까지는 인구증가의 첫 번째 고조기여서, 이 기간 중에 출생률은 연평균 35‰에 달한 것으로 알려지고 있다. 간단히 말해, 가임연령에 있는 중국여성들 중 매년 30명에 1명꼴로 아기를 낳은 셈이다.

1959년부터 시작된 대약진운동의 실패와 이에 맞물린 전국적인 기근은 국민경제를 공황적인 상황으로 내몰았고, 이에 따라 1959년~1961년 사이에 중국의 인구 출생률은 연평균 21.2‰로 이전 기간보다 15‰가량 감소하였으며, 한편으로는 사망률이 급증하면서 단기적으로 인구성장이 억제되기도 했다.

그러나 1962년 중국 인구 출생률은 37‰까지 다시 높아졌고, 1963년에는 신중국 건국 이래 최고 출생률인 43.4‰를 기록하기도 했으며, 1962~1970년간의 연평균 인구 출생률은 36.6‰였다. 1975년 이후에는 20‰를 전후한 출생률을 보이다가 1990년대에 들어서 출생률이 낮아지는 추세를 보이고 있다.

신중국 건설 이후 중국의 인구 사망률은 완만하게 낮아지고 있다. 1949년의 20‰선에서 개혁개방 이후의 시기에는 6.5‰ 정도를 유지하고 있는데, 이것은 세계 인구의 사망률 평균보다도 낮은 수준이다. 한편 대약진운동의 실패와 대기근이 겹친 1960년에는 사망률이 25.4‰에 달하여 건국 이래 최고의 사망률을 기록한 해였다.

인구의 자연증가율은 '출생률-사망률'을 의미하는데, 대체로 높은 출생률과 높은 사망률에 따른 낮은 증가율 단계로부터 사망률이 빠르게 낮아지면서 높은 자연증가율을 보이는 단계를 거쳐 출생률과 사망률이 모두 낮아지면서 낮은 자연증가율로 변동하는 과정을 겪는다.

1949년 중국 인구의 자연증가율은 16‰정도였고, 그 후 1970년대 중반까지는 지속적으로 높아졌다가 1995년에 10‰대로 낮아졌으며, 현재는 약 6‰ 수준으로서 세계 평균수준을 밑돌고 있다. 대기근이 덮쳤던 1959~1961년 기간 중 인구의 자연 증가율은 −4.6‰를 기록했다.

근래 중국사회의 출산율은 전형적인 통제 출산율이지 자연출산율이 아니라는 점을 고려할 때, 인구의 증가추세가 재상승할 가능성은 상존한다. 1970년대 중반까지 대거 출생한 인구는 90년대 중 · 후기부터 가임기(可姙期)에 진입하고 있기 때문에, 출산율을 1.8 명 수준으로 통제한다고 해더라도, 매년 새롭게 출생하는 인구가 2,000만 명에 이를 것으로 추산된다.

더구나 최근 상하이 등 대도시를 중심으로 하여, 기왕의 한 자녀 정책에 변화의 조짐이 나타나고 있고, 중국사회도 2001년을 기점으로 65세 이상의 인구가 이미 7%를 넘어선 고령화사회에 진입한 상태에서 2010년에는 8.9%에 이르렀다. 향후 고령사회로의 진입을 지연시킬 필요성 때문에 출산 장려가 거론되고 있는 형편이어서 향후 인구규모는 지속적으로 증가할 가능성이 높다.

③ 인구의 성별 구조

신중국 건설이 공포된 1949년의 총인구 5억4천만 명 중, 남성은 2억8천만 명이고 여성은 2억6천만 명으로, 총인구에서 남녀의 성별구성비는 각각 52%와 48%를 차지했고, 성비(sex ratio)는 약 108이었다.

커다란 기근으로 인해 사망자가 크게 증가했던 1961년에는 성비가 급속히 떨어져서 이전해의 107.39에서 105.94로 떨어졌다. 즉 사망자의 비율에서 남성이 여성보다 상대적으로 많았던 셈이다. 그 후 1970년대 중반까지 성비는 계속 105~106 사이의 비율을 유지했다.

그러나 이후 정부의 인구억제 정책으로 인해 한 자녀 갖기가 강요되면서 성비는 반등세를 보였다. 이때의 성비 증가는 기본적으로 중국인의 남아선호 사상에 따른 것으로서, 이 시기의 한동안 여아의 낙태, 여아의 출생등록 기피나 심지어 여아살해 등이 사회문제로 제기되기도 하였다. 중국에서 남아선호의 전통적인 사고는 아주 깊게 뿌리박혀 있다. 또한 산아제한 정책의 압력으로 인해 출산 행태, 특히 농촌 여성들의 출산 행태에서는 명확한 성별 선호 경향이 보였던 것이다.

통상적으로 어떤 사회에서건 자연스러운 출생 인구의 성비는 105 수준이 정상인데, 1989년의 한 표본조사 결과에 의하면, 신생아의 성비가 112.5에 이르고, 농촌지역에 해당하는 현(縣)의 신생아 성비는 시(市)나 진(鎭)보다 높게 나타나고 있다. 2011년에도 0~4세 유아의 성비는 119.2이다(표 5-3 참조).

산아제한 정책을 시행한 중국 정부는 한족(漢族)의 경우, 둘째 아이를 출산할 경우에 부부 중 한 쪽의 직장을 박탈하거나 2~3년 치의 월급을 넘는 벌금(사회부양비)을 부과하는 식으로 한 자녀 정책을 강제해 왔다. 이에 비해 소수민족들의 경우에는 포용정책의 일환으로 2~3명까지 자녀를 가질 수 있도록 허용해 왔는데, 이런 사정을 감안하더라도 둘째 아이의 경우에 출산 시 성비가 120에 이를 정도로 높아진 현상은 결코 자연스러운 결과라고 볼 수 없다.

둘째 이후 출생한 영아의 성비가 지나치게 높은 중요한 원인 중의 하나는 현대의학기술이 태아의 성별 판별에 이용되고 남아를 선호하는 성별 선택이 낙태를 거쳐 실현된 때문이라고 밖에는 설명할 길이 없다. 앞에 언급한 1989년의 표본조사에서는 현 지역의 둘째 영아 성별이 135.5에 이르는 것으로 보고되었는데, 이처럼 비정상적인 성비는 정책의 보완과 출생육아 관념의 현대화에 의해서만 감소할 수 있다.

어떤 사회에서건 일반적으로 나이층이 높아질수록 여성의 생존 인구비율이 남성보다 높기 때문에 성비가 떨어진다. 이런 추세가 출생 시의 성비 불균형을 상당히 상쇄하고, 결혼적령기 연령층의 배우자 비율 불균형 문제를 어느 정도 완화시킬 것이지만, 그 정도는 연령층에 따른 사망률과 실제 성비에 달려있다. 실제 중국에서 농촌이나 저소득층 남성 중에는 배우자를 구하지 못해서 독신으로 지내는 사람의 비율이 상당정도에 이른다.

1990년대 이후에 성비가 다시 낮아져서, 2011년에는 105.2를 기록했다(표 5-3 참조). 한 예측에 의하면, 향후 중국 인구의 성비는 계속 저하하여 2030년에는 103 정도, 2050년에는 101 정도로 낮아져서 기본적으로 양성이 평형을 이룰 것이라는 전망이다.

④ 도시와 농촌의 인구구조

중국사회에서 도시와 농촌 간, 그리고 경제가 발전한 도시가 주로 분포한 연해지역과 경제성장이 지체된 서부 지역 간의 인구 출생률의 감소는 불균형적이다.

개혁개방이후 전반적인 산업화의 진전에 따른 도시화율의 증가에 따라 도시거주

인구 비율은 빠르게 증가하고 있다. 그러나 한족을 중심으로 한 산아제한 정책이 집중적으로 시행되고, 도시화에 따른 육아부담 증가, 사고의 전환 등으로 인해, 도시지역의 출산율은 감소 추세인데 반해 농촌의 가난한 지역의 출생률은 여전히 줄어들지 않고 있다.

⑤ 연령구조

| 표 5-2 | 중국 인구의 연령구조 변동 (단위 : 만명, %)

연령 \ 연령별		0-6세	7-14세	노동연령인구 (15~59세)	60세 이상의 연령인구	합계
1953	수	11,700	8,884	29,983	5,170	55,737
	비율	21.0	15.9	53.8	9.3	100
1982	수	13,456	20,269	55,087	9,304	98,116
	비율	13.7	20.7	56.2	9.5	100
1990	수	15,548	15,752	67,903	11,684	110,887
	비율	14.0	14.2	61.3	10.5	100
2005	수	19.678	13.533	71.031	26.514	130.756
	비율	15.0	10.3	54.3	20.3	100

출처 : 《중국통계연감(2012)》

중국 인구의 연령대별 분포상의 변동을 살펴보면 다음과 같다.

6세 이하의 유아 비율은 1953년 21%에서 하락하는 추세를 보이면서, 1990년에는 14%의 구성비를 보이고 있다. 7세 이상~14세 이하 연령층은 1953년의 16%에서 80년대에는 20%대로 증가했다가, 1990년에 14%선으로 다시 하락하였다. 2005년에는 10%선이다.

일반적으로 노동력인구는 15세 이상~64세 이하의 인구층을 의미하지만, 표 5-2

에서는 15세 이상~59세 이하의 남성과 여성인구의 규모와 비율을 제시하고 있다. 중국에서 이렇게 계산한 노동연령인구의 비율은 1953년에 54% 정도였으며, 60년대 초반의 기근으로 인한 사망자 증가에 따라 1964년에는 50% 수준으로 감소했으나, 70년대 후반 이후 산아제한 정책에 따른 유소년 증가의 감소에 따라 다시 증가하는 추세를 보였으며, 1990년에는 61%에 이르렀다.

⑥ 민족별 인구 구성

중국은 인구의 대다수를 점유한 한족(漢族)을 필두로 이외 55개의 소수민족으로 구성된 다민족 국가에 해당한다.

2010년 현재 55개 소수민족은 총 인구의 8.5%인 1억 1천여만 명이었다. 소수민족 중 인구규모가 가장 큰 민족은 장족(壯族)으로 약 1,700만 명이다.

중국의 소수민족은 국토의 서남부와 서북부, 동북부의 산지와 초원을 중심으로 한 변경 지역에 주로 거주하고 있다. 소수민족이 밀집한 거주지는 행정구역으로 볼 때, 성(省)급인 신장(新疆), 시장(西藏 · 티베트), 닝샤(寧夏), 광시(廣西), 네이멍구(內蒙古) 등 5개 자치구가 있고, 그 아래 등급의 자치현 등으로 편성되어 있다. 하지만 2000년 현재 전체 소수민족의 30% 정도는 이들 자치구역 이외의 지역에서 생활하는 것으로 파악되고 있다.

(2) 현재의 인구 구성

2011년 현재 중국의 공식적인 총인구 규모는 13억 4천 4백만 명이며, 나이층 및 성별 인구구성은 아래 표와 같다.

| 표 5-3 | 나이층별 총인구수 중 점유비율과 성비: 2011년

나이층	총인구수 중 백분비(%)			성비
	남성	여성	합계	
0~4세 이하	3.08	2.58	5.66	119.2
5~9세 이하	2.90	2.45	5.35	118.6
10~14세 이하	2.94	2.51	5.46	117.2
15~19세 이하	3.67	3.35	7.02	109.8
20~29세 이하	8.75	8.53	17.28	102.6
30~39세 이하	7.99	7.64	15.63	104.5
40~49세 이하	9.28	8.91	18.19	104.2
50~59세 이하	5.94	5.75	11.69	103.4
60~64세 이하	2.33	2.27	4.60	102.6
65~69세 이하	1.58	1.57	3.15	100.4
70세 이상	2.80	3.19	5.99	87.8
합계	51.3	48.7	100.00	105.2

출처 : 『중국통계연감 2012』, 국가통계국편, 제3장에서 재구성

총인구 중 14세 이하 인구의 백분비는 16.5%이며, 남성의 백분비가 여성에 비해 높다. 이러한 현상은 성비에 그대로 반영되어서 4세 이하 유아의 성비는 119.2로 여전히 매우 높은 수준이며, 5세 이상~9세 이하는 118.6, 10세 이상~14세 이하는 107.2의 성비를 나타낸다. 15세 이상부터 64세 이하에 해당하는 노동력인구의 총인구 대비 백분비는 74.4%에 해당하며, 성비는 대체로 103~110 정도의 분포이다.

중국사회에서 65세 이상 노인 인구층의 백분비는 2011년에 9.14%에 해당하여, 노인인구 비율이 7%를 넘어선 소위 고령화 사회를 빠르게 거치고 있음을 보여준다.

(3) 인구정책과 미래

1) 산아제한 정책

신중국 건국 이후 중국 정부는 1954년 전국적으로 '산아제한'의 구호를 제시하여 인구 재생산 모델의 전환을 유도하기 시작했다. 그럼에도 불구하고, 다산을 선호하는 국민의식이 여전히 지속되었고, 모택동 역시 커다란 인구규모가 국가부강의 원동력의 하나로 인식하여 통제 노력도 크지 않았다. 이런 형편에서 인구억제를 주장하는 학자들에 대한 비판이 합세하여 인구 재생산을 억제하는 효과는 그리 크지 못했다.

이에 따라 실질적으로 인구가 폭발적인 증가 추세를 보이게 되자, 1972년에 1차 '전국가족계획회의'를 개최하여, 중국의 국가 정세에 근거해서 인구증가 억제와 국민의 자질 향상, 그리고 인구 구조를 조절하는 정책을 제정하게 된다. 이에 따라 70년대 중반을 지나면서 정부는 적극적인 인구억제 정책을 실시하게 되었고 전사회적으로 가족계획을 추진했다.

1984년부터는 인구정책을 일부 완화하여 '한 부부 한 자녀' 운동에서 소수민족을 비롯한 일부에는 두 자녀를 가질 수 있도록 함으로써, 정책을 완화하게 되면서 산아제한의 통제력이 다시 약화되었지만, 20여 년간 중국의 산아제한 운동은 상당한 성공을 거둔 것으로 평가된다.

인구 출생률과 자연증가율은 확실히 감소하여 세계 평균 수준 이하로 떨어졌으며, 1972년 중국의 인구는 세계인구의 23.2%를 차지했지만, 1981년에는 22.2%, 1991년에는 23.2%로 내려갔다.

2000년 이후 중국 인구의 자연증가율은 계속 낮아져서, 2025년 경부터는 인구의 마이너스 성장이 시작될 것으로 예측되고 있다. 즉 2000년에 중국 인구는 12억 8천 7백만 명이었는데, 이후 자연증가율의 저하에 따라 총인구수는 완만한 증가세를 보여서 2020년대 중반에 총인구가 15억 명 정도로 피크를 이룬 다음에 감소할 추세를 보일 것이라고 한다. 따라서 미래 인구의 증가 추세가 완만하다고 하더라도, 향후 30~40년간 인구의 총량은 여전히 유지될 것이어서 인구의 중압감을 벗어날 수는 없을 것이다.

미래 중국의 인구규모는 자원을 지속적으로 개발하면서도 환경을 지속적으로 수용했을 경우에, 최대 수용한계가 15~16억 명이라는 것이 전문가들의 추산이다. 앞으로 수십 년 간 인구의 변동 추세는 여성 인구수와 출산율 및 사망률에 의해 결정될 것이지만, 정부의 인구정책 방향이 주요한 변수가 될 것이다.

근래 중국에서는 한 자녀 정책의 실시로 인해, 소위 '四, 二, 一'[4] 상황이 나타난다고 우려하고 있다. 그러다보니, 성격도 제멋대로이고 자립 능력이 결핍된 '작은 황제', '작은 귀족'을 키워내고 있다는 우려가 대두하고 있다.

그러나 다른 한편에서는, 아이가 하나이기 때문에 자녀양육 및 교육에 충분한 물적, 시간적인 공을 들일 수 있고, 성장한 후에 조부모, 외조부모, 부모의 희망이 모두 자신에게 있다는 것을 의식하여 책임감과 사명감을 가진 사람으로 자라서, 자기계발을 위한 강한 동기를 발휘할 수 있다고 긍정적으로 평가하기도 한다.

2) 고령화 사회의 인구문제

중국은 2001년에 65세 이상의 고령인구 비율이 7%를 넘는 '고령화 사회'에 진입하면서, 총인구의 증가 문제와 더불어 노인 인구의 급증이 함께 나타나는 국면을 맞이하게 되어 인구문제가 더욱 복잡해지는 양상이다.

1990년 말 중국의 65세 이상 고령 인구는 약 6천 5백만 명으로 전체 인구의 5.6%를 차지했었다. 원래 고령 인구수는 2004년에 약 9천만 명으로 7%를 초과하기 시작할 것으로 예측되었으나, 예상보다 3년 빨리 고령화 사회에 진입한 셈이다.

---

4) 兩家의 조부모, 부모, 그리고 한 자녀를 뜻함.

2020년이 되면 65세 이상의 노인이 총인구의 15%인 2억 2천만 명에 이르러 고령사회에 진입할 것으로 예측되고 있다.

여러 나라의 자료를 토대로 해서 볼 때, 65세 이상 인구의 비중이 5%에서 7%로 증가하기까지는 대체로 40~100년 정도의 기간이 소요된 것으로 나타나지만, 중국의 경우는 1984년에 총인구의 5%를 차지했던 고령인구가 2000년에 7%를 점유함으로써, 소요 기간이 겨우 16년에 불과했다. 이처럼 고령인구 비율이 급격히 증가한 원인은 중국 정부가 시행해 온 산아제한에 따른 출산율 저하와 더불어, 노인 인구층의 사망률 감소가 초래한 결과라 할 수 있다.

실제로 중국에서는 1950년 이래 인구의 사망률이 계속 낮아지고 있다. 즉 사회경제적 발전과 의료 보건의 확대 보급으로 말미암아 영아 사망률뿐만 아니라 다른 연령대의 사망률 모두가 하강해 온 것이다. 경제발전과 사회의 진보는 인구의 평균 기대수명을 높여서, 1980년 중국 남자의 평균 기대수명은 66세, 여자는 69세였던 것이, 2010년에는 각각 72세와 77세로 높아졌다. 이런 경향이 고령 인구층의 상대적 비율을 높이고 있지만, 고령 인구층의 비율이 높아진 이후에는 사망률이 다시 어느 정도 상승하기 마련이다. 예를 들어, 전세계적으로 볼 때, 고령 인구 비율이 10~15%에 달한 국가들에서는 사망률이 대체로 10% 수준이다.

중국에서 현재 노인 인구의 증가율과 총인구 증가율의 비는 대략 3 : 1이다. 출생률의 저하가 빠르면 빠를수록 인구수의 증가는 느리지만, 인구의 고령화는 급속히 진행되었다.

2010년에 약 1억 2천만 명이던 중국의 노인 인구는 2030년이면 2억 2천만 명으로 증가할 것으로 예상되어서 미국의 총인구수에 육박할 것이다. 이처럼 고령인구가 늘게 되면, 부양지수가 상승하여 젊은 층의 경제적 부담을 가중시키게 된다. 1990년에 중국의 노인부양지수는 9%였지만, 2011년 13%를 거쳐서 2030년에는 20% 이상으로 상승하게 될 것이다.

현재 대다수 농촌 지역에서는 가정에서 노인을 부양하는 데, 이는 농촌 양로문제의 심각성을 더해주게 된다. 더구나 공업화와 도시화가 진전됨에 따라서 농촌 노인들의 양로문제가 사회문제로 되는 것은 시간문제로 여겨진다.

이렇게 될 때, 중국은 한동안 인구의 지속적인 증가로 인한 노동력 과잉으로 경제 발전의 상당부분을 잠식당하게 될 뿐만 아니라, 노인 인구의 비중 상승에서 비롯한 고령화시대에 따른 일련의 새로운 문제를 경험하게 될 것이다.

2. 가족

이 절에서는 중국 가족의 일반적인 변화 상황을 살펴보면서, 가족구조의 변동에 주목한다. 가족구조는 가족 구성원의 조합방식 혹은 내부 구성을 지칭하는 것으로, 가족의 규모, 가족 유형과 더불어 가족관계 혹은 가정 내부의 세대 관계를 의미한다.

(1) 출산과 산아제한정책

2005년 1월 초 중국 정부는 중국의 인구가 13억을 돌파했다고 공식적으로 인정했다. 전 세계 인구 가운데 5명 가운데 한 사람은 중국인이다. 중국인들은 전통적으로 자식이 많아야 다복한 것이고 사람이 많아야 일하기도 좋다고 생각하였고 자손이 없으면 불효라는 유가사상의 영향을 받아왔다.

1949년 중화인민공화국이 수립된 이후 "사람은 가장 소중한 재산"이라고 하면서 1950~60년대에는 자식을 많이 낳는 것을 장려하였다. 자식을 많이 낳는 '어머니 영웅'을 선발했기 때문에 형제들이 10명이 넘는 가정도 생겨났다. 그러나 1970년대 중반부터 인구증가를 억제하기 위하여 강력한 가족계획을 수립하여 실시하였다. 중국의 가족계획은 계획생육(計劃生育)이라고 한다.

중국의 가족계획은 늦게 결혼하고 늦게 아이를 낳는다는 만혼만육(晩婚晩育)과 한 부부가 한 자녀만 갖는 '한 가구 한 자녀 정책이다. 이러한 정책을 추진하기 위해 법정 결혼 연령을 남자는 만 20세에서 22세로 늦추었고 여자는 18세에서 20세로 늦추었다. 도시 지역에서는 한 부부가 한 명의 자녀만을 가져야 한다. 소수민족은 두 명까지 가질 수 있고, 농촌 지역에서는 첫 아이가 남아일 경우는 하나로 끝나야 하며, 여아일 경우는 적어도 4년이 경과한 후 당국의 허가를 받아서 둘째 아이를 출산할 수 있다. 신청을 한다고 해서 무조건 허가가 나오는 것은 아니다. 그 지역에 할당된 출산 정원 내에 들어있어야 한다.

이러한 가족계획정책을 추진하기 위해 국무원 산하에 '계획생육위원회(計劃生育委員會)'를 설치하고, 각 성과 자치구, 현, 진, 향, 촌 등 각 행정 조직에도 계획생육위원회를 두었다. 이 위원회는 관할 지역 내의 모든 부녀자들에게 이 정책을 설명하고, 이를 위반하면 어떤 처벌을 받게 되는가를 이야기하며 피임약을 나누어 주었다. 동시에 아이를 낳아도 좋다는 허가서인 '출산허가증(準生證)'을 발급하는 수속도 했었다.

중국에서는 부부가 결혼을 했다고 해서 자유롭게 아무 때나 아이를 낳을 수 없었다. 각 지방에는 출생지표에 따라 한 해에 태어날 수 있는 신생아에 대한 정원이 사전에 설정되어 있기 때문에, 부부들은 아이를 갖기로 결정하면 먼저 계획생육위원회에 가서 아이를 낳아도 좋다는 출산허가증을 받아야 했다. 이 허가증을 신청한다고 해서 다 나오는 것은 아니었다.

대개 25세 정도가 되어 출산허가증이 나오면 일년 내에 출산을 해야 했다. 이 기간을 넘기면 무효가 되었다. 만약 이 기간 내에 임신이 안 되면 그 다음해에 다시 신청해야 했다. 임신이 되어 출산하게 되면 후커우(戶口)를 신고할 때 출산허가증도 함께 제출해야 한다. 이 증명서가 없으면 출산한 아기는 호적이 없는 불법아이(黑孩子)가 된다. 호적이 없는 아이는 취학하거나 취업에 어려움을 겪게 된다.

한 자녀 정책을 어기게 되면 무거운 벌금(현재는 '사회부양비'라고 불림)과 함께 공직자의 경우는 그 직위에서 파면되고 고용된 노동자도 일할 기회를 상실하게 된다. 중국의 산아제한정책은 대도시의 경우 1970년대 후반부터 철저하게 시행되어 효과를 보았지만 농촌의 경우는 잘 지켜지지 않았다. 농촌에서는 한 자녀 정책을 어기고 아이를 낳아도 쫓겨날 공직이 없기 때문에 벌금을 부과할 뿐 다른 제제수단이 없다. 이 때문에 농민 가운데는 뿌리깊은 남아선호사상과 노동력 부족 등의 이유로 벌금을 각오하고 아이를 낳기도 한다. 벌금은 농촌의 경우 3,000~4,000 위안이었으며 각 성별로 규정이 다르고 도시와 농촌 간에 액수에 차이가 있었다.

아들을 낳고 처벌을 면하기 위해 임신이 되면 먼 지역으로 이주했다가 아이가 태어나면 고향집으로 돌아오기도 했다. 이 때문에 가족계획위원회는 다른 지역으로 나가는 임신 적령기의 부녀자를 감시하는 방법을 사용하기도 한다. 다른 지역으로 가기 전에 관련 부서에 임신을 하지 않겠다는 각서를 쓰고 아울러 일정한 금액의 보증금을 납부하기도 한다. 그리고 일정한 기간이 지날 때마다 병원에서 발급한 임신을 하지 않았다는 증명서를 제출하여야 한다. 또한 일부 농촌 지역에서는 두 자녀가 있는 경우 아예 불임시술을 강제로 시키기도 했다.

부부가 이혼한 경우에도 한 자녀 원칙이 적용된다. 이전까지는 재혼한 여성이 이미 자식이 있는 경우에는 더 이상 아이를 낳을 수 없었다. 중국에서는 이혼할 경우 기본적으로 어머니에게 양육권이 있다. 따라서 뇌물을 주거나 자신의 아이가 발육 비정상이란 증명서를 병원에서 받아서 출산하기도 했다.

(2) 가족의 규모 변화

신중국 건국 이래 중국에서는 정치의 안정, 생산의 증대, 인구의 급속한 성장에 따라 가족 규모도 확대되었다. 그러나 1960년을 전후한 '대약진 운동' 기간 중에는 생산시설의 대규모 파괴와 아울러 기근으로 인한 사망률 증가에 따라 인구의 자연증가율이 저하되면서 가족의 규모 또한 줄어들었다. 그 후 생산이 다시 회복됨에 따라 가족수의 크기 또한 점차 확대되었으나, 70년대 중반 이후의 산아제한 실행으로 인해 다시 자녀 출생수를 감소시켜 가족의 규모도 축소되었다.

이처럼 해방 이후 지금까지 중국의 가족 규모는 늘었다가 줄어들고, 다시 늘었다가 줄어드는 2회에 걸친 파동식 변천과정을 나타냈다. 첫 번째 증가추세의 피크는 1958년이며, 감소했다가 다시 증가추세로 전환한 뒤에 1973년에 두 번째 증가추세의 피크를 정점으로 하여 이후 꾸준한 감소 패턴을 보이고 있다.

| 표 5-4 | 중국 인구와 호당 평균 인구의 변화

연도	인구(억)	호당 평균 인구(명)	연도	인구(억)	호당 평균 인구(명)	연도	인구(억)	호당 평균 인구(명)
1953	5.94	4.43	1968	7.85	4.71	1989	11.07	3.97
1958	6.60	4.58	1973	8.92	4.81	1993	11.60	3.81
1960	6.62	4.49	1978	9.62	4.66	2000	12.72	3.50
1961	6.58	4.30	1983	10.25	4.46	2003	12.92	3.38
1962	6.73	4.33	1987	10.72	4.15	2008	13.25	3.16
1963	6.92	4.42	1988	10.90	4.22	2011	13.44	3.02

출처: 《中國人口統計年鑿(2012년)》 399쪽.

표 5-4를 보면, 1953년 호(가구)당 평균 인구수는 4.43명이고 이후 해마다 증가하여 1958년에 가족수의 규모가 4.58명이 되었다.

그러나 1959년 시작된 대약진 운동의 실패[5]로 말미암아 이후 2~3년간 평균 가

5) 대약진 운동의 실패와 다른 한편 기아로 인해 비정상적인 사망자 수가 크게 늘면서, 사망률이 1960년에 25.4%, 1961년에는 14%를 초과했고, 이에 따라 1960년과 1961년 인구의 자연증가율은 각각 −4.57%와 −3.78%였다.

족 규모가 크게 줄어들었다가, 다시 확대되기 시작해서 1965~66년에는 이미 1958~59년의 최고 수준을 회복해서 호당 평균 가족 수가 4.60명 정도에 이르렀다. 이러한 가족 규모의 지속적인 확대는 70년대 중반에 최고조에 달해 약 4.8명 정도로 올라섰다.

그러나 이후 중국정부의 산아제한 정책으로 인해 출산율이 낮아지면서 가족의 규모도 다시 해마다 줄어들어서 1990년대 초에 이르기까지 거의 20년 동안에 가족 수는 이전에 비해 약 1명이 줄어든 규모인 3.8명 정도 수준을 유지하게 되었다. 2011년 현재의 중국 가족 수는 평균 3.02명 정도이며, 이렇게 볼 때, 가족원 규모의 변화는 상대적으로 느린 것을 알 수 있는데, 1990년대에 핵가족이 증가하면서 이러한 완만한 변화 추세가 나타나고 있다.

이런 변화의 양상으로 볼 때, 대약진 운동이 진행된 특수한 시기를 제외하면, 중국 가족의 규모는 해방 이후부터 1970년대 중반까지는 지속적인 성장 추세를 보였다고 할 수 있다.

거시적으로 보면, 신중국 건설 후 정치가 안정되고 국내에서 전쟁이나 동란으로 인한 사망 때문에 가족 수가 감소하는 현상은 다시 발생하지 않았던 셈이고, 경제도 안정되게 발전하고 곡물 생산량도 점차 증대된 때문이다. 더불어 의료위생, 보건 사업의 발전도 이루어져서 국민들의 건강 수준이 점차 좋아지면서 사망률이 감소한 것도 한 원인이 되었다.

미시적 시각에서 한 가정을 대상으로 보면, 가족 수의 크기에 영향을 주는 주요 요소는 혼인, 출생, 사망 및 가정의 분가(分家)와 합가(合家)에 달려 있다. 1950~60년대 발생한 가족 규모의 확대는 우선 자녀수의 보편적인 증가에 기인한 것이다. 중국에서 1950년대와 60년대에 출생한 사람들은 보통 4~5명의 형제나 자매가 있는 것이 상당히 보편적이다.

일부에서는 개혁개방 초기에 농촌에서 농가경영에 일부 사영(私營)을 인정했던 가정연산승포책임제(家庭聯産承包責任制; 가정 단위의 농업생산책임제)가 가족의 규모를 확대시켰다고 주장한다. 그러나 이것을 실행한 후 가정이 확대되거나 연합되는 추세는 나타나지 않았다. 한 조사에 따르면, 1978년에서 1986년 사이에 합가로 인해 가족 수의 증가한 경우는 상해 인근에서 1.8%, 북경 근교에서 2.6% 정도에 불과하다고 한다.

최근에 연해지역의 도시가 발전하여 노동력을 유인하고, 기존의 이중호구제가 약화되는 조짐을 보이면서 대량의 노동력을 유출하는 농촌에서는 가족의 합가(合家)현상이 출현하고 있기도 하다. 즉 젊은 층이 대거 농촌을 이탈하면서 농지를 경작하고, 남겨진 자녀들을 돌보는 가사 노동을 나이든 부모들이 맡게 되면서, 부모나 형제자매의 가족이 함께 자고 먹으며 대가족처럼 지내는 양상이 나타나고 있다고 한다. 그러나 이러한 과도기형 대가족은 일단 외지에서 임시직으로서의 상황을 마감하게 되면 다시 변하게 될 임시 대가족 형태로 보아야 할 것이다.

(3) 가족 유형의 변화

현대 중국에서 가족유형 중 그 비율이 가장 높은 것은 핵가족 형태로서, 1980년대 초에 이미 전국적으로 70%를 넘고 있다. 핵가족의 비율은 1982년에 시 지역에서 73.3%, 현 지역에서 70.5%이며 전국적으로 71.3%를 점하였다. 이외에 직계가족이 20%에 조금 못 미치는 구성비를 보였으며, 연합가족은 4.%%, 독신가족의 비율은 5.5%선 이었다(중국인구연감, 1990: 108).

2001년에 중국에서 독신으로 이루어진 단독가구의 비율은 7.8%인데, 도시와 농촌 지역간에 어느 정도의 차이가 있어서, 도시지역에서는 그 비율이 9.3% 정도인데 비해 농촌지역에서는 6.8%이다.

그 이유는 농촌에서 직업을 좇아 혼자 이주한 젊은이들도 있지만, 근래 도시 거주인의 이혼율이 상승하고 있는 점도 한 몫을 한다. 도시에서는 스스로 원한 독신주의도 독신가족 구성의 또 다른 부분을 이룬다. 즉 도시의 단독가구 비율이 높은 이유로는, 대학 및 전문대 졸업생들의 도시 직장생활, 농촌 민공조의 도시 유입, 자원(自願) 독신, 이혼 독신 등이 주요 요소이다. 또한 평균수명이 늘어나면서 노인들이 배우자를 잃은 뒤 독신으로 사는 비율도 상당히 높은 비율을 차지하고, 그 중에는 여성이 남성보다 훨씬 많다.

한편, 농촌에서의 독신가구는 주로 독신 노인과 상대를 찾지 못해서 결혼을 하지 못한 남성들에 의해 이루어진다.

| 표 5-5 | 2001년 전국 시, 진, 구 가정유형분포

	단독가구	부부가구	2대가구	3대이상 가구	기타구성 가구
시	9.2	16.5	57.1	12.1	5.1
진	9.4	14.3	58.3	13.0	5.0
구	6.8	10.7	57.7	19.5	5.3
총계	7.8	12.7	57.6	16.6	5.3

출처 : 『중국인구, 통계연감 2002』. 중국통계국. p. 280 〈표 11〉에서 재구성

이렇게 볼 때, 중국사회에서 독신가구의 배경에는 직업을 위한 이동, 이혼, 노인층의 사별 등이 큰 요인이다.

농촌 인구가 대규모로 도시로 이동하는 민공조(民工潮) 현상이 늘어나면, 앞으로 중국사회에서 독신가정을 더 증가시킬 수도 있다. 이동의 주체는 주로 농촌 청년들이며, 타지에서 임시로 일을 하거나 장사를 하는 미혼청년 중 상당 부분은 독신가족을 이룬다. 그러한 비율은 주로 화이트 업종에 종사하는 대학과 중전(中專) 졸업생들이 형성한 독신가족의 비율보다 낮지 않다고 알려져 있다.

1990년 인구센서스에 따르면, 독신가족의 구성 중에 60세 및 그 이상이 44.3%를 차지하는데, 이는 전체 독신가구 수의 절반이 넘는 약 9백만 가구에 해당했다.

인구의 노령화에 따라, 노인들의 수명이 연장되고 노인 인구가 증가하면서, 노인 독신거주 가구는 상대적으로 증가할 수밖에 없다. 중국정부의 '한 자녀 갖기' 산아제한으로 인해, 80년대 이후 오직 한 자녀만을 둔 가구의 비율이 전체 가구의 반 이상이 되었는데, 이렇게 한 자녀를 양육한 사람들이 그 자녀를 출가시키면, 모(母) 가정은 둥지가 빈 가정이 되는 것이고, 한편 상배(喪配)를 당하면 독신가족이 되는 것이다.

2010년 인구센서스에 의하면 미혼 독신가족은 독신가구 총수의 1/3을 넘는다. 그 중에 남성 독신가구가 절대 다수이며, 30세 이상 연령층의 미혼 독신가구 비율도 20% 이상이다. 중국의 인구는 왜곡된 성비로 인해, 일부 남성은 배우자를 얻지 못하고 할 수 없이 독신생활을 해야 할 처지이다.

최근 중국사회에서 이혼율은 계속 빠른 속도로 증가해 왔다. 1990년 인구센서스에서 보면, 이혼한 독신가족의 비율은 6.2%였는데 2010년에는 20%를 넘었다.

전통적으로 중국에서는 연합가족이 이상적인 가족 모델이며, 주로 부유층에서 선호하던 가족 유형에 해당한다. 1949년 이전 중국 도시의 연합가족의 구성비는 약 8%였지만, 신중국 건설 후 연합가족의 비율은 해마다 낮아지는 추세이다. 연합가족이 가족유형에서 차지하는 비율은 1982년에 도시의 4.9%, 농촌의 4.3%였고, 1987년에는 도시에서 4.3%, 농촌에서 4.4%였다. 농촌에서도 연합가족의 비율은 그리 높지 않으며, 매년 하락하여 현재 그 비율이 도시와 비슷하다.

연합가족이 존재할 수 있는 생물학적 조건은 한 부부가 적어도 두 명의 남자 아이를 양육해야 하는 것이지만, 산아제한 정책은 중국사회에서 연합가족이 존재할 수 있는 기초를 약화시켰다. 한편 시(市)나 진(鎭)에서 새로 건설한 주택들은 소규모 가족의 주거에 적당한 것이지 연합가족이 사용하기에는 부적당하여, 가족의 분리를 촉진시키기도 하였다. 연합가족의 내부 구성을 보면, 실제 둘 이상의 핵가족이 분립된 형태이다.

(4) 중국 가족의 분가와 노인부양

1) 분가 방식

가족의 분가 방식은 핵가족과 직계가족을 형성하고, 그 비율을 결정하게 된다. 또한 양로 제도 혹은 양로 방식은 가족의 분가 방식과 밀접한 영향이 있다. 중국에서 가정양로는 아주 오랫동안 지켜져 내려온 전통적인 양로 방식이다.

중국에서 비교적 보편적인 분가방식은 큰 아들이 결혼 후 얼마 안 되어서 신접살림을 차리고, 그 부모와 남은 자녀들은 함께 생활하며, 막내가 계속 부모 주변에서 부양하는 것이어서, 위의 아들들이 분가하고 남은 재산도 막내에게 돌아가며, 다른 아들들은 기본적으로 양로비를 부담하지 않는다.

이런 분가방식은 결혼 후 여자가 남자의 가정에 귀속하는 가부장제 규범 하에서, 모 가정에 N명의 아들이 있는 상황에서는 N-1개의 핵가족과 하나의 직계가족을 이루게 된다.

한편 또 다른 보편적인 분가 방식은 형제 간의 이익 균형 원칙에 따라, 노인 부양의 지출을 같이 부담하는 것이다. 두 아들이 있는 모 가정이 있다고 할 때, 아들들의 결혼 후 분가 시에 부친은 큰 아들과 함께 살고 모친은 막내와 살면서, 두 가정이 각기 한 노인을 모시며 일체를 관리하는 형태이다.

이 분가방식에 따르면, 아들의 수가 두 명일 때 2개의 직계가정이 생기고, 아들의 수가 $N \geq 3$일 때에는 N-2개의 핵가족과 2개의 직계가족이 형성되는 셈이다.

이런 분가 방식은 노인에게는 여러모로 잔인한 것이다. 장점이라면, 막내와 동거함으로 인해 발생하는 두 가정의 이익 불균형으로 인해 형제 간에 발생하는 모순을 면할 수 있고, 양로와 사람 손이 필요한 문제를 해결할 수 있다는 것이다. 그런데 이런 분가방식이 중국사회에서 1970년대 및 1980년대 초기까지 성행했던 이유는, 당시의 인구 및 경제상황이 반영된 결과이다. 당시 농촌의 경제적 조건은 매우 나빴

으므로, 주택부족과 노인부양을 걱정할 상황이었을 뿐만 아니라, 한편으로는 노인 노동력을 가사노동이나 혹은 손자 돌보기 등에 이용할 필요가 있었던 것이다.

중국사회의 개혁개방 이후, 앞에서 언급한 두 가지 분가 방식은 그다지 타당하지 않게 여겨져서 노인들이 독립하여 가정을 형성하는 경우가 늘어났다. 그러나 노인들의 단독생활은 사회보장제도가 아직 확립되지 않은 농촌에서는 더욱 곤란한 점이 많다.

한편 '한 자녀 갖기 운동' 이후 출생한 독생 자녀들은 앞으로 여러 가지 새로운 형태의 가정을 형성할 것으로 보인다. 예를 들어, 젊은 부부가 교대로 쌍방의 부모와 공동생활을 하고 쌍방 부모의 가정에서 각기 자신의 침실을 갖고 때로는 자신의 독립 공간을 마련하는 '유동식 가정'이 등장하고 있다. 또한 우리나라에서도 등장한 유형으로서, '연합식 가정'도 있다. 이 형태는 젊은 부부와 쌍방 부모가 모두 독립된 주거를 갖고 있지만, 상대적으로 거리가 가깝고 서로 간에 빈번한 왕래를 하여 생활상의 배려와 감정상의 교류를 유지하는 형태이다.

2) 노인 부양

우리나라와 마찬가지로, 중국에서도 가족이 노인부양을 담당하는 것은 오랜 전통이다. 그러나 근래 중국정부는 빠르게 고령화가 진행되는 상황 속에서 노인부양을 위한 사회보장제도의 필요성을 인식하고 있다.

최근 몇 년간 경제발전의 속도가 빠른 지방에서는 양로보험 제도가 실시되기 시작했다. 농촌사회 양로제도의 실시와 개선은 노인들이 자녀에게 의존하지 않도록 하고, 따라서 핵가족의 비율을 높이는 한편 직계가족의 비율을 낮추는 것이다. 한편 농촌 노인들과는 다르게, 도시지역에 거주하는 노인들의 노후 경제보장은 주로 퇴직금과 연금에 의존하며, 따라서 이들은 자녀를 출가시킨 뒤, 공소가족이 되어서 부부가 핵가족을 구성한 비율이 상대적으로 높다.

제6장

경제, 산업과 직업

1. 경제
2. 산업
3. 직업

1. 경제

(1) 개혁개방과 경제성장

1) 경제성장률

중국은 1978년 개혁개방 이후 매우 높은 경제성장률을 기록하면서 세계의 주목을 받고 있다. 하지만 아래 표에서 보듯이 1978년 이전까지도 연평균 국내총생산(GDP) 성장률은 11.8%를 기록한 것으로 나타나고 있다. 그러나 오랫동안 중국의 통계가 과장되어 왔다는 점과 개혁개방 이전까지의 경제성장은 주로 농업 중심의 1차 산업에서 이루어진 점을 염두에 둔다면, 1978년 이전의 경제성장과 이후의 경제성장을 같은 차원에서 비교하기는 어렵다.

| 표 6-1 | 연도별 경제성장률(GDP) (단위: %)

	1953–1977 평균	1980	1985	1990	1995	2000	2005	2010
경제 성장률	11.8	7.8	13.5	3.8	10.5	8.0	9.9	10.3

출처 : 『중국통계연감 2012』. 중국통계국에서 재구성

일부에서는 최근 중국의 고도경제성장에 대해서도 그 통계적 진실성에 대해 여전히 회의적이다. 2002년 노벨상 수상자인 로렌스 클라인(Lawrence Klein) 교수는 1997년에서 2000년까지의 4년간 중국의 실제 경제성장률은 평균 4.7% 정도라고 평가하는데, 이는 중국정부가 발표한 숫자보다 무려 3% 이상 낮은 수준이었다. 중국 경제 전문가인 로스키(Rawski) 교수도 1997년부터 2000년까지의 중국 에너지 소비율 증감과 소비자 물가 및 취업률 추이를 분석한 결과, 4년간 중국의 경제

성장률을 평균 3~4%로 보는 것이 타당하다고 주장했다. 최근 중국의 경제성장은 주춤한 양상으로 2013년에는 7.7%로 낮아졌다.

2) 경제규모

1952년 중국의 국내총생산(GDP) 총액은 679억 위안(元) 이었는데 1978년에는 3,645억 원으로 증가하여, 26년간 약 6배 증가하였다. 그러나 개혁개방 이후 빠른 경제성장에 힘입어 2010년에는 국내총생산 총액이 40조1,513억 위안(元)에 달하게 되었고, 이것은 GDP가 32년 만에 110배 증가한 것을 나타낸다. 참고로 2010년 중국 GDP 총액은 한국 원화로 환산할 때, 약 7,300조 원에 해당하며, 이는 우리나라 2010년 GDP 총액인 1,200조 원에 비교할 때 약 6배의 규모인 것이다. 2000년 중국 GDP 규모는 한국의 3배 규모였는데, 10년 만에 그 격차를 다시 두 배로 늘린 셈이다.

| 표 6-2 | 국내총생산(GDP) 총액과 1인당 GDP의 변동

연도	GDP 총액 (억 元)	1인당 GDP (元)
1952	679	119
1978	3,645	381
1980	4,545	463
1985	9,016	858
1990	18,667	1,644
1995	60,794	5,046
2000	99,215	7,858
2005	184,937	14,185
2010	401,513	30,015

출처 : 『중국통계연감 2012』, 중국통계국.

중국 국민의 1인당 GDP는 1978년에 381위안(元)에 불과했으나, 2010년에 30,015원으로 80배 증가했는데, 이를 한국 원화로 환산하면 약 550만 원에 해당하며, 2010년 우리나라 1인당 GDP인 약 2,400만 원에 비해서는 약 4분의 1인 셈이다.

3) 경제활동인구

중국의 총인구가 1953년의 6억 명에서 2010년의 13억 4천만 명으로 증가하는 동안에, 만 15세 이상부터 64세 이하에 해당하는 노동력인구의 비율은 60%선에서 75% 선으로 증가해왔다.

이 기간 중, 경제활동인구의 비율도 증가하였는데, 1953년의 61.4%에서 1982년에는 73.7%로 증가하였고, 1990년에는 87.9%까지 높아졌다. 2010년 경제활동인구는 7억 8천만 명으로, 이는 노동력인구의 78.4%이며, 전체 인구의 58.5%에 해당한다.

| 표 6-3 | 경제활동인구의 변화 (단위: 천 명, %)

	1953	1982	1990	2000	2010
총인구	594,350	1,008,180	1,133,680	1,265,830	1,340,910
15~64세 인구 (노동력 인구 비율)	352,598 (59.3)	620,031 (61.5)	743,062 (66.7)	887,980 (70.2)	999,380 (74.5)
경제활동인구 (경제활동참가율)	216,790 (61.4)	456,740 (73.7)	653,230 (87.9)	739,920 (83.3)	783,880 (78.4)

출처 : 『중국통계연감 2012』에서 재구성

4) 개혁개방정책과 경제특구

현재 중국이 누리고 있는 빠른 경제성장은 1978년부터 시작된 개혁개방 정책과 이를 바탕으로 연해지역에 경제특구를 두기 시작한데서 기인한다. 마오쩌둥 사후,

실용주의에 입각하여 중국의 경제를 발전시키기 위해 덩샤오핑이 취한 개혁개방 정책은 경제특구를 설치하는 것으로 구체화되기 시작하였다.

경제특구는 1980년 전국인민대표대회가 '광둥성 경제특구 조례'와 '푸젠성 경제특구 조례'를 각각 비준, 공포함으로써 법적 근거를 얻게 되었으며, 1980년 광둥성의 선전(深圳)을 필두로 주하이(珠海) · 샨터우(汕頭) 및 푸젠성의 샤먼(廈門)이 경제특구로 지정되었다. 덩샤오핑은 1984년에 친황다오, 텐진, 다롄, 옌타이, 칭다오, 롄윈장, 난퉁, 상하이, 닝보, 원저우, 푸저우, 광저우, 잔장, 베이하이 시 등 연안의 14개 도시를 추가로 경제개발구로 지정하고 경제특구와 같은 수준으로 우대 정책을 시행했다. 1987년에는 하이난다오(海南島)가 특구로 추가되었다.

당시로는 해안가의 벽촌에 불과했던 이들 지역이 경제개방 특구로 지정된 배경에는 이들 지역이 홍콩이나 타이완과 지리적으로 인접해서, 화교(華僑) 자본을 비롯한 해외 자본을 유치하기에 상대적으로 유리하다는 점과 더불어, 혹시 개방 실험이 실패하더라도 국가경제 전체나 개혁-보수파 간의 파워게임에 큰 영향을 미칠 우려가 없다는 점이 고려된 것이다.

당시 중국 중앙정부가 구상한 경제특구의 미래는 배후지역과 유기적 연계를 가진 국제규모의 대도시였다. 경제발전을 위해 필요한 인프라를 구축하고 개방정책의 제도 정비를 통해 외자 유치를 확대하고, 이들 지역을 화남(華南) 경제권의 중추 도시들로 육성하면서, 이를 기반으로 배후의 낙후지역과 권역내 분업체계를 이루려고 했던 것이 그 핵심이었다.

실제로 이들 경제특구는 매우 빠른 속도로 발전하여, 내륙지역에 대한 자금과 상품의 중계기지이면서 자체 소비도시로서, 나아가 해외 진출의 창구 역할을 성공적으로 담당하고 있다.

한 예로, 홍콩과 인접한 선전의 경우는 애초 20세기 말까지 역내 총생산 100억 달러를 목표로 했었지만, 특구 설치 5년만인 1984년에 그 목표를 달성했고, 2000

년에는 총생산액이 1,300억 달러에 이르게 된다. 이러한 성공의 배경에는 국유토지에 대한 유상 사용권 실시, 기업 주식제 개혁, 노동계약제 실시 등 시장경제 지향적인 정책이 있다. 선전의 경우는 1985년에 외환시장이 처음 문을 열었고, 1991년에는 상하이에 이어 주식시장이 개설되었다.

5) 사영기업과 외자기업

중국경제의 빠른 성장에는 개혁개방 이후 등장한 사영기업과 외국인 투자기업의 기여가 절대적이라고 할 수 있다.

사영기업은 피고용자 수가 8명 이상인 개인기업을 지칭하는데(개체호는 8명 미만인 기업에 해당), 1980년대 이후 매년 30% 내외의 높은 성장률을 기록해서 2012년 그 수는 1천만 개에 육박했다. 2000년에 국유기업, 집체기업, 사영기업 각 부문이 국내총생산(GDP)에서 기여한 비율은 각각 38%, 12%, 50%였다. 사영기업의 공업 총생산량 점유율은 1993년에 50%였던 것에서 1998년에는 70% 이상으로 늘었다. 고용 측면에서도 이미 2000년에 사영기업은 1억 명 가까이 고용하고 있어서, 국유기업의 피고용인 수에 육박하고 있다.

개혁개방 초기인 1980년대에 사영기업들은 주로 국유기업의 틈새시장이나 노동집약적인 경공업 소비재 부문에 진출함으로써, 국유기업과 직접 경쟁을 벌이지는 않았다. 그러나 1990년대에 들어와서는 자본과 기술의 축적에 힘입어, 국유기업이 독점하던 영역으로까지 진입하면서 국유기업과 정면으로 경쟁하는 양상을 보이고 있다.

이런 가운데, 제도금융권 밖에서 자금을 조달해야 하는 사영기업주들은 해당 당국자들과 결탁하거나 탈세, 탈법을 저지르기도 해서, 사영기업이 부패의 온상으로 인식되기도 했다.

그러나 사회주의 시장경제를 지향하는 중국에서, 사영기업들은 일자리 창출과 실업률 축소, 국유기업 개혁 자극, 신기술 개발을 통해 중국의 시장경제 발전을 앞당기는 역할을 한다. 이에 따라, 1997년 제15차 인민대표대회에서는 비공유제 부문을 '사회주의 시장경제의 중요 구성부분'이라고 규정함으로써 마침내 사영기업은 공식적 지위를 부여받게 되었다.

1978년 개혁개방 이후 2001년까지 중국에 투자한 해외기업은 38만개에 달했다. 2010년에 외자기업에 의한 수출입 총액은 중국 전체 수출입의 50%에 달했다.

중국은 현재 미국에 이은 세계 2대 투자유치국이며, 초기에는 저렴한 노동력을 이용할 수 있는 분야에 투자가 집중되었으나, 점차 정보통신을 비롯한 자본·기술 집약적 분야로 투자가 이전되고 있다. 즉 외자기업들은 초기의 가공수출 위주에서 내수시장 위주로 투자전략을 바꾸고 있으며, 투자형태에 있어서도 초기에는 주로 중국 기업과의 합작을 위주로 하였으나 점차 외국 기업 단독의 독자(獨資)기업으로 투자하는 비율이 증가하고 있다.

(2) 경제관련 문제

중국의 빠른 경제성장 이면에는 여러 가지 부작용과 문제가 노출되고 있다. 가장 큰 문제는 경제성장에 따른 분배의 불평등으로 인해 지역별, 계층별 불평등이 심화되고 있다는 점이며, 이에 대해서는 다음 장에서 자세히 살펴본다. 경제적 불평등 이외에도 중국경제는 국유기업의 부실과 이로 인한 국유은행의 동반 부실 문제, 국유기업의 구조조정 과정에서 드러나기 시작한 높은 실업률의 문제 등을 안고 있다.

1) 국유기업과 국유은행의 부실문제

신중국 성립 이후 중국은 사회주의적 생산·분배 원칙에 따라 모든 생산수단을 단기간에 걸쳐 국유화하였고, 계획경제에 따라 국유기업들에 대해 생산성과 무관하게 생산량을 할당하고 직원을 배치하였다. 생산비용은 전부 국가의 재정으로 충당하였고, 이 과정에서 국가가 설립하고 장악하고 있던 국유은행을 통해 국유기업들에 대해 재정투자를 하도록 하였다.

개혁개방 이후 이들 국유기업의 대다수가 생산성의 저하로 인해 사기업이나 외자기업과의 경쟁에서 밀리게 되면서 중국 정부는 1990년대 들어서서 대규모로 국유기업의 개혁(구조조정)에 나서게 되었다. 그 과정에서 많은 국유기업이 도산하거나 실질적인 운영 중단사태에 몰리게 되었고, 수많은 노동자들이 해고되어 샤깡(下崗) 노동자로 배출되었다.

1990년대 중반 이후 중국 국유기업의 급격한 개혁은 대규모 실업에 따른 사회불안정과 정부의 경제 조절능력 상실을 초래한 것으로 지적된다. 국유기업은 중앙정부가 51% 이상의 소유권을 가진 기업으로, 지방정부에 소유권이 있는 집체기업이나 향진기업[6]과는 구분된다. 중국의 국유기업은 대규모 기업만 있는 것이 아니어서, 대부분 소규모에 수가 지나치게 많은데다 과도하게 분산된 특징을 갖고 있다.

2000년 현재 연 매출 500만 위안 이상인 것으로 집계된 국유기업은 6만 여 개로서, 이러한 국유기업들은 국가 기간산업 뿐만 아니라, 식품, 방직, 무역, 요식업 등 일반 산업분야에까지 광범위하게 분포하고 있었다.

비효율성과 적자는 국유기업 문제의 핵심이며, 2000년 현재 전체 국유기업의 30% 이상이 적자 상태였고, 또 다른 30%는 잠재적 적자 상태에 놓여있는 것으로 분석되었다. 중국의 국유기업들이 노출하고 있는 비효율성의 원인은 그간 국가에 의한 독점구조의 산물로서 시장이 존재하지 않은데서 초래된 비경쟁성과 더불어 관료주의에 기인한 경영부실이 일차적인 책임이다. 국유부문의 관리자들은 기업운영의 효율성과 무관하게 정부지원에 의해 안일한 운영을 해왔을 뿐만 아니라, 각종

6) 향이나 진에 설립된 농촌기업으로, 우리나라의 새마을 공장과 유사함.

경제적 비리와 부패의 온상으로 비판받기도 한다.

한편 기업이 안고 있는 사회적 부담이 국유기업 적자의 또 다른 주 원인이다. 중국의 국유기업은 지금까지 사회주의 노동정책에 따라 과잉노동력을 배치받아서 수용하고 있는데, 임금 이외에 종업원들에 대한 주택과 의료 등 사회복지에 해당하는 광범위한 부담을 떠안았다. 대체적인 분석으로 볼 때, 전체 종업원의 3분의 1 이상에 달하는 유휴인력을 고용하고 있으면서, 여기서 발생하는 적자를 보전하기 위해 정부로부터 지원받는 정책성 보조금만도 매년 1,000억 위안에 이르러 국가재정 운영에 큰 부담이 되고 있다. 이러한 적자 규모는 개혁개방 이후에도 지속적인 확대 추세를 보여 온 것이다.

1990년대 중반 들어 중국 정부의 국유기업 개혁정책은 '큰 것은 남기고, 작은 것은 버린다'는 것으로 정리됐다. 국민경제의 관건이 되는 대기업은 국유 상태로 남기면서 현대적 기업으로 재정비하고, 다수의 작은 기업은 민영화한다는 것이었다. 이에 따라 정부는 1998년부터 3년 만에 대·중형 국유기업의 경영 상태를 기본적으로 정상화한다는 계획을 밀어붙였다. 2000년까지의 공개된 개혁실적을 보면, 기업 합병·파산 1,800여 건, 중소 국유기업 민영화 4만여 개, 기업공개(증시상장) 300여 개 등이다. 중국 정부의 발표에 따르면, 2000년까지 6,500여 개의 대·중형 국유기업 중 70% 이상이 적자 상태를 벗어났다고 한다.

하지만 이 같은 표면적 성과에도 불구하고, 국유기업 개혁이 기업의 자발적 노력에 의해서가 아니라, 정부의 주도와 정책적 지원 아래서 이루어졌다는 점에서 여전히 한계가 있다. 더구나 개혁을 거친 기업이라도 여전히 현대적 기업구조가 정착되었다고 보기는 어려우며, 따라서 대부분 시장경쟁에 취약한 것으로 여겨지고 있다.

이 과정에서 다수의 국유기업이 민영화되었지만, 수많은 국유기업들에서 오랜 기간에 걸쳐 누적되어 온 대규모 적자는 결국 국유기업들에 대한 국유은행들의 부실대출로 이어져서 중국경제의 발목을 잡는 복병이 되었다. 중국에서 국유기업의 개혁은 국유은행의 경영 악화와 밀접한 연쇄 고리를 맺고 있는 것이 현실이다.

더불어 사영기업의 팽창에 따른 민간부문의 사회적 자본의 힘은 정치권력과 관료적 이익에 대항함으로써, 국유 부문에 대한 더한 개혁 압력으로 작용하고 있다. 2002년 중국의 WTO 가입은 경제의 국제화를 위해 불가피한 선택이지만, 결국 국유기업과 은행이 첨예한 국제경쟁에 노출되게 하였고, 이에 따른 구조조정은 실업률은 더욱 악화시키는 요인이 되었다.

현재 중국의 국유은행들이 안고 있는 문제는 대규모의 불량채권과 취약한 내부시스템에 있다. 4대 국유 상업은행, 즉 중국(中國)은행, 공상(工商)은행, 농업(農業)은행, 건설(建設)은행의 불량채권 비율은 2001년 말 중국정부의 공식 집계로 26.3%에 이른다. 국제 평가기관인 무디스는 그 비율을 적어도 35%에서 많게는 70%에까지 이르는 것으로 추산했다.

이처럼 높은 불량채권이 발생한 근본적인 원인은 비효율적인 국유기업에 대한 정부의 정책자금 지원 때문이지만, 시장경쟁에 노출된 적이 없었던 중국 국유은행들 자체의 비효율성도 한 몫을 했다.

중국 정부는 1986년부터 일반 상업은행의 설립을 인가하기 시작해서, 중국 초상(招商)은행과 교통은행이 세워졌고, 그 이듬해에도 여러 은행이 새로 문을 열었다. 하지만 개혁개방 이전에는 물론이거니와, 개혁개방 이후에도 최근까지 중국의 국유은행은 예금과 대출, 외환관리를 비롯한 신용활동을 독점해왔다. 2000년에 4대 국유은행이 흡수한 예금은 개인저축의 90%를 넘고 있다. 이러한 독과점 현상은 지금까지 정책금융을 정부 금융정책의 골간으로 해왔던 정부가 민영은행과 비은행 금융기관에 대해 엄격한 규제와 진입 통제를 해온 덕분이다. 주룽지 전 총리는 1999년 은행 개혁을 위한 중대한 조치로 자산관리공사를 설립하고, 2000년에는 은행 구조조정을 하면서 1천5백억 달러 이상의 악성부채를 탕감했다. 그러나 실제로 유동성 지급 부족 문제를 안고 있다고 평가되는 중국 국유은행의 구조조정 지연은, 시장에서 도태되어야 할 금융 기관이지만 국가 소유이기 때문에 망할 수 없다는데 더 큰 문제가 잠재되어 있다. 중국 경제의 '판도라 상자'가 바로 국유은행 문제라는 지적은 바로 그 때문이다.

은행 내부자에 의한 자금 유용과 부당대출 등이 사회문제로 지적된 것이 오래 전부터의 일이며, 신용평가 및 위험관리 능력이 부족하고 자본시장에 대한 지식이 결핍된 것이 중국 은행의 현실이다.

이에 따라 중국 국유은행의 개혁은 크게 네 가지 방향으로 전개되고 있는데, 불량채권 해결과 국유은행의 국내 증시 상장, 신용평가 및 대출시스템의 정비, 금융의 그룹화 등이다.

2) WTO 가입에 따른 세계경쟁 문제

중국은 개혁개방 이래 공업화를 가속화하면서 국민경제 시스템을 재조직하고 국내 시장시스템을 빨리 확립했다. 이 과정에서의 산업구조 조정, 특히 2, 3차 산업의 발전은 중국 노동력이 이들 산업으로 전환되는 조건을 창출했다.

그러나 2002년 중국의 WTO 가입에 따른 대외개방은 또 다른 대가를 요구하고 있다. 중국 국민경제의 지주였던 다수의 국유 기업들이 경쟁력 상실로 인해 국가의 재정지원에 의존한다는 점은 위에서 언급하였다. 상당수의 기업은 설비와 기술이 낙후되고 종업원들의 자질이 낮을 뿐만 아니라, 생산권이 불확실하고, 경영관리 체제가 경직된 점 이외에도 경쟁의식의 결여와 경험 부족 때문에 쉽게 국제 경쟁력을 갖추기 어려운 형편이다.

한편 대외 개방에 따른 교류 확대는 자본, 기술, 관리방식, 상품뿐만 아니라 생활양식 등 내면의 문화 가치관도 포함한다. 경제발전과 밀접한 관계가 있는 사람들의 소비양식이 빠르게 변하고 있지만, 소비구조는 산업구조와 상호 제약적인 관계에 있기 때문에, 양자가 자원의 효율적인 배치에 따라 어떻게 조화를 이룰지도 문제이다.

2010년대에 들어와서는 기존의 투자와 수출 의존 경제성장의 한계가 부각되면서 내수 소비중심 성장모델로의 전환을 모색해야 하는 부담을 안고 있다.

3) 거대한 외자도입과 재정적자 문제

중국 경제의 경이적인 성장은 거대한 외자 유입에 따른 것이기도 하다. 최근 수년간 연평균 수백억 달러에 달하는 외자가 도입되고 있다. 2002년 현재 중국은 누계로 4천억 불 이상의 외자를 도입했고, 총 40만 개의 외자기업이 중국에 설립되어 중국경제의 일익을 담당하고 있다. 베이징은 그 산업의 절반이 외자에 의해 지탱되고 있다는 분석도 있다.

이러한 중국의 경제정책은 결국 적자재정을 확대하게 되어, 2002년 중국의 재정적자는 3천억 위안을 넘어서서 GDP 대비 3%를 넘는 비율이다. 그럼에도 불구하고 문제는, 브루킹스연구소의 라디(Lardy)가 지적한 것처럼, 1990년부터 1998년까지의 8년간 중국에서 생산된 총생산의 42%가 실제로는 재고라는 분석이다. 재정적자와 거액의 불량채권을 안고서 대량의 재고를 계속 만들어 내고 있는 것이 중국 경제의 실상이라는 지적이다.

4) 미발달된 자본시장 문제

선전과 상하이에 증권거래소가 설립된 지 20년 여가 되었지만, 거시경제의 척도라고 볼 수 있는 중국 증권시장의 상황은 여전히 복마전과 같다. 초기에 수많은 인민들이 증시에서의 일확천금을 노리고 주식을 사기도 했고, 여러 부자가 탄생하기도 하였지만, 중국의 자본시장은 투명성과 합리성을 결여하고 있다.

2001년에 중국은 7.3%라는 놀라운 경제성장을 달성했지만, 상하이 증권거래소지수는 반년 동안에 무려 40%가 하락했다. 경이적인 경제성장을 누리면서도 주가가 폭락하는 유래없는 불가사의한 현상이 나타난 것이다.

5) 실업문제

우리나라의 '철밥통'이라는 개념과 마찬가지로, 중국에도 '티에판완(鐵飯碗)'이라는 표현이 있다. 또한 '큰 밥솥을 지어 함께 나눠 먹는다'는 의미를 갖는 따궈판(大鍋飯)'이라는 용어도 있는데, 이 두 단어는 사회주의 중국에서 근로자들의 종신고용 보장과 평균주의적 임금제도를 지칭하는 뜻으로 사용되어 왔다.

과거에 국가에 의해서 모든 노동력에 대해 직장이 배분되고, 종신고용이 보장될 뿐만 아니라 은퇴 후의 생계도 책임져주는 중국식 사회보장제도를 대변하는 용어가 '티에판완'인 셈인데, 이런 제도가 구현된 장소는 '딴웨이(單位; 단위)'이다. 중국에서 단위란 도시 노동자의 절대 다수를 고용했던 개별 국유기업 및 각급 정부 부문뿐만 아니라, 농민 노동자를 안고 있던 인민공사를 포함한 모든 직장을 의미한다.

그런데, 앞에서 지적했던 중국 국유기업 단위의 생산성 저하는 바로 티에판완과 따궈판의 산물이라고 할 수 있다. 효율성을 무시한 채로, 과잉 노동력을 배치받아 이들에게 능력과 성과에 무관하게 임금을 지급하고, 평생을 보장하는 제도로는 생산성을 유지하기 어려웠던 것이다.

개혁개방 이후, 수많은 국유기업들이 경쟁력을 상실하여 파산하고 민영화되면서, 현대적인 기업제도 정착을 위한 국유기업 개혁이 이루어지게 되었는데, 이로 인한 철밥통의 파괴는 대규모 샤깡(下放)과 실업으로 나타났다. 샤깡이란 명목적인 인사관계로는 국유기업 단위의 노동자 지위를 유지하고 최저생활비를 지원받지만, 실제로는 일을 하지 않는 신분 즉 해고의 전 단계를 말한다. 현재 중국에서 샤깡 노동자는 2년 이내에 새로운 직장을 구하지 못할 경우, 완전한 실업자가 될 뿐만 아니라 기존의 단위로부터 최저 생계비도 지원받지 못하게 된다.

국유기업의 인력방출 규모는 개혁개방이 시작되던 1978년에 전체 도시 취업자의 78.3%를 차지했던 국유기업 노동자 비율이 1990년에 62.3%, 1995년에 59%, 2000년에는 40% 아래로 떨어진 데서도 추정해 볼 수 있다. 1998년에서 2001년 사이의 4년 간에도 2,550만 명에 이르는 국유기업 노동자가 샤깡을 당한 것으로 알려지고 있다.

그런데 국유기업 개혁과정에서 방출된 대부분의 샤깡 노동자들은 나이가 많거나 전문기술이 없는 경우가 많아서 실제 재취업이 어려운 상황이다. 1998년에 50%였던 샤깡 노동자들의 재취업률은 2000년에 35%, 2001년에는 10% 이하로 크게 떨어졌다. 결국 재취업에 실패한 대다수 근로자들이 실업자가 되는 것이다.

중국에서 2001년에 발표된 도시 노동자 공식 실업률(등록된 실업자 기준)은 3.6%였지만, 재취업을 기다리는 샤깡 노동자 650만 명과 여전히 전체 국유기업 노동자의 3분의 1에 달하는 것으로 추정되는 잉여 노동력을 포함하면, 실제 도시 실업률은 20%에 달한다고 보는 추정이 무리가 아니다. 아울러 매년 800만 명에 달하는 신규 노동력의 노동시장 진입은 기존 취업자에 대한 해고 압력을 가중시키고 있다.

시장경제와 효율성 원리를 따를 수밖에 없는 상황에서 이루어진 단위의 해체와 개혁은 불가피하게 실업률의 급격한 증가를 초래하였고, 사회 안정의 위협요인으로 대두하고 있다. 단위의 평생보장을 대체할 새로운 사회보장체제가 단위 해체의 속도를 따라가지 못함으로써, 실업에 따른 사회문제는 더욱 악화되는 추세이다.

대중국투자

한국, 대중국 투자 세계 1위

우리나라가 지난해 중국에 투자를 가장 많이 한 국가인 것으로 나타났다. 한국 무역협회가 중국 상무부의 최신 통계 자료를 분석한 결과, 지난해 우리나라의 대(對)중국 투자는 62억5천만 달러로 국가별 순위에서 사상 처음으로 1위를 차지했다.

홍콩과 버진아일랜드가 각각 190억 달러와 67억 달러를 투자해 금액으론 한국을 앞질렀지만 이들은 특수 경제지역이어서 나라별로는 한국이 1위다. 한국의 중국 투자액은 2002년 27억 달러로 일본 · 미국 · 대만에 뒤졌으나 2003년(44억 달러) 미국 · 대만을 제쳤고 지난해에는 일본을 앞서는 등 해마다 급증하는 추세다.

한국무역협회 무역연구소의 양평섭 박사는 "국내에서 적당한 투자처를 찾지 못한 우리나라 기업들이 중국에 신규 투자뿐 아니라 현지 법인의 이윤을 재투자하는 방식으로 투자를 늘리고 있다"며 "반면 중국 경제의 거품 우려가 제기되면서 미국 · 대만 · 싱가포르 등의 대중국 투자는 2002년을 기점으로 조금씩 줄고 있고, 일본도 주춤한 상태"라고 말했다.

중국에 대한 우리나라의 투자 유형은 미국 등 선진국과 달리 2차산업(제조 및 채굴업)에 집중됐다. 전체의 89%가 제조업에 대한 투자였고 3차산업 투자는 7.8%에 불과했다. 반면 일본은 3차산업의 투자 비중이 17%, 미국은 29%였다.

무역협회는 지난해 말 개방된 중국의 서비스 시장에 대한 진출을 늘려 2차산업 위주의 투자에 벗어나고, 산둥(山東)성 · 랴오닝(遼寧)성 등 동부지역에 치우친 투자를 중서부 쪽으로 다변화해야 한다고 지적했다.

한편 중국도 한국에 대한 투자를 늘리고 있다. 산업자원부에 따르면 2003년 5000만 달러에 불과했던 중국의 한국에 대한 직접투자는 지난해 11억6천만 달러로 증가했다. 국내 외국인 투자 중 중국이 차지하는 비중도 2003년 0.8%에서 지난해는 9.1%로 급증했다.

지난해 중국의 자동차업체인 상하이기차가 쌍용자동차를 5억 달러에 인수했고 국영 석유업체인 시노켐이 인천정유를 5억6천만 달러에 사들이는 등 중국 기업의 국내 진출도 속도를 내고 있다.

출처 : 2005년 01월 26일 중앙일보.

2. 산업

(1) 산업별 구성

1) 생산액

① 생산액 구성의 변동

1952년에 비해 1978년의 중국 국내총생산(GDP) 총액은 약 6배 증가하였지만, 개혁개방 이후 빠른 경제성장에 따라 23년 만에 GDP가 27배 증가하면서, 2010년에는 국내총생산 총액이 40조 1,513억 위안(한국의 약 6배 규모)에 달하게 되었다.

1,2,3차 산업별로 국내총생산 구성 비율의 변동을 살펴보면, 1차 산업의 비중이 많이 줄어든 대신에, 2차 산업의 비중이 2.5배로 증가하였고, 3차 산업의 비중도 늘어난 것을 볼 수 있다. 그러나 GDP 기여도로 살펴본 중국 산업구성의 변화는 개혁개방 이후에 집중되었다고 보기는 어려우며, 1952~1978년의 기간 중에도 산업구조의 변화가 크게 일어난 것을 알 수 있다. 즉 1차 산업의 비중이 1952년 50.5%에서 1978년에 이미 28.1%로 줄어들었고, 다시 2010년에는 10.1%로 감소하고 있다. 2차 산업의 경우는 그 비중이 1952년의 20.9%에서 1978년에 이미 48.2%로 증가하였고, 2010년에는 46.7% 수준이다. 이에 비해, 중국에서 3차 산업의 구성비는 1952년의 28.6%에서 2010년 43.2%로 늘기는 했지만, 상대적으로 변화가 작은 양상이다.

2010년 현재 중국의 산업별 국내총생산 구성 비율은 1차 산업 10.1%, 2차 산업 46.7%, 3차 산업 43.2%이다.

| 표 6-4 | 산업별 GDP 변동

연도	GDP 총액 (억 元)	1차 산업(%)		2차 산업(%)		3차 산업(%)		1인당 GDP (元)
1952	679	342.9	(50.5)	141.9	(20.9)	194.2	(28.6)	119
1978	3,624	1018.4	(28.1)	1745.2	(48.2)	860.5	(23.7)	379
1980	4,517	1359.4	(30.1)	2192.0	(48.5)	966.4	(21.4)	460
1985	8,964	2541.6	(28.4)	3866.6	(43.1)	2556.2	(28.5)	855
1990	18,548	5017.0	(27.1)	7714.4	(41.6)	5813.5	(31.3)	1,634
1995	58,478	11993.0	(20.5)	28537.9	(48.8)	17947.2	(30.7)	4,854
2000	89,442	14628.2	(16.4)	44935.3	(50.2)	29878.7	(33.4)	7,084
2005	184,937	22420.0	(12.1)	87598.1	(47.4)	74919.3	(40.5)	14,185
2010	401,513	40533.6	(10.1)	187383.2	(46.7)	173596.0	(43.2)	30,015

출처 : 『중국통계연감 2002』, 중국통계국, p.51 〈표 3-1〉에서 재구성

② 대약진운동 기간 중의 변화

아래 표는 1960년을 전후한 '대약진 운동' 기간 중, 대약진운동의 실패와 그에 겹친 자연재해로 인해 중국의 산업별 국내총생산 활동이 어떻게 변화했는지를 보여주고 있다. 1959년과 1960년의 한발로 인해 1차 산업의 증가율이 전년도에 비해 감소했으며, 대약진운동의 실패는 1961~62년에 걸쳐 2차 산업과 3차 산업을 큰 규모로 위축시킨 것을 통계 수치로 확인할 수 있다. 이 기간 중, 중국은 철강생산을 기간산업으로 삼아 인위적으로 대대적인 산업구조 변동을 시도했지만, 결과적으로 국민경제를 심각하게 파괴시켜 3년의 공황기를 맞았고 기아로 수많은 사람이 사망했다.

| 표 6-5 | 대약진 운동과 GDP의 변동 (단위: %)

연도	전년(100기준)비 GDP 증가율	1차 산업	2차 산업	3차 산업
1958	121.3	100.4	152.9	117.9
1959	108.8	84.1	125.8	115.2
1960	99.7	83.6	105.6	104.8
1961	72.7	101.4	57.9	74.3
1962	94.4	104.5	89.2	90.8
1963	110.2	111.3	114.5	104.4

출처 : 『중국통계연감 2002』. 중국통계국. p.53 〈표 3-3〉에서 재구성

③ 3차 산업 내부의 구성비율

아래 표는 3차 산업의 GDP를 100으로 했을 때, 3차 산업에 속하는 대분류 산업별로 내부 구성비를 보여주고 있다. 이 표를 보면, 3차 서비스 산업 내에서 '도소매 거래'의 비중이 21.2%로 가장 크고, 그 다음으로 '부동산업'이 13.0%, '금융업'이 12.2%, '교통 · 창고 · 우편 · 통신서비스업'이 10.7%의 순서이다.

| 표 6-6 | 3차 산업 국내총생산(GDP)의 내부 구성비율: 2011년 (단위: %)

교통 · 창고 · 우편 · 통신 서비스업	도소매거래	숙박 · 음식업	금융업	부동산업	기타
10.7	21.1	4.5	12.2	13.0	38.4

출처 : 『중국통계연감 2012』. 중국통계국에서 재구성

2) 노동력 구성

아래 표 6-7은 현대 중국의 1,2,3차 산업별 비중의 변화를 노동력 구성비로 보여주고 있다.

| 표 6-7 | 산업별 노동력 구성의 변동 (단위 %)

산업분류 \ 연도	1952	1979	1980	1985	1990	1995	2000	2005	2010
1차산업	83.5	69.8	68.7	62.4	60.0	52.2	50.0	44.8	36.7
2차산업	7.4	17.7	18.3	20.9	21.4	23.0	22.5	23.8	28.7
3차산업	9.1	12.5	13.0	16.7	18.6	24.8	27.5	31.4	34.6

출처 : 『중국통계연감 2002』, 중국통계국, p.51 〈표 3-1〉에서 재구성

신중국 성립 초창기에 중국의 노동력은 80% 이상이 1차 산업에 취업하고 있었으며, 그 비율은 개혁개방이 시작될 무렵에도 70%에 이르렀다. 개혁개방에 따른 산업화의 진전으로 인해 1차 산업 노동력 구성비율은 감소하기 시작하여, 1990년에 60%로 낮아졌고 2000년에는 50%, 2010년에는 36.7%로 줄어들게 되었다. 그러나 그 구성 비율은 산업선진국들에 비해서는 물론이고, 우리나라의 8%에 비해서도 여전히 매우 높은 수준이며, 중국 산업구조의 취약성을 드러내는 지표로 볼 수 있다.

2차 산업 노동력 구성비는 1952년의 7.4%로 부터 꾸준히 증가하여 1979년에는 17.7%에 이르렀고, 개혁개방 이후 다시 조금 더 증가하여 1995년에는 23%, 2010년에는 28.7%에 이르렀다. 그런데 이러한 2차 산업 노동력 구성비는 산업사회의 일반적 변동 유형과 크게 다르지 않은 것으로 볼 수 있는데, 그 이유는 독일을 제외한 대다수의 산업선진국들의 경우에도 2차 산업의 노동력 구성비가 30%를 넘은 경우는 거의 없기 때문이다. 우리나라의 경우에도, 2차 산업 노동력 구성비는 1988년에 28.2%로 구성비가 정점을 이루고 현재 20% 수준이다.

3차 산업 노동력 구성비 경우에는, 1952년의 9.1%로 부터 꾸준히 증가하여 1979년에는 12.5%에 이르렀고, 개혁개방 이후에는 더욱 빠르게 증가하여 1995년에는 두 배인 25%에 이르렀다.

2010년 현재 중국의 전체 경제활동인구 수는 약 7억8천만 명이고, 그 중 1차 산업 종사자는 36.7%, 2차 산업은 28.7%, 3차 산업은 34.6%를 점하고 있다.

(2) 산업구조의 불균형 문제

중국은 신중국 건설 이후 사회주의식 공업화를 추진해왔고, 특히 개혁개방 이후에는 빠른 산업화를 이루어 온 것으로 여겨지고 있다. 그러나 현대 중국의 산업구조는 1,2,3차 산업 간에 생산액(GDP) 구성과 노동력(취업) 구성 간에 커다란 부조화를 드러내는 문제를 안고 있다.

위에서 살펴본 것처럼, 2010년 현재 중국의 산업별 국내총생산 구성 비율은 1차 산업 10.1%, 2차 산업 46.7%, 3차 산업 43.2%이다. 그러나 산업별 노동력 구성비는 2010년 현재 1차 산업 종사자가 36.7%, 2차 산업은 28.7%, 3차 산업은 34.6%를 점하고 있다.

중국은 계획경제하의 공업화 추진에도 불구하고, 거대한 인구규모로 인해 인구의 대다수가 농업에 종사하여, 개혁개방 초기까지도 노동력의 70%가 1차 산업에 취업하고 있었다. 개혁개방 이후에 빠른 경제성장으로 그 비율이 37%까지 낮아지기는 했지만, 그 비율은 '산업사회'의 일반적인 구성 비율과 비교해서 여전히 매우 높은 것이며, 더구나 37%의 노동력이 산출하는 GDP 기여도가 10%에 불과한 극심한 불균형 상태를 보이는 셈이다.

이러한 중국의 산업구조 불균형 문제는 앞서서 산업화를 진행했던 다른 나라들과 비교해 볼 때, 더욱 뚜렷하게 드러난다.

아래 표 6-8은 우리나라, 일본, 대만, 미국의 1,2,3차 산업별 국내총생산(GDP) 및 노동력(취업)인구 구성비율의 변동을 보여준다. 이 표를 살펴보면, 현재 중국의 산업별 GDP 구성은 한국의 1980년대 및 대만의 1970년대와 비교적 유사하며, 일본이나 미국의 1960년대 지표에 비해서도 후진적이라고 할 수 있다. 산업별 노동력 구성은 국내총생산액 구성비율에 비해서 더 후진적이어서, 한국의 1970년대 및 대만의 1960년대와 유사하며, 일본이나 미국과는 비교하기도 어렵다.

| 표 6-8 | 한국, 일본, 대만, 미국의 산업별 GDP 및 취업 인구의 비중 변동(%)

(단위: %)

		1960년		1980년		1985년		1989년	
		GDP	취업	GDP	취업	GDP	취업	GDP	취업
한국	1차산업	37.0	66.0	16.0	41.0	14.0	24.9	10.0	19.5
	2차산업	20.0	9.0	41.0	37.0	41.0	30.8	44.0	35.0
	3차산업	43.0	25.0	43.0	22.0	45.0	44.3	46.0	45.5
일본	1차산업	13.0	33.0	4.0	13.0	3.0	8.8	3.0	7.2
	2차산업	45.0	30.0	41.0	39.0	41.0	34.9	41.0	34.1
	3차산업	42.0	37.0	55.0	48.0	56.0	56.3	56.0	58.7
대만	1차산업	27.0	49.5	8.6	19.5	6.4	17.6	5.3	13.1
	2차산업	30.0	21.2	51.3	42.3	51.0	42.2	47.3	43.0
	3차산업	43.0	29.3	40.1	38.2	42.6	40.2	47.4	43.9
미국	1차산업	4.0	7.0	3.0	3.5	2.0	3.1	2.0	2.9
	2차산업	38.0	36.0	34.0	30.3	31.0	28.2	29.2	26.9
	3차산업	58.0	57.0	63.0	66.2	67.0	68.7	69.0	70.2

3. 직업

(1) 취업구조

1990년 중국의 취업인구(경제활동인구 중 실업자를 제외한 취업자)는 6억4천만 명, 2000년에는 7억2천만 명, 2010년에는 7억5천만 명인데, 2020년에는 8억9천만 명으로 증가할 것으로 예측된다. 1990년대 평균 취업인구 증가 수치는 매년 8백만 명이며, 2001~2010년 기간 중에는 연평균 1천4백만 명이었다.

중국의 인구규모 변동과 공식적으로 낮은 실업률에도 불구하고 실질적인 실업률이 상당히 높은 점을 고려하면, 앞으로도 일이십 년 간은 노동력 과잉공급으로 인해 취업난도 심각할 것으로 예상된다. 적어도 앞으로 20년 동안 중국의 인구구조는 여전히 장년기에 해당될 것이며, 따라서 중국 정부는 이 기간 중 노동집약형 산업을 더욱 발전시킴은 물론 거대한 규모의 노동력을 수용할 수 있는 경제성장을 지속해야 하는 과제를 안고 있다.

1) 취업인구 규모와 구성

표 6-9는 최근 중국의 취업구조를 정리하고 있다. 2010년 현재 공식적인 중국의 경제활동인구는 7억8천만 명이며, 이중 취업인구는 7억5천만 명이어서 실업자가 약 3천만 명(실업률 3%)이다.

취업인구의 도시와 농촌별 구성을 보면, 도시(鎭 포함) 취업자가 3억5천만 명(45.6%)이고, 농촌 취업자는 4억1천만 명으로 54.4%의 구성비를 보인다. 도시 취업자 구성비는 매년 조금씩 증가 추세이다.

2010년 현재 도시 취업인구의 소속 단위별 분포를 살펴보면, 국유단위 소속의 취업자가 가장 많은 6천5백만 명으로 약 19%를 차지하고, 그 뒤로 사영기업 취업자가 6천1백만 명으로 약 18%를 차지한다. 사영기업과 합작사(私)기업 취업자 두 부문을 합친 구성비는 22.8%이다. 2000년을 전후한 기간의 변화 양상에서도 볼 수 있듯이, 국유단위 및 성진(도시)집체단위의 취업인구는 감소하는 추세인 반면에, 사영기업과 합작사기업 취업인구는 높은 비율로 증가하고 있어서, 중국 경제의 시장화와 기업의 민영화 추세를 잘 확인할 수 있다.

농촌 취업인구 중 약 50%는 농민으로서 단위에 소속되어 있지 않다. 단위에 소속된 취업자들의 소속 단위별 분포를 보면, 다수가 향진(鄕鎭)기업 소속인 것을 볼 수 있는데, 2010년 현재 향진기업 취업자 수는 약 1억5천만 명으로 농촌 취업인구 중 약 37%에 해당한다.우리 나라의 소위 '새마을 공장'에 해당하는 농촌의 중소규모 기업이 향진기업인데, 이 기업의 자금조달은 농촌 지자체 내에서 모아지거나 일부지자체의 재정이 도입되거나 외자가 결합된 경우도 있다. 광등성의 조그만 도시에서 향진기업으로 출발해서 현재는 중국 5대 전자 기업으로 성장한 TCL같은 경우도 있지만, 대부분은 영세한 편이다. 농촌 사영기업 취업자는 3천3백만 명으로 농촌 취업인구의 8%에 불과하다. 2000년을 전후한 기간 중에 향진기업과 사영기업의 취업자 수가 증가하고 있어서, 중국 농촌에서 경제가 조직화되는 추세를 볼 수 있다.

| 표 6-9 | 최근 중국의 취업구조

(단위: 만 명)

항 목	2000	2005	2010
경제활동인구	73,992	77,877	78,388
취업인구	72,085	75,825	76,105
1차산업(비율 %)	36,043 (50.0)	33,970 (44.8)	27,931 (36.7)
2차산업(비율 %)	16,219 (22.5)	18,084 (23.8)	21,842 (28.7)
3차산업(비율 %)	19,823 (27.5)	23,771 (31.4)	26,332 (34.6)
도시·농촌별 취업인구 구성			
도시(만명)/(취업인구중 비율; %)	23,151 (32.1)	27,331 (36.0)	34,687 (45.6)
농촌(만명)/(취업인구중 비율; %)	48,934 (67.9)	48,494 (64.0)	41,418 (54.4)
도시 취업인구 소속단위별 구성			
국유단위	8,102	6,488	6,516
성진(도시)집체단위	1,499	810	597
사영기업	1,268	3,458	6,071
화교자본기업 (홍콩, 마카오, 타이완)	310	557	770
외자기업	332	688	1,053
개체(자영)	2,136	2,778	4,467
농촌취업인구 소속단위별 구성			
향진기업	12,820	14,272	15,161
사영기업	1,139	2,366	3,347
개체(자영)	2,934	2,123	2,540
여성의 도시 취업인구	4,411	10,850	13,676
도시 등록 실업인구(실업률 %)	595 (3.1)	839 (4.2)	908 (4.1)

출처 : 『중국통계연감 2012』. 중국통계국에서 재구성

2) 취업 지위별 구성

표 6-10은 2000년 현재 중국 취업인구의 취업지위별 구성을 보여주고 있는데, 이는 '종사상의 지위'를 의미하는 셈이다.

2억1천만 명의 도시 취업인구 중, 단위에 피고용자로 취업한 사람은 1억1천6백만 명으로 약 55%이다. 사기업 및 개인기업 취업자가 2천만 명(9.6%)으로 그 뒤를 잇고 있고, 자영업자인 개체호는 1천1백만 명(5.3%)이며, 자신의 사업체를 가지고 다른 사람들을 고용하는 사영업주의 지위를 가진 사람은 약 250만 명으로 도시 취업인구 중 1.2%에 해당한다.

농촌의 경우에는, 4억9천8백만 명의 취업인구 중 66%가 농민이고, 향진기업에 피고용자로 취업한 사람이 1억3천만 명으로 약 26%이다. 사기업 및 개인기업 취업자가 2천5백만 명(5%)으로 그 뒤를 잇고 있고, 자영업자인 개체호는 약 1천5백만 명(2.9%)이며, 사영업주는 약 150만 명으로 농촌 취업인구 중 0.3%에 불과하다.

| 표 6-10 | 취업인구의 취업지위별 분포: 2000년 (단위: 만명, %)

항목	도시	농촌	합계
도시단위 취업자	11,613	0	11,613 (16.3)
사영업주(고용주)	247	148	395 (0.6)
개체호(자영업자)	1,125	1,446	2,571 (3.6)
사기업 및 개인기업 취업자	2,032	2,478	4,510 (6.3)
향진기업 취업자	0	12,820	12,820 (18.0)
농촌노동자(농민)	0	32,984	32,984 (46.4)
기타	6,257	0	6,257 (8.8)
합계	21,274 (29.9)	49,876 (70.1)	71,150 (100)

출처 : 『중국노동통계연감 2001』, 국가통계국편, p.7 〈표 1-5〉에서 재구성

(2) 한국과 비교한 중국의 직업구조

우리나라는 국제노동기구(ILO)가 1988년에 세계 표준으로 제시한 국제표준직업분류(ISCO-88) 체계에 맞추어 1993년에 개정한 직업분류 시스템을 사용하고 있으나, 중국의 경우는 이를 그대로 따르고 있지는 않다. 그러므로 직업분류 시스템 자체의 이러한 차이점과 더불어, 나라 간에는 실제 직업의 구체적 내용이 다를 수도 있다는 점을 고려하면, 백퍼센트 완벽한 직업구조 비교는 가능하지 않다.

아래의 두 표는 중국과 우리나라의 직업구조를 대분류 수준에서 개괄적으로 비교한 자료를 제시하고 있다. 표 6-11은 1993년 개정 이전의 구(舊) 분류 시스템에 따른 것이며, 표 6-12는 새로운 직업분류 시스템에 의한 것이다.

| 표 6-11 | 중국과 한국의 대분류 직업분류 비교(구 분류 시스템) (단위: %)

직업 대분류	1982 중국	1985 한국	1990 중국	1993 한국
0/1 전문직, 기술직	5.1	5.8	5.3	8.4
2 행정, 관리직	1.5	1.5	1.8	1.8
3 사무직	1.3	11.5	1.7	15.0
4 영업판매직	1.8	15.5	3.0	15.9
5 서비스직	2.2	10.8	2.4	12.3
6 농임어업직	72.0	24.6	70.6	14.6
7/8/9 생산, 수송, 육체노동직	16.1	30.3	15.2	32.0
합계(단위: 만명)	521,510 (100.0)	14,970 (100.0)	647,240 (100.0)	19,327 (100.0)

출처 : Chen, 1995; 유홍준, 2001에서 재구성

| 표 6-12 | 중국과 한국의 대분류 직업분류 비교(1993년 이후 신 분류 시스템)

(단위: %)

<table>
<tr><th>직업 대분류</th><th>1995 한국</th><th>2000 중국</th><th>2000 한국</th></tr>
<tr><td>1. 입법공무원, 고위임직원 및 관리자</td><td>2.58</td><td>1.7</td><td>2.75</td></tr>
<tr><td>2. 전문가</td><td>4.76</td><td rowspan="2">5.7</td><td>6.28</td></tr>
<tr><td>3. 기술공 및 준전문가</td><td>9.03</td><td>11.09</td></tr>
<tr><td>4. 사무직원</td><td>12.32</td><td>3.1</td><td>12.42</td></tr>
<tr><td rowspan="2">5. 서비스근로자, 상점/시장판매근로자</td><td rowspan="2">21.90</td><td>판매 5.3</td><td rowspan="2">24.17</td></tr>
<tr><td>서비스 3.8</td></tr>
<tr><td>6. 농업 및 어업 숙련근로자</td><td>11.73</td><td>64.5</td><td>10.47</td></tr>
<tr><td>7. 기능원 및 관련기능근로자</td><td>15.80</td><td rowspan="3">15.9</td><td>11.72</td></tr>
<tr><td>8. 장치, 기계조작원 및 조립원</td><td>10.67</td><td>11.03</td></tr>
<tr><td>9. 단순노무직 근로자</td><td>11.21</td><td>10.07</td></tr>
<tr><td>합계(단위: 만 명)</td><td>20,378
(100.00)</td><td>668,740
(100.00)</td><td>21,989
(100.00)</td></tr>
</table>

출처: 『China Statistical Yearbook 2002』, China Bureau of Statistics; 유홍준, 2001

위의 표 6-11 및 표 6-12를 통해, 양 국의 직업구조 변화에서 확인되는 가장 중요한 특징들을 정리하면 다음과 같다.

① 한국에서 농림어업직의 취업자 구성비는 산업화와 더불어 괄목할 정도로 감소하였다. 그 비율은 1970년대에 50% 아래로 떨어졌으며, 1990년대 이후에는 10%를 유지하고 있다.

그러나 중국의 경우에는, 비록 그 비율이 1982년의 72.0%로부터 1990년에는 70.6%로 감소하고 있기는 하지만, 여전히 대다수가 농림어업 직업부문에 속해있다. 1990년부터 2000년 까지 10년간 이 직업 부문의 구성비가 6% 정도 하락하였는데, 이는 수치로 볼 때 약 4천만 명에 해당하는 것이며,

2002년에 이 직업 범주의 구성비는 64.5%이다.

② 중국에서 전문직, 기술직, 관리직의 구성 비율은 1980년대 초반 이후 별 변화가 없다. 반면에 한국에서는 동기간 중에 거의 3배가 증가하여, 1985년의 7.3%가 2000년에는 20.1%에 달하고 있으며, 이 직업 부문의 구성비는 중국에 비해 약 3배가 큰 것이다.

③ 중국에서 사무직의 구성비는 1982년의 1.3%에서 2000년에는 3.1%로 증가하여 두 배 이상 증가하였지만, 그 구성비는 한국과 비교할 때는 여전히 매우 낮은 것이어서, 2000년 한국의 사무직 구성비의 1/4에 불과하다. 우리나라에서는 사무직 구성 비율이 1990년대 초반에 15% 정도로 정점을 이루었다가 그 이후 사무자동화 및 구조조정의 영향 등으로 약간 감소추세에 있다.

④ 중국에서 영업직 및 서비스직의 구성비율도 역시 증가하였다. 그 구성비는 1982년에 4%였던 것이 2000년에는 9%에 달하였다. 한편 우리나라에서는 이 직업 부문의 구성비가 1985년에 26.3%, 1995년에 21.9%, 2000년에는 24.2%여서 비교적 일관되게 유지되는 추세를 보이고 있다.

⑤ 지난 20여 년간 생산 관련직(기능원 및 관련기능근로자, 장치, 기계조작원 및 조립원, 단순노무직 근로자)의 구성비 변화는 중국과 한국 모두에서 비교적 안정적인 양상이다. 그러나 구성비는 중국이 약 15% 수준인 반면에, 한국은 30%를 약간 넘는 수준으로 차이를 보인다.

양국간 직업구조와 변화상의 이러한 양상을 비교해 볼 때, 중국사회의 직업구조는 산업사회 초기 단계의 특징을 드러내는 반면에, 한국의 직업구조는 정보사회의 직업구조상의 특징을 보여주는 것으로 평가할 수 있다.

(3) 취업관련 문제

1) 잉여 노동력과 취업난 문제

일부에서 중국의 실질 실업률을 20% 이상으로 추정하고 있듯이, 현재 뿐만 아니라 앞으로도 상당기간 동안 중국에서 취업문제는 심각할 것이다.

중국의 노동력인구는 1985년 이후에도 매년 1천만 명 이상 증가했다. 앞에서 살펴본 것처럼, 2000년부터 2010년까지도 연평균 9백만 명 이상이 신규 공급될 것으로 예측되었다. 또한 현재 중국의 농촌에는 1억5천만 명의 잉여 노동력이 존재하는 것으로 추정되고 있다. 이것이 누적된다면, 농촌 잉여 노동력의 적어도 50%는 비농업 부문 취업으로 전환해야 할 것이다. 농촌의 향진(鄕鎭)기업이나 농촌 자영 상공업 및 건축업 등의 부문에서 대략 1억 명이 넘는 잉여 노동력을 흡수한다고 하더라도, 그 외에 매년 5백만~3천만 명의 농촌 노동력이 도시로 이주하여 일자리를 찾을 것으로 추정되고 있다.

중국에서는 노동력의 공급 규모가 크다는 것이 취업난을 조성하는 근본적인 원인이다. 그러나 최근 동부 연안 개방지구를 포함한 지역의 괄목할만한 경제성장에도 불구하고, 중국 전체 경제구조의 불합리성, 후진적인 직업구조 등은 노동력 과잉으로 조성된 취업난을 더욱 악화시키고 있다.

노동 효율을 유지하면서, 노동력 수준의 지속적 향상을 전제로 충분한 취업기회를 늘리려면 현재의 도시와 농촌간 및 산업간 불균등한 취업 상황을 타개하기 위한 개혁이 필요하다.

그러나 앞으로 2차 산업과 3차 산업에 매년 약 1천만 명 분의 취업기회를 새로 제공해야 한다는 것은 쉬운 문제가 아닐 것이다. 더구나 1절에서 살펴본 것처럼, 1990년대 중반 이후 국유기업의 개혁에서 발생한 실직자의 재취업 문제까지 겹쳐서 상황은 더욱 어려웠다.

이에 따라 대학과 전문대학 졸업생의 취직난도 문제가 되었는데, 2001년에 중국의 대학교와 전문학교를 졸업한 115만 명 가운데, 대졸자의 80%는 취직할 수 있었지만 전문학교 졸업생의 취직률은 40%에 그쳤다.

2000년대 이후 이러한 취직난은 다소 해소되어서, 2011년 대졸자 취직률은 90.8%이고 전문대졸자 취직률도 89.6%로 발표되었다(2012. 중국대학생 취업보고 참조).

2) 노동력의 질 문제

중국의 노동력은 전반적으로 질이 높지 않을 뿐만 아니라, 노동력의 질에서 과잉과 결핍이 공존하는 상황이다. 1억5천만 명에 이르는 농촌의 잉여 노동력 및 실업자들의 교육수준이 낮고 기술진보의 요구에 대응하지 못할 뿐 아니라 취업 훈련 역시 부족하다.

연령구조상으로도 45세 이상을 노년 노동력으로 볼 때, 2000년 중국 센서스 자료에서 노년 노동자의 비율이 25%를 넘고 있는데, 노년 노동자들은 취업과 직업이동이 어려운 문제를 안고 있다. 근래 농촌으로부터 도시로 오는 유동인구 즉 농민공은 주로 청년 노동력이지만, 이들의 인적자본 역시 매우 낮은 수준이다.

참고로 2000년 현재 중국인구 1만 명 당 대학생 비율은 2.5명에 불과해서, 우리나라의 25%에 비해 그 격차가 매우 컸다.

3) 농민공과 직업이동의 장애 문제

우리나라의 경우에도 산업화가 시작되면서 대규모의 농촌 인구가 도시로 이동하여 공장과 서비스산업의 인력으로 전환된 경험을 갖고 있다. 그러나 중국의 경우에는, 도시와 농촌이 격리된 호구(戶口)제도로 인해, '농민공(農民工)'이라는 중국사회 특유의 산업인력을 낳고 있다. 농민공은 농촌호구를 소지한 채 도시로 유동하여, 저임금의 2차 노동시장 부문에 취업하고 있는 사람들을 말한다.

시장경제의 발전과 좀 더 높은 소득에 대한 열망 등으로 인해 1980년 중반부터 중국의 노동력이 이동하기 시작했는데, 그 중에 가장 규모가 크고 주목받은 것은 농촌의 잉여 노동력이 도시의 2, 3차 산업으로 유동한 것인데, 그 특징은 농촌 노동력이 도시로, 중서부의 노동력이 동부 해안지역으로, 미발달지역에서 경제발전지역으로 이동한 것이다.

개혁개방 이후에도 중국 농촌의 취업 상황은 아주 간단하다. '농민'의 신분과 직업은 기본적으로 동일 구조였다. 가족단위 농업생산 책임제(가정승포생산책임제) 실시 이후, 농민에게도 각종 경영 활동이 허가되면서 농공업, 운수업, 건축업, 상업 등이 발전하고, 또 상품경제가 발전하면서 취업의 문이 열렸다. 그러면서 농민에게서 약간의 직업 분화가 나타났다. '농민'은 기본적으로 신분을 지칭하는 표현이지만, 실질적으로 수행하는 직업과는 큰 연관이 없게 되었다.

80년대 이후 중국의 농촌에는 소위 '향진기업'이라고 불리는 수많은 향토기업이 발달하여 농민들에게 취업기회를 제공했는데, 향진기업에 취업한 농민들은 현지에서 직업을 바꾸기는 하더라도 본인에게 할당된 토지와의 인연을 끊지는 않았다. 2차 산업이나 3차 산업에 종사하기는 하지만, 거주지는 원래의 고향에 두는 '농사는 안 해도 고향을 떠나지 않는(離土不離鄕)' 부류가 된 것이다. 1994년에 향진기업 취업자는 이미 1억2천만 명이 달해 농촌 전체 종사자 수의 27%를 차지했다. 향진기업 이외에도 농촌의 사영기업에 종사하거나 개인적으로 상공업을 경영하는 '농민'들도 1990년대 이후 점차 증가했다.

그러나 점차 향진기업의 경쟁력이 떨어지거나, 향진기업에 조차도 취업기회가 없는 농촌의 잉여 노동력이 도시로 이동을 하기 시작한 것이다. 그 배경에는 1980년대 이후 중국 정부가 노동고용제도의 개혁을 추진하면서 노동력의 합리적 이동을 촉진하고, 직업선택의 자유를 점차 확대시킨데 있다. 국유기관의 취업 규모와

시(市)나 진(鎭)의 취업 규모는 여전히 계획 조절 위주였으나, 비국유 경제와 소성진(小城鎭)의 취업 규모는 점차 시장조절 위주로 변했던 것이다. 노동력을 채용하는 기관들이 모집광고 등의 형식을 통해 취업 인원을 선택하면서, 대학과 중전(中專) 졸업생들의 취업은 국가의 배치와 자유선택의 두 가지 선택에 따르게 되었고, 신분상의 '농민'들에게도 일정 범위 내에서 자유로운 직업선택과 자유이동이 가능해진 것이다.

이런 취업 형식의 전환에 적응하기 위해, 각지에 많은 노동시장과 인재시장이 세워지기 시작했다. 직업소개를 하는 조직의 성장이 아주 빨라서, 1990년대 중반에 이미 전국에 약 2천여 개의 직업서비스 기구가 설립되었다.

과거에는 노동력의 지역적인 이동 자체가 제한을 받았지만, 근래 노동력 이동에 대해서는 실질적인 제한이 불가능해지면서, 이처럼 수많은 농촌의 잉여 노동력이 도시 및 경제 발달지구로 이동하고 있다. 도시인들은 처음에는 농민공을 문맹인들의 흐름이라고 비하하여 '맹류(盲流)'라고 부르면서 배척하는 태도를 취했다. 그러나 도시발전과 개혁이 심화되면서, 도시에서 이루어지는 건축, 운송, 환경위생 및 각종 3차 산업의 발전에는 많은 노동력이 필요해졌는데, 도시 거주민들이 이런 열악한 일을 하려고 하지 않게 되자 결국 필요한 인력을 농촌에서 보충하게 된 것이다.

그러나 그들은 호구제도의 제약을 받고 있고, 각 지역에서 피고용자를 채용할 때에도 현지인의 지방보호정책을 우선 고려하므로 불평등한 경쟁이 이루어진다. 그렇기 때문에, 실제로 좋은 직장에 들어가기가 어렵고 취업 기회 역시 불평등하다. 대다수는 더럽고 힘들고 위험하고 조건이 나쁜, 그러고도 보수가 상대적으로 낮은 일에 종사할 수밖에 없으며, 건설현장의 일처럼 임시적이고 늘 실업의 위험에 처해 있기도 하다. 호구제도는 그들에게 직업 전환을 불가능하게 하는 제도로 작용하고 있는 것이다.

농민공들이 처한 열악한 고용조건에도 불구하고, 이러한 현상의 장점은 민공조가 도시와 농촌구조, 산업구조, 취업구조에 긍정적인 변화를 일으키고, 노동력이 필요한 지방과 산업에 적절한 공급을 분배한다는 것이다. 농민공들을 배출한 지역 역시 자금과 기술, 정보 등이 유입되는 대가를 얻는다. 예를 들면 1990년대 중반에 사천성(四川省) 출신의 농민공 6백여만 명이 매년 사천성으로 송금하는 금액이 이미 60억 위안을 초과했는데, 이 수치는 사천성 내에서 농촌 발전에 투자, 지원한 재정자금보다 더 많은 액수이다.

부정적인 면은 농민공이 대거 도시로 몰려들면서, 치안, 민정, 산아제한 등 도시 관리의 여러 측면에서 상당한 부담을 초래하고 있다는 점이다. 이에 따라 공안 당국은 이미 소도시의 호적관리 제도의 개혁에 착수했고, 노동부는 농업 노동력의 이전을 주요 관리업무로 다루게 되었다.

4) 노동시장의 경직성과 비효율 문제

중국의 경직된 노동고용 체계와 임금제도는 노동력의 효율적인 이용에 심각한 장애를 초래해 왔다. 계획에 따라 분배된 고용과 평균화된 임금제도로는 노동력의 수요 변화에 대한 반응이 느려서 효율이 매우 낮으며 대량의 인적·물적 낭비를 초래하였다.

개혁이 이루어지면서 노동력의 취업은 점차 시장화 되어서 기업체는 작업효율 향상을 위해 인원을 경감시키고 있지만, 여전히 경직되고 미발달된 노동시장에서는 실업자의 재취업 및 신규 노동력의 취업을 위한 고용 제도, 취업 정보, 취업 훈련 등 노동시장의 전반적인 시스템이 미비하여 문제를 낳았다. 취업지도와 취업 서비스의 미발달로 인해 대다수의 구직자들은 친지, 지인 등의 관계망을 통해 취업 정보를 얻고 입사한다. 중국에서 비공유제 기업의 문제 중 하나는 고용계약이 법정체결로 이루어지지 않고 임의적이라는 점이다. 따라서 취업과 해고가 사장의 한마디에 달려 있다. 종업원의 권리 의식과 자아 보호의식이 약한 가운데, 근무시간의 초과, 노동강도 초과, 열악한 노동환경, 노동자의 건강과 안전 위협, 임금 삭감과 적체, 복리후생의 미비가 보편적 현상이다.

그러던 중, 1995년에 〈중화인민공화국 노동법〉이 실시되어, 중국식 사회주의 시장경제의 법률적 체계를 확립하는 데 기여했다.

제 7 장

지역불균형과 도시 · 농촌

1. 지역불균형
2. 도시와 농촌

1. 지역불균형

(1) 지역구조

1) 지역구조의 불균등성

중국은 세계 4위의 국토 면적을 가지고 있지만, 자연자원과 인구의 분포가 불균등하고 각 지역간 경제, 사회적 발전이 매우 불균형한 특징을 보인다. 9백 60만㎢의 국토는 지리적 위치에 따라 기후와 지형이 달라서, 지역별로 매우 상이한 사회·경제적 생활의 기초를 결정하였다. 이에 따라 중국사회는 역사상 일찍부터 인구의 밀집도와 민족 분포, 경제발전의 유형, 문화와 전통, 혼인과 가족제도 등 각 방면에서 차이가 나는 여러 상이한 지역들로 이루어져 있는 것이 현실이다.

중국 지도 위에 헤이룽쟝(黑龍江) 성(省)의 아이훼이(愛輝) 현(縣)과 윈난(雲南) 성의 시리(瑞麗) 시(市)를 두 점으로 하여 직선을 그으면, 서북과 동남의 두 부분으로 나뉘는데 이렇게 둘로 나뉜 국토 면적이 각각 반 정도가 된다고 한다. 그런데 직선의 아래 부분에 해당하는 동남 지역에는 중국 전체 인구의 약 90%가 밀집되어 있지만, 천연자원은 상대적으로 적다. 반면에 직선의 윗부분에 해당하는 서북 지역에는 거주 인구가 10%에 불과한 반면에 석탄, 석유, 천연가스, 광물 등의 천연자원은 모두 여기에 집중되어 있다. 그러나 이 서북 지역의 대부분의 면적은 사막, 산지와 협곡, 초원 등으로 구성된 데다가 기후가 건조하거나 춥고 식수가 부족한 등 인간의 생존 조건은 극히 열악한 상황이다.

중국을 지역적 특성에 따라 구분하는 방식은 여러 가지가 있으나, 흔히 동부의 연안지역, 서부의 저발전 지역 및 그 중간에 위치한 중부 지역으로 구분하는 것이 일반적인데, 아래 표 7-1은 2011년 기준으로 이 세 지역의 기본 상황을 정리하고 있다. 해당 지역 거주 인구의 교육수준과 수입 · 지출수준으로 살펴본 사회 · 경제적 상황은 동부에서 중부를 거쳐 서부로 갈수록 상황이 열악한 것을 쉽게 확인할 수 있다.

| 표 7-1 | 2011년 지구별 기본상황

	동부	중부	서부
면적(만 ㎢)	9.5	10.7	71.5
인구(만 명)	38.1	26.7	27.0
도시 취업인구(만 명)	47.1	21.8	21.9
도시 등록 실업률(%)	3.1	3.7	3.7
국내총생산(억 위안)	271,354.8	104,473.9	100,235.0
1차 산업	6.2	12.3	12.8
2차 산업	48.9	53.5	50.9
3차 산업	44.9	34.2	36.4
도시주민 총수입(위안)	26,406	18,323	18,159
농촌주민 총수입(위안)	9,585	6,530	5,247

* **출처:** 「중국지역경제통계연감2012」, 국가통계국

2) 신중국 건설 이전 지역발전의 역사

중화(中華) 민족의 정치 · 경제 중심은 원래 북쪽으로 치우친 중원(中原) 지구였다. 진시황제가 진(秦)나라의 도읍을 정한 시안(西安)이나 삼국지의 무대가 된 청두(成都) 역시 중부 지역에 위치한다. 그러다가 6세기 남북조 시대 이후 경제의 중심이 남으로 이동하기 시작했고, 장강(長江; 양자강) 유역의 경제가 황회(黃淮; 황하와 회하) 유역의 경제를 대신하여 중국 경제의 중심을 이루게 되었다.

국방 등 여러 가지 이유로 인해 정치 · 군사 중심은 아직도 베이징을 중심으로

한 북방에 위치하지만, 경제 중심은 동남방 지역에 치우쳐 있다. 19세기 중엽 이후 외세 자본주의의 침투는 동남 연해(沿海) 지역의 통상 항구들에서 시작되었다. 이 지역들은 인구가 많을 뿐만 아니라 농업 생산기반이 양호해서 상대적으로 잘 살던 지역으로, 당송(唐宋) 시대부터 외국과의 무역이 가장 발달된 연안 경제지구여서 근대적 상·공업의 형성이 비교적 일찍 이루어졌던 것이다.

청(清) 시대 이후 중국은 자본주의 외세의 침략을 저지하기 위해 부국강병의 발전 정책을 추진했다. 이에 따라 민간 상공업이 시장의 작용에 따라 주로 동부 연해지역에서 발전하였고, 병기 공업도 주로 연해 및 인근 지역에 집중되었다. 이에 따라 중국 동부지역에서는 외국자본주의, 민간 상공업, 국가 군수산업이 공동 발전하면서 자본주의 시장경제의 특징을 드러내게 되었다. 한편 중서부 내륙지역에서는 전통적인 봉건주의적 농업 경제가 지속되면서 자급자족적 생산의 특성과 폐쇄성이 매우 강했다. 이처럼 두 종류의 경제적 기초가 다름에 따라서, 동부 연해지역과 내륙지역의 사회·경제적 발전양식에 차이가 나타났고, 이후 중국의 사회구조는 크게 동과 서 두 지역으로 구분되는 지역적 구조를 확립한 것이다.

신해(辛亥)혁명 이후 외국 자본의 침투가 동부 연해지역에서 확장되었는데, 1920~30년대는 외국 자본의 투자가 크게 증가한 시기였다. 당시 외국인들의 투자는 부동산, 은행과 보험, 무역, 철도와 항운, 전력과 광산 등의 주요 상공업에 집중되었다.

당시 동부 연안 지역에서는 국내자본에 의한 상공업의 발전도 빠르게 이루어졌는데, 그 분야는 주로 면방직과 잠(蠶)업, 담배 및 성냥업, 제지업, 전력과 화학공업 등이었다.

1936년 이후 일본 제국주의의 침입과 국민당과 공산당간 내전의 영향으로 동부 연해지역의 경제발전이 동요하면서, 상대적으로 중서부 지역에서 상공업이 발전할 수 있는 기회가 조성되기도 했지만, 근본적 변화가 일어나기에는 역부족이었다. 당시 중국 동부 연해지역에 위치한 성(省)과 시(市)의 공업 생산액이 전국 공업 총생산액의 약 70% 정도를 차지했다고 한다.

(2) 신중국 건설 이후 지역불균형의 강화

1) 신중국 건국 후 개혁개방 이전까지의 지역구조

1949년 중화인민공화국이 건국된 후 통제된 사회주의 계획경제 체제가 시작되면서 낙후되었던 중국은 빠르게 변하기 시작했다. 건국 직후 50년대부터 5개년 경제계획을 실시하며 대규모 공업화 추진을 시작한 중국 정부는 지역간 발전의 불균형을 인식하여 균형발전 전략을 추진하면서 새로운 공업지역을 주로 중서부에 배치하는 경향을 보였다. 당시 소련이나 미국의 침략을 우려했던 공산당 정부가 국토방위에 관한 3선(三線) 전략을 세우면서 이런 경향은 가속화되었다.

국가는 당시 동북, 서북과 화북, 화중 지역에서 거대한 공업기지를 건설했는데, 이러한 공단 배치 결과는 내륙지역의 경제성장을 촉진했다. 1953~1957년 기간 중 중국의 공업 총 생산액 평균 증가율은 18%에 달했는데, 그 중 동부 연해 지역은 16.8%, 내륙 지역은 20.4%로 내륙지역의 증가율이 연해지역보다 3.6%가 높았다. '二五'기간(1956~60년의 경제개발 2차 시기) 중에도 지역별 자급자족적 발전을 강조했지만, 국가의 경제투자 자금은 주로 자급자족이 어려운 중서부 지구에 투자되었고, 충칭(重慶)을 중심으로 한 군수공업 기지나 청두(成都)를 중심으로 한 항공공업 기지가 이 무렵 건설되었다.

신중국 건국 후 개혁개방 이전까지 지역별 발전구조에서 나타난 변화는 연해지역과 내륙 사이 발전 격차의 축소였다. 1949~1979년 기간 중, 연해 지역이 전국 공업 총 생산액에서 차지하는 비중은 약 13% 감소하였다. 대규모 생산기지의 설치는 해당 지역의 인구구조와 기술 기반을 변화시켰고, 산업의 발전은 교육, 문화,

노동, 의료 등 여러 사회제도적인 발전을 추동했다.

2) 개혁 개방 이후 중국의 지역구조

1978년 개혁개방 이후 중국은 소위 '사회주의 시장경제'를 표방하면서 경제발전 추진 전략의 핵심을 효율적인 경제건설에 두게 된다. 이에 따라 경제 건설의 중심은 자금, 기술, 인력, 인프라 등이 상대적으로 우세했던 연해지역으로 다시 자연스럽게 옮겨지게 되었다.

선전(深川)을 시작으로 해서 주하이(珠海), 산터우(汕頭), 샤먼(廈門) 등에 경제특구가 설치되어 외국인 투자가 개방되면서 큰 성과를 올리게 되었다. 뒤이어 따롄(大連), 톈진(天津), 칭다오(青島), 상하이(上海), 닝뽀(寧波), 푸저우(福州), 광저우(廣州) 등의 연해 도시들이 개방되면서, 외자가 도입되고 선진적인 생산기술과 기업 관리 방식이 도입되면서 빠른 경제성장을 선도하게 되었다.

중국 정부는 지역구조 조정에서 조건을 갖춘 지역을 먼저 발전시킨다는 비균형 발전전략을 채택했다. 이에 따른 경제계획 기간 중 중점전략은 다음과 같이 진행되었다.

'六五(1981~85)' 계획 기간 중에는 '연해 지역의 현존하는 경제적 기초를 적극 활용하고 그 강점을 발휘해서 내륙 경제를 발전시키는' 것이 전략의 중심이었다. '七五(1986~90년)' 기간은 전국을 동부 연해, 중부, 서부 등 3대 경제지대로 구분하고 '동에서 서로 발전을 밀고 나가는' 기간이었다. 이 시기에 동부 연해 지역에는 경제특구가 설치되었고, '연해지역 경제발전 전략'이 제정되면서 재정과 세금, 투자 등에서 많은 혜택이 부여되었다.

동부 연해지구는 개혁개방 초기부터 10여 년에 걸친 대규모 건설을 거쳐 경제발전의 기초를 빠르게 마련하였다. 기반 설비의 조성은 투자 환경의 개선으로 나타나서, 자체적인 경제개발 능력 강화와 더불어 외국 자본과 기술의 유입이 급증하였다.

이런 과정에서, 상대적으로 발전이 더딘 중부와 서부 지역의 인재들과 노동력이 큰 규모로 동부로 이동하고 자금도 집중되면서, 중국의 지역별 불균등 발전 상황은 가속화되는 국면을 맞이하고 있다.

'八五(1991~95년)' 기간에 이르러 중국 정부는 지역정책을 재조정하면서, 지역 발전 전략을 불균형 발전으로부터 조절 발전을 추구하는 방향으로 정책을 선회하게 된다.

그러나 장기간에 걸쳐 형성된 기존의 지역구조는 하루아침에 바꿀 수 없었고, 전반적으로 개혁 · 개방 이후 중국 동부지역과 중서부 지역의 격차는 더 벌어져서 지역간 이질성은 더 심화되었다. 3대 지역 간에는 생산업종 구조, 소유제 구조, 도시와 농촌관계, 문화구조 등에서 이미 큰 차이가 벌어져 있었다.

중국 정부는 신쟝(新疆) 지역에 상당히 풍부한 석유, 천연가스와 석탄 및 기타 광물자원이 매장되어 있는 점에 주목하여 교통, 통신 등 인프라를 중점적으로 구축하고 있으며 '서기동수(西汽東遂)' 계획에 따라 대규모 가스관시설을 하는 등 '서부대개발'을 추진하고 있지만, 동부지구와 중서부지구의 격차는 축소되기보다 상대적 격차가 더욱 확대될 전망이다.

(3) 중국 지역불균형의 현황

정치적으로 중국은 분명히 하나의 국가이지만 경제적으로는 이미 10여 개의 지역으로 분화된 별개의 사회라고 주장하는 학자들이 많다. 중국을 하나의 사회로 보고 이야기하는 것은 장님 코끼리 만지고 얘기하는 것과 마찬가지라는 것이다. 실제 경제적 차이에 더해 지역별 독특한 문화와 지방분권주의의 영향으로 인해 지역, 경제권, 계층별로 분할해서 파악해야만 중국에 대한 올바른 이해를 할 수 있을 정도이다.

1) 동 · 중 · 서부의 3대 구조

동부 연해 12개 성 · 시 · 자치구, 중부의 9개 성 및 서부의 9개 성은 거시적으로 보아 중국의 3대 지역 구조를 이룬다.

개혁개방 이후 중서부 지역은 동부 지역을 위해 에너지, 원자재, 노동력 등 제반 발전조건을 제공하는 동시에 동부 지역에 주요 상품시장으로 형성되었다.

동 · 중 · 서부 3대 지역의 1인당 평균수입 격차는 표 7-1에서 이미 확인했지만, 사회발전 수준에서 사회구조, 국민수준, 경제효율, 생활의 질, 사회질서 등을 지표화해서 비교하면, 세 지역간 격차는 이미 1993년에 1.47 : 1.18 : 1에 달했다고 한다.

그러나 3대 지역 내의 동일한 성(省) 안에서도 지역에 따른 발전 상황이 다른 것이 현실이다.

2) 북두칠성 구조

일부 학자들은 중국의 지역 구조를 7개의 소지역으로 구분하여 이를 '북두칠성' 형(型) 구조라고 부르는데, 동북지역, 화북지역, 서북지역, 화동지역, 화중지역, 화남지역과 서남지역이 그것이다.

동북지역은 랴오닝(遼寧), 지린(吉林), 헤이룽장(黑龍江) 3省과 네이멍구(內蒙古) 자치구의 동북부를 포함한다. 이 지역의 자연환경 조건은 비교적 좋아서 중국 동부의 주요 곡창지대이다. 산림 및 광물자원과 가스, 석유, 전력, 철강 등의 자원이 전국적으로 가장 풍부한 지역의 하나이다. 공업의 기초가 양호하고 특히 일찍부터 중공업이 비교적 발달해서 중요한 공업도시들이 위치하며 철도, 도로, 항만 등 인프라가 양호한 편이다.

화북지역은 샨시(山西) 동남부, 네이멍구(內蒙古) 중남부, 허베이(河北), 샨동(山東)과 허난(河南) 북부, 베이징(北京)시 및 텐진(天津)시를 포함한다. 한어(漢語)를 사용함에 있어서, 전형적으로 보통화(普通話)를 사용하는 지역에 해당한다. 자연환경 조건도 좋아서 중국 북방의 주요 곡창지대이지만 광산자원은 그리 풍부하지 않다. 그러나 공업과 상업의 기초는 튼튼한 편이어서, 특히 경공업과 하이테크 산업이 발전되고 교통도 발달하였다. 이 지역 사람들의 생각과 관념은 개방적이고 온건하다는 평을 받는다.

서북지역은 샨시(陝西), 간쑤(甘肅), 칭하이(青海) 성들과 닝샤(寧夏), 신장(新疆), 네이멍구(內蒙古) 자치구의 서부를 포함한다. 자연환경 조건이 그다지 좋지 못하며 주로 고원과 사막지역으로 중국의 주요 목축 산지이다. 교통이 덜 발달되어 불편하지만, 광산자원은 대단히 풍부해서 석탄, 석유, 천연가스, 수력발전 등은 전국에서 가장 풍부한 지역이다.

화동지역은 샨동(山東) 동부, 쟝쑤(江蘇), 안후이(安徽) 동부, 저쟝(浙江) 및 상하이(上海) 시를 포함한다. 자연환경 조건이 매우 좋고 농업이 특히 발달하였지만 광산자원은 아주 적다. 교통이 발달하였고 특히 해운이 편리해서, 일찍부터 해외문화의 영향에 따라 사상이 개방된 지역이다. 공업의 기초가 잘 발달되었고 역사상으로 민족공업이 집중된 지역으로 방직, 농산품 가공업 등 전통 공업과 전자, 기계 등 현대 공업이 매우 발달했다.

화중지역은 허난(河南) 남부, 안후이(安徽) 서남부, 쟝시(江西), 후베이(湖北) 대부분과 후난(湖南)을 포함한다. 자연 조건이 매우 좋아, 중국 중부의 면(綿) 생산지역이면서 주요 곡창지대이다. 철도와 도로 교통이 발달하였고 해운의 기초도 양호하다. 광산자원은 별로 없으며, 공업은 상대적으로 낙후되어 있다.

화남지역은 푸젠(福建), 광똥(廣東), 광시(廣西), 하이난(海南)의 4개 성을 포함하며, 산지가 많아서 농업은 그리 발달하지 않았다. 해운의 발달에 비해, 육로 상태는 좋지 못하며, 광산자원은 많지 않지만 수자원은 풍부하다. 5대 경제특구가 모두 여기에 집중되어 있어서 개방정책의 선두에서 급속한 발전을 이룩한 지역에 해당한다. 인근의 홍콩, 마카오, 대만에 화교들이 집중되어 교류가 활발하고, 해외 문화의 영향을 받아 개방 의식이 강하다고 평가받는다.

서남지역은 쓰촨(四川), 후베이(湖北)의 일부분, 꾸이저우(貴州), 윈난(雲南)과 시짱(西藏)을 포함한다. 산지가 많아서 농업은 발달하지 못했고, 수자원과 산림, 광산자원이 비교적 풍부하다.

3) 새롭게 등장한 현대화 지역

개혁개방 이후 가장 빠른 속도로 현대화를 이룬 지역은 환발해 지구(環渤海 地區), 창쟝 삼각주 지구(長江 三角洲 地區)와 주쟝 삼각주 지구(珠江 三角洲 地區)이다.

환발해 지구의 핵심은 베이징과 텐진이다. 도시화 수준이 높으며 과학과 교육이 발달한 지역이다. 이 지역은 대표적인 중국의 에너지 및 공업기지이며 해외개방의 정도가 높다. 철도, 도로, 해운 모두가 아주 발달해서 공업 입지가 좋으며 전자, 기계 등 현대 공업의 집중 지역이고 고급 신기술 산업의 비중이 높다.

창쟝 삼각주 지구의 핵심은 상하이와 쑤저우(蘇州)이다. 농업과 공업 모두가 아주 발달했으며, 외국 자본이 일찍 들어와서 집중된 지역이다. 공업의 기초가 좋고 향진기업이 일찍 시작되어 발달한 대표적인 지역으로 현재는 고속도로와 고속철도로 1시간 경제권이다.

주쟝 삼각주 지구는 광똥성의 동남부에 위치하며, 광저우(廣州), 선전(深川), 주하이(珠海)가 핵심이다. 향진기업의 발달수준이 아주 높고, 비국유 경제가 차지하는 비중이 매우 높다. 외지 인구의 유입이 많아서 다문화가 공생하며, 전형적인 시장지향경제의 특징을 띤다.

(4) 중국의 지역구조 조정 정책

개혁개방 이후 지역별로 발전의 격차가 극심하게 나타나자 중국 정부는 내륙지역 발전을 위한 정책을 추진하기 시작했는데, 여기에는 중서부 지역의 발전 기반을 마련하기 위한 향진기업 육성, 내륙의 장점을 반영한 산업정책, 중앙 재정의 이전, 빈민구제 정책, 동부지역의 서부 비발전 지역에 대한 지원 제도 등이 포함된다.

정부에서는 이러한 정책과 제도를 통해 지역간 발전의 차이를 빨리 축소시켜서 다른 지역들과 합리적 분업 · 합작 관계를 형성하고 지역 구조의 현대화를 실현하려고 한다. 이러한 정책의 근간은 '서부 대개발'로 대표되지만, 각 지역에서의 지역주의 문제를 극복하는 것이 성패의 열쇠로 인식되고 있다.

1) 서부 대개발

2000년부터 본격적으로 실행에 들어간 서부 대개발 정책은 연안지역의 생산능력과 내륙의 천연자원 및 유휴인력을 결합시켜서, 자체 완결적인 경제성장의 기틀을 조성한다는 구상이다.

서부 대개발 정책은 중국의 경제구조를 내수주도형으로 전환시키려는 중국 정부의 노력과 밀접한 연계를 갖는다. 더불어 WTO 가입으로 인해 중서부 지역의 농업에 초래될 충격을 완화시키는데도 중요한 기여를 하게 될 것이다.

현재 '서부 대개발'은 2050년에 이르기까지 3단계로 진행되도록 예정되어 있다. 1단계(2001~2010년)에서는 동부와 서부 지역간 경제격차 확대를 억제하는데 초점이 맞추어져 있다. 연안 지역과 내륙 지역간에 교통 · 통신 · 수리 시설 등 인프라를 확충하고, 내륙지역의 교육투자 확대와 인재 양성을 통해 지역 발전의 토대를 구축하려 한다. 또한 서부 대개발은 서부지역의 에너지를 동부 산업지역으로 안정적으로 공급하면서 중서부 지역의 열악한 자연환경 복구를 주요 과제로 삼고 있다.

2) 지방주의 문제

개혁개방 이후 연안지역이 외자 도입을 기반으로 해서 눈부신 경제성장을 하게 되자, 지방정부 간에 경제성장 경쟁이 확산되었고, 이는 '외자의존형 경제발전 전략'을 내부적으로 확산시키는 계기가 되었다. 동시에 상대적으로 뒤처진 지역산업을 보호하기 위해 각 지방정부별로 폐쇄적인 지방보호주의 정책을 택하게 되면서, 지역간 무역장벽이 높아지고 이를 개혁하기 위한 중앙정부의 정책도 통하지 않을 정도로 지방주의가 문제로 대두되었다.

중국 정부는 1978년 개혁개방과 함께 중앙정부가 갖고 있던 경제계획 권한을 지방정부로 대폭 이양했다. 경제 권력의 이양은 재정권, 국유기업 관리권, 경제정책 결정권 등의 이양으로 나타났으며, 특히 재정권을 이양함에 따라 지방정부, 특히 성(省)급 정부는 이전보다 훨씬 더 큰 비율로 조세수입을 자체적으로 확보할 수 있게 되었다.

더불어 지방정부의 지역 당 · 정 간부에 대한 인사권도 크게 강화하게 되었는데, 이러한 지방정부의 권력 강화는 지역 이익을 국가적 이익에 우선시하는 지방보호주의를 낳게 되었다. 이러한 형편은 '위에서 정책이 내려오면, 아래에서는 대책이 있다(上有政策, 下有對策)'는 신조어를 낳게 될 정도이다. 이처럼 지방보호주의가 일반화된 이유는 재정수입과 직접적인 관계가 있다. 지방정부가 재정수입을 늘리기 위해서는 지방산업을 보호해야 하고, 그러기 위해서는 경쟁력이 높은 다른 지방 상품의 유입을 막아야 했기 때문이다. 또한 지방업체의 도산이 야기할 노동자와 조합원들의 시위 가능성도 큰 부담이었다.

각 지방정부가 자체 산업을 보호하기 위해 각종 진입장벽을 설치하는 현상이 보편화되면서, 이러한 경제적 지방보호주의는 통일된 전국 시장을 형성하는데 결정적인 걸림돌로 작용하고 있다. 또한 지방보호주의는 지방정부와 현지 산업체 간의 유착관계를 강화해서 부패의 온상으로 작용한다는 부작용도 지적되고 있다.

2. 도시와 농촌

중국의 지역별 발전 불균등의 바탕에는 도시와 농촌의 극심한 발전격차가 놓여 있다. 중국의 농촌 중에서도 상하이 인근처럼 높은 소득을 올리는 지역도 있지만, 대부분의 지역에서는 낮은 생산성과 과잉노동력으로 인해 빈곤에 시달리고 있으며, 도시와 큰 발전격차를 보이고 있다.

2010년 말 현재 중국 전체 취업자 수는 7억6천만 명인데, 이 중 농촌지역 취업자가 4억1천만 명(54.4%)으로 도시지역 취업자 3억4천만 명(45.6%)보다 많다. 2010년 말 4억 1천만 명의 농촌 취업자 중 순수 농업 노동력은 약 2억 명이며, 이 중 1억 명에 달하는 과잉노동력, 즉 잠재적 실업자 수는 향후 더 늘어날 전망이라고 한다. 하지만 2010년에 농촌의 총생산이 국내총생산(GDP)에서 차지한 비율은 10%에 불과해서 도농간 극심한 격차를 극명하게 보여준다.

신중국 건설 이후 1956년에 공업생산액은 처음으로 농업생산액을 초월해서, 중국의 경제구조에 질적인 변화가 발생했다. 즉 농업주도형 경제구조에서 공업주도형 경제구조로의 전환이 시작된 것이고 공업화 단계로 진입한 것을 의미했다. 하지만 중국은 80년대 초까지도 80% 이상의 인구가 농촌에서 생활했고, 1949년에서 1980년에 이르기까지 도시 인구가 전체인구에서 차지하는 비율은 단지 6% 정도 증가했을 뿐이다.

개혁개방 이후에는 도시인구가 빠르게 증가해서, 1978년에서 1994년까지 도시인구가 전체 인구에서 차지하는 비율이 약 12%에서 40%로 늘어났다. 다시 말해서 1978년에서 1994년까지의 16년 동안에 도시인구와 비농업인구는 각각 2억5천6백만 명과 1억9천2백만 명이 증가한 것이다. 근래에 매년 중국 도시인구의 증가 규모는 해마다 증가하는 중국의 인구규모인 1천5백만 정도에 해당된다.

2010년에 중국의 도시화율은 50%로 나타났는데, 중국의 상대적으로 낮은 도시화율은 농촌과 도시를 분리하는 호구제도와 무관하지 않다. 도시화율을 높이는 것은 산업사회로 가는 중요한 진전이며, 경제성장의 동력을 확대해서 현대화를 앞당기려는 중국 정부의 의지의 표현이지만, 도시화의 진전이 실제로 동부 연안지역에 집중되면 이들 지역의 인구집중률이 더욱 높아지면서 여러 가지 사회문제를 증폭시킬 가능성도 있다.

(1) 개혁개방 이후 도시와 농촌의 경제구조 변화

도시와 농촌 구조의 변화과정은 도시와 농촌거주 인구의 비례 조정뿐만 아니라, 전통사회에서 현대사회로, 농촌사회에서 공업사회로, 폐쇄사회에서 개방사회로, 자급자족 사회에서 시장경제 사회로 전환되는 과정이다.

최근 중국의 경이적인 경제성장에도 불구하고, 현대 중국에서 도시와 농촌은 같은 시간과 공간에 존재하지만 실제로는 발전 단계와 수준이 전혀 다른 두 종류의 사회 형태를 드러내고 있다.

1) 도시와 농촌의 경제구조 비교

신중국의 탄생을 기점으로 중국은 현대적 공업과 국민경제체제를 건립시켜 왔다. 그러나 이러한 과정에서 농촌의 경제발전을 제한하는 대가를 치렀고, 국가는 이중경제구조의 기초위에서 고도로 집중된 계획경제체제와 엄격한 호구관리 제도를 시행하면서 도시와 농촌의 이원구조를 확대하게 되었다.

국유산업을 대표하는 전민소유제 경제는 주로 시와 진(鎭) 지역에 집중되었지만 집체소유제 경제는 주로 농촌에 집중되게 되면서, 이중경제 국면을 더욱 강화하였고 농촌 경제는 외부의 지원이나 협조 없이 발전의 활력을 상실했다.

1978년 개혁개방 이후 시작된 농촌 경제체제의 개혁은 시대의 발전 추세를 따른 것이지만, 당시 개혁의 본질은 경직화된 이중경제 구조의 개혁이나 소유제 및 취업구조 문제를 해결하는 것이 아니라, 단지 농촌의 생산 경영방식을 개혁한 것이었다. 농민들로 하여금 일정 수준의 생산, 분배, 자주권을 획득하게 함으로써 농업 생산성을 향상시켜서 거대한 농촌인구의 생계문제를 해결하는 것이 주 목적이기도 했다.

그러나 결과적으로는 개혁으로 인해 농업생산에 있어서 대폭적인 발전을 얻었고, 대부분의 농촌이 생계문제를 아주 빨리 해결하면서, 농민들이 상당한 활동의 자유를 얻게 되어 통제경제 체제의 속박을 벗어나면서 농업생산 이외의 영역에서도 발전의 기회를 찾게 되었다. 농촌에서도 제2차 및 제3차 산업의 발전이 시작될 수 있었던 것이다.

농촌의 경제소유제 구조는 협동농장 형식의 단일 집체소유제에서 벗어나 여러 종류의 소유제가 공존하는 국면이다. 특히 사영 및 집체경영 방식의 향진기업이 크게 증가하여, 그 수가 1978년에 1백50만여 개였던 것이 1992년에는 2천80만여 개로 크게 증가하였다. 이들 향진기업의 생산액은 1978년의 약 5백억 원에서 1992년에는 이미 약 2조 원으로 40배가량 증가했다. 기업 수가 20배 정도 늘어나면서 그 생산액은 다시 배가된 것이다. 취업자 수도 2010년에 1억 5천만 명을 돌파하였다.

그러나 향진기업은 중국식의 독특한 농촌공업화 모델로서 규모의 영세성, 기술수준의 낙후, 과도한 중복투자, 농업생산에의 부정적 영향 및 환경오염 등의 문제를 안고 있다. 또한 시장경쟁이 격화되면서 1990년대 중반 이후 향진기업의 성장은 주춤한 양상이다. 이에 따라 근래에는 집단소유제 향진기업들이 주식회사 혹은 합작기업으로 변신하고 있는데, 이를 통해 기업의 재산권 관계를 명확히 하고 지역정부로부터의 간섭을 차단해서 기업경영의 합리화를 이룰 수 있을 것으로 기대되고 있다.

표 7-2는 2010년 도시와 농촌별 취업자 수와 취업영역의 비율을 보여준다. 도시 취업자의 취업영역별 분포를 살펴보면, 28.0%가 국유단위에 소속되어 있고, 사영기업 26.1%, 자영 개체단위 소속이 18.9%의 순서이다. 이에 반해, 농촌의 취업자들은 4분의 3이 향진기업에 취업되어 있고, 사영기업 15.4%, 개체가 11.7%이다.

| 표 7-2 | 2010년 도시 · 농촌별 취업자, 취업영역 구성 (단위: 천명, %)

도시취업자			농촌취업자		
346,870 (45.6)			414,180 (54.4)		
국유단위	65,160	(28.0)	향진기업	158,930	(72.9)
성진 집체단위	597	(2.7)	사영기업	33,470	(15.4)
합자·합작단위	38,290	(16.6)	개체(자영)	25,400	(11.7)
사영기업	60,710	(26.1)			
3자기업	7,700	(3.3)			
외국투자기업	10,530	(4.5)			
개체(자영)	44,670	(18.9)			
합계	227,597	(100)		217,800	(100)

출처 : 『중국통계연감 2012』, 중국통계국에서 재구성

2) 농촌의 경제상황

개혁개방 이후 도시와 농촌의 경제구조 조절 메커니즘은 과거의 정부 통제로부터 시장수단으로 전환되었다. 이에 따라 농업이 국민경제와 농촌경제에서 차지하는 비중은 계속 하락할 가능성이 높다. 2000년대 이후 농업이 중국의 국민경제에서 차지하는 비중은 30% 이하로서, 향후 농촌의 발전 및 농촌 생활조건의 개선 모두가 농촌의 상업, 건축업 및 여타 서비스업 등 3차 산업의 발전에 의존할 것이다. 2010년 현재 농촌에서 3차 서비스산업이 차지하는 생산액 비중은 20% 정도이다.

표 7-3은 중국 농촌의 주요 경제지표를 제시하고 있다. 1990년에서 2001년 사이에 중국의 농촌 총인구는 약 4천만 명이 증가한데 비해 노동력인구는 약 6천만 명이 증가해서 취업압력이 높아지고 있다.

| 표 7-3 | 농촌의 주요 경제지표

	1990	1995	2000	2005	2010
농촌 총인구(만명)	89,590	91,675	92,820	74,544	67,113
노동력(만 명)	42,002	45,042	47,962		
남성비율(%)	53.7	53.7	53.2		
농·림·목축·어업 총생산(억元)	7,662	20,341	24,916	39,450	69,319
주요 농산품 생산					
양식	44,624	46,662	46,218	48,402	54,647
면화	451	477	442	571	596
식용유	1,613	2,250	2,955	3,077	3,230
설탕원료	7,215	7,940	7,635	9,451	12,008
육류(소, 돼지, 양)	2,514	4,265	4,838	6,157	6,123
우유	416	576	827	2,864	3,575
농촌소비가격지수(%)	104.5	117.5	99.9	102.2	103.6
평균순수입(元)	686	1,578	2,253	3,255	5,919
재직산업별 분포(만 명)					
농·림·목축·어업	33,336	32,335	32,798	32,911	
공업	3,229	3,971	4,109	3,953	
건축업	1,523	2,204	2,692	2,531	
교통·운수·통신업	635	983	1,170	1,115	
소매·음식업	693	1,170	1,752	1,584	
기타	2,593	4,380	5,442	4,799	

출처 : 『중국통계연감 2012』, 중국통계국에서 재구성

제1차 산업의 생산액은 90년대 초반 괄목할 만한 성장세를 보였고 이후에도 꾸준히 증가해서 2000년에는 1990년 대비 3.3배의 성장을 보였다. 주요 농산품의 증가 추세를 보더라도, 농산품과 축산품의 생산이 모두 증가추세이며 특히 생활수준의 향상에 따라 축산품의 증가추세가 매우 빠른 것을 볼 수 있다.

노동력 인구가 재직하고 있는 산업별 분포를 보면, 1차 산업은 감소추세이며, 2차 및 3차 산업인구가 늘고 있는 것을 알 수 있다.

아래 표 7-4에서는 1990년부터 2010년 사이에 농촌 가구당 평균인구 수가 4.8명에서 4.0명으로 줄어들고 있으며, 1인당 수입과 지출 규모는 빠르게 증가하여 동기간 중 약 8배에 달하는 증가 추세임을 보여준다.

표 7-5는 농촌 가구의 수입 중에 비농업 수입 및 임금성 수입이 증가하는 추세를 보여준다.

| 표 7-4 | 농촌 가구의 인구수와 수입 · 지출

	1990	1995	2000	2005	2010
가구당 평균인구(명)	4.80	4.48	4.20	4.08	3.95
1인당 연평균 수입(원)	990.4	2,337.9	3,087.8	4,631.2	8,119.5
1인당 연평균 지출(원)	903.5	2,138.3	2,535.0	4,126.9	6,991.8

출처 : 『중국통계연감 2012』, 중국통계국에서 재구성

| 표 7-5 | 농촌 가구 수입의 구성 (단위: 원)

항목	1990	1995	2000	2005	2010
임금성 수입	138.80	353.70	702.30	1,174.53	2,431.05
가정경영 수입	815.79	1,877.42	2,251.28	3,164.43	4,937.48
재산성 수입	35.79	40.98	45.04	88.45	202.25
전이성 수입	–	65.77	147.59	203.81	548.74

출처 : 『중국통계연감 2012』, 중국통계국에서 재구성

표 7-6은 수입 수준별로 농촌가구를 계층으로 구분하여, 각 수입계층의 기본적인 상황을 파악한 것이다. 농촌가구의 약 반수는 2001년 연수입이 1300원~3000원이었다. 연간 5000원 이상의 수입을 올리는 가구는 8.9%였으며, 2.5%의 농가 가구는 연수입이 채 500원에도 미치지 못했다.

가구당 인구수는 소득이 높을수록 줄어드는 양상이어서, 저소득 농가가구일수록 적은 소득으로 많은 가족수를 부양하는 부담을 안고 있음을 볼 수 있다. 잘 사는 농촌 가구일수록 주거 면적이 증가하는 것과는 달리, 경작면적은 최저소득 가구에서 더 많은 것으로 나타나고 있는데, 이는 이들 가구가 주로 척박한 서부의 산지에 분포한 때문인 것으로 보인다.

| 표 7-6 | 농촌 수입계층별 기본 상황: 2001년

	500元 이하	500~1300元	1300~3000元	3000~5000元	5000元 이상
구성비(%)	2.51	20.46	49.48	18.65	8.90
평균인구(명)	4.62	4.70	4.22	3.74	3.38
경작면적(/)	3.6	2.0	1.9	2.0	1.9
주거면적(㎡/人)	16.3	19.3	24.7	32.4	41.9
주거지가격(元/人)	166	132	175	230	325

출처 : 『중국농촌주택도시연감 2002』, 〈표 3-6〉에서 재구성

(2) 도시와 농촌의 분화

1) 호구제

개혁개방 이전까지 중국은 이중경제 구조의 기초 위에서 일련의 사회정책과 제도를 실시하면서 경직되고 엄격히 이원화된 도시와 농촌의 두 가지 사회구조를 형성했다. 전자는 비농업 생산에 종사하면서 시와 진을 생활공간으로 하는 사람들로

구성되었고 주로 국가 지도자급 및 노동자 계급에 속한다. 후자는 농업에 종사하며 농촌에서 주로 생활하는 농민계급으로 이루어졌다.

이 두 부류 간에는 사회적 지위뿐만 아니라, 심지어는 일상생활 모두가 당과 국가의 엄격한 규정으로 인해 서로간의 이동이 상당히 어려웠다. 직업, 계층, 수입, 신분 및 생활방식의 차이와 지리적 차이가 중첩되면서, 도시와 농촌은 등급이 서로 다른 두 개의 사회가 되어 버렸다.

그러나 개혁개방에 따라 호구제도가 어느 정도 통제에서 벗어나면서 고정화된 도시·농촌의 이원화된 구조가 어느 정도 와해되고 있는 것이 현실이다. 호적 관리제도가 실제로 그다지 엄격하지 않게 되면서 농촌 사람들도 임시 거주증을 얻어 도시에서 상공업에 종사할 수 있게 되었다.

이에 따라 농촌의 사회구조도 단일적이고 동질적인 것에서 다원화되고 이질적인 것으로 변하고 있다. 현재 중국 농촌의 사회계층을 연구하는 학자들은 이전까지의 '농민계급'이라는 단일 계층구조를 버리고 4분법, 6분법, 8분법 심지어는 12분법으로 그 구성을 나누고 있다. 이것은 중국 농촌사회가 이미 상당히 분화되어 일정한 정형이 없다는 것을 알려준다.

한편 중국에서 교육이 확대·발전하면서 매년 수많은 농촌의 우수학생들이 도시의 대학에 진학하고, 그 중 대부분의 학생은 졸업 후 도시에 남아서 노동자로 취업하면서 농민 호구로부터 도시 호구로 전환되기도 한다. 이러한 경향에 따라, 공안 당국은 이미 도시의 호적관리 제도의 개혁에 착수했고, 노동부도 농업 노동력의 도시 이전을 주요 관리업무로 다루게 되었다.

2) 민공조(民工潮)

호구제에 따른 중국 도시와 농촌간 이동 통제 메카니즘의 변화로 인해 민공(民工)이 등장하였다. 이것은 소위 '중국특색'의 독특한 사회집단인데, 농촌 출생으로 농민 호구를 지니고 있지만, 도시로 이동하여 비농업 생산에 종사하고 도시에서 생활하는 사람들을 의미한다. 이들의 신분은 도시에서 어떤 일에 종사하건 간에 여전히 농민에 속하며, 국가의 합법적인 신분체계에 따라 부여된 각종 복지혜택을 누리지 못하며, 사회적 지위가 도시민보다 낮다.

도시에서 시장경제가 발전함에 따라, 좀 더 나은 이익을 추구하거나 고소득에 대한 열망 등으로 인해 1980년 중반부터 중국의 노동력이 이동하기 시작했다. 그 특징은 농촌 노동력이 도시로, 중서부의 노동력이 동부 연안지역으로, 미발달지역에서 발달지역으로 이동한 것이다. 그 중에 규모가 가장 크고 주목을 받은 것은 농촌의 잉여 노동력이 도시의 2차 및 3차 산업으로 이동한 것이며, 이것이 이른바 '민공조(民工潮)'라고 불리는 현상이다.

개혁개방 이후 농촌에서 가정단위의 생산 도급제('가정승포생산책임제')를 실시하게 되면서 농업 생산성이 크게 증대했다는 점은 앞에서 이미 언급하였다. 농촌의 삶이 생계유지 수준을 넘어서게 되고 교통이 발달하기 시작하며 연안지역의 경제성장 성과가 전파되기 시작하자 돈을 벌고 싶은 농민들이 시나 진 지역으로 제2차 산업이나 제3차 산업에서 일자리를 찾아 나서게 되었다.

1984년에 중국 정부는 이와 관련하여 두 가지 정책을 채택했다. 하나는 농촌에 향진기업(鄕鎭企業)을 발전시켜 노동력 이동을 가능한 한 제한하려고 한 것이고, 다른 하나는 전보다 인구이동에 대한 통제를 약화시킨 것이다. 이러한 조치의 결과, 농촌의 향진기업이 번성하면서 1993년에는 종사 인력이 1억2천만 명에 육박하여, 1984년보다 두 배로 증가했다.

한편 많은 노동력이 도시로의 이동을 감행하여, 도시에서 2차 및 3차 산업에 주로 종사하지만 거주지는 원래의 고향에 두고 '농사는 안 지어도 고향을 떠나지 않는(離土不離鄕)' 부류인 '농민공'이 되었다. 즉 나머지 가족 모두나 일부를 농촌에 그대로 남겨두고 도시로 흘러들어 와서 건설현장, 식당, 공장 등에서 돈을 벌고 이

돈을 고향에 송금하게 된 것이다.

당시 도시지역에서는 개혁과 발전이 심화되면서 도시에서 이루어지는 건설업, 운송업, 환경 위생업 그리고 각종 3차 산업에서 대규모 노동력을 필요로 했다. 그런데 신분상 유리하고 직장을 보장받고 있던 대부분의 도시 거주민들은 이렇게 힘들고 더럽고 위험한 일을 하려고 하지 않아서 결국 필요한 인력을 농촌에서 보충하는 현실을 받아들이게 된 것이다. 농민공의 90% 이상은 비정규 임시직과 3D 업종에 종사하는데, 노동조건이 열악한 건설, 야금, 화공품 가공, 방직업 등에 종사한다.

1980년대 말에 이미 이렇게 도시로 유입된 노동력은 약 3천만 명에 달했고, 1992년 경에는 그 수가 급증해서 사회적 관심을 불러일으키면서, '민공조(民工潮)'라는 용어를 만들어내게 된 것이다. 민공 인력은 1994년 봄 현재 약 6천만 명에 이르렀다. 당시 주장 삼각주(珠江 三角洲)지구는 약 6백50만의 농민공을, 창장 삼각주(長江 三角洲)지구에서는 약 5백만의 민공을 흡수했다고 한다.

농민공들의 도시 유입이 가져온 장점은 이들이 도시와 농촌구조, 산업구조, 취업구조에 긍정적인 변화를 일으키고, 노동력이 필요한 지역과 산업에 적절한 노동력 공급이 이루어지도록 한다는 것이다. 더불어 농민공들을 배출한 농촌지역 역시 자금과 기술, 정보 등의 대가를 얻는다. 1996년에 농민공 1인당 연평균 송금액은 2,000 위안에 달해, 농민의 연평균 소득보다 오히려 높았다고 한다. 또 한 가지 예를 들면, 2000년 기준 쓰촨(四川)성 출신의 농민공 6백여만 명이 매년 우체국 등을 통해 고향으로 송금하는 금액은 60억 위안을 초과해서, 성(省) 내에서 농촌 발전에 투자하고 지원한 자금 규모를 능가했다고 한다.

2010년대 들어서 약 2억2천만 명으로 추계되는 농민공은 도시와 농촌 간 소득격차 및 고용기회의 차이를 줄이는데 큰 기여를 하고 있다. 농민공 규모를 2억2천만 명으로 잡는다면, 이들이 중국 농촌의 과잉노동력 부담을 30% 이상 덜어주고 있는 셈이고 이들이 중국 농촌 수입의 40%를 담당하고 있는 셈이다.

농민공의 급격한 확대에는 향촌 네트워크가 기여를 했다. 먼저 도시에 정착한 농민공이 알려주는 정보와 도움은 고향 사람들의 연쇄적인 도시행을 유발했다. 과거에는 농민공은 남성이 압도적이었지만 1990년대 후반 들어서는 여성의 비율이 남성과 비슷한 수준으로 높아진 것이 특징이었다. 이들은 주로 서비스업에 진출하는 것으로 파악된다.

농민공의 이러한 기여에도 불구하고, 도시 사회에 부정적인 문제를 초래하는 것도 현실이다. 농민공의 대거 유입은 치안, 민정, 주택, 교통, 산아제한 및 여타 도시 관리 측면에서 상당한 부담을 초래하고 있다. 도시민들은 처음에는 민공을 '맹류(盲流)'라고 부르며 제약을 가하고 배척하는 태도를 취하기도 했다.

(3) 향후 중국 도시와 농촌의 당면 문제

1) 인구 압력과 도시화 문제

도시화의 시각에서 보면 중국의 인구 압력은 매우 높다. 중국이 현재 선진국의 도시화 수준까지 이르려면 총 인구의 70% 이상인 약 5억의 농촌인구를 도시주민으로 전입시켜야 한다. 일반적으로 한 국가가 현대화 과정에 있을 때 도시화율은 곧잘 공업화율을 앞지른다. 미국의 경우에 1940년대에 공업화율은 30%였지만 도시화율은 56%였다. 이렇게 볼 때, 중국의 현대화 과정에서 당면한 한 가지 문제는 도시화가 공업화에 뒤진다는 점이다. 2000년 현재 중국의 공업화율은 48%이나 도시화율은 36%에 불과했는데, 이처럼 낙후된 상황은 근대화나 대규모 경제발전의 효율성 측면에서 불리하며, 특히 3차 산업의 발전에는 더욱 불리한 영향을 미치고 있다. 이러한 문제를 해결하기 위해, 중국 정부에서는 도시행정구역을 넓히는 조치를 취해왔으며, 그 결과 2010년에는 공업화율 46.8% 대비 도시화율이 50.0%로 앞서게 되었다.

현재 중국의 도시화 발전 전략은 세 가지 주장으로 나뉜다. 대도시 발전 위주 전략, 중소도시 발전 위주 전략 및 소성진(小城鎭) 발전 위주의 전략이 그것이다. 그런데 만일 현재 추진하고 있는 정책에 따라 농촌 주변에 소규모의 도시를 발전시키는 도시화 전략을 채택한다면, 중국 국민경제의 기초인 농업의 위상은 위기에 봉착하기 쉽다. 중국은 1인당 경지면적이 적기 때문에, 농촌 주변의 소도시 발전 전략은 경지의 보호와 절약에 있어서 더욱 불리한 입장이다.

농촌 인구의 시 · 진으로의 이전을 통해 도시화를 실현한다고 해도 그 성공여부는 역시 취업구조의 변화에 있다. 취업구조의 변화가 없다면 영구적인 이전은 불가능하기 때문이다. 2000년에 시와 진(鎭) 지역의 인구는 약 5억 명에 성진화율(城鎭化率)은 40% 정도이고, 2010년에는 시, 진 인구가 약 6.9억 명에 달해 성진화율(도시화율)이 50%에 접근하였다. 그러나 현재 농촌의 잉여 노동력을 1억으로 추산할 때, 농촌의 4억1천만 노동력 중 30%가 문맹인 현실에서, 이들의 도시 이전이 취업구조에 큰 변화를 초래하는 데는 한계가 있어 보인다.

2) 농촌 발전 문제

중국에서 농촌 발전의 첫 걸음은 '가정승포생산책임제'를 통한 생산 도급제도였고, 그 다음에는 향진기업의 발전이 뒤따랐다. 이제 소성진 건설을 통해 농촌지역의 발전을 꾀하려는 전략은 비교적 타당하고 순리적인 방안으로 받아들여지고 있다.

소성진 발전은 과도기적 단계로, 도시와 농촌의 격차로 인한 심각한 대립을 피하고 향진기업의 발전을 지지하는 의지를 표현하는 것이다. 향진기업이 발전하자 다수의 농민들이 소성진으로 호구(戶口)를 옮겼으나, 이는 여전히 준(準)이원적 사회구조에 지나지 않았다. 어떤 이들은 이를 삼원(三元) 사회구조라고도 했다.

일부 학자들은 향후 중국의 농촌이 발전하기 위해서는 도시와 농촌의 이원적 구조가 개혁되어야 하며, 권역 현대화가 실현되어야 한다고 주장한다. 권역 현대화란

지리, 자원과 환경, 경제와 사회, 역사와 문화를 공유하는 비교적 큰 권역 내에서 한 대규모 도시가 중심이 되어 약간의 중소 도시를 주위에 포함시켜서, 권역 내에 많은 소성진(小城鎭)과 향촌(鄉村) 간에 연결망을 형성하는 것이다.

2002년 3월에 개최된 중국의 전국인민대표대회(전인대)에서는 농업 및 농촌문제가 크게 부각되었다. 도시 지역에서의 괄목할 만한 번영과는 달리, 농촌지역에서 나타나고 있는 농업생산성의 정체와 농민소득의 정체가 문제가 되었던 것이다.

오늘날의 중국은 노동력 구성을 볼 때, 여전히 농업국가이며 총인구 13.5억의 50% 가까이가 농촌지역에 거주하고 있고, 기본적으로 농업을 통해 생계를 유지하고 있다. 이는 중국 인구의 반수 이상이 고도성장에서 제외되고 있으며, 빈곤을 벗어나지 못하고 있음을 의미하는 것이다.

3) 빈부 격차와 도시 빈민 문제

중국의 경제발전이 연안 지역의 도시를 중심으로 선행되면서 지역간, 도농간 경제불평등이 매우 심화되고 있다. 2010년 현재, 자료에 근거한 중국의 지니(Gini) 계수는 0.45로 미국이나 한국보다 불평등이 더 심할 뿐만 아니라, 일부에서는 중국의 불평등 수준이 세계 최고라고 주장하기도 한다.

도시 내에서도 빈부 격차가 매우 심각해서, 2000년 도시 주민의 전체 금융자산 보유비율로 볼 때, 상위 20% 주민이 보유한 비율은 55%에 달한 반면, 하위 20%의 금융자산 비율은 1.5%에 그쳤다고 한다. 그런데 도시와 농촌을 합친 사회 전체의 빈부 격차는 더욱 심각한 것이 중국의 현실이다. 1998년 국가통계국의 자료에 의하면, 이미 1990년대 말에 상위 5%의 사람들이 중국 전체 금융자산의 절반을 소유하고 있었다. 그런데 더 큰 문제는 중국의 빈부격차가 주로 개혁개방 이후의 불공정 경쟁에 크게 의존해왔다는 점이다. 흔히 '돈과 권력이 교환'되는 부패의 과정이 극심한 빈부 격차를 낳았다는 지적이다. 2012년 현재 중국에서 재산이 1조원이 넘는 사람이 1,453명이며, 이중 1천 명의 재산 총액이 국가 GDP의 23%를 차지하는데, 이들 중에서 부동산업 종사자가 22%이고 여성은 13%이다.

도시에서 조차도 빈부 격차가 심각한 한편에는 도시빈민 문제가 있다. 2001년 국가통계국 표준에 따르면, 전국의 평균 빈곤 기준은 1인당 연 소득 2,310위안, 월 소득 193위안인데, 이 기준에 따른 전국 도시 빈민 총수는 약 1,500만 명으로서 도시 인구의 3.8%를 차지했다. 이 통계에는 1억 명 이상으로 추정되는 농민공은 제외된 수치이다.

도시 빈민의 범주는 크게 세 가지로 나뉜다. 첫째는 장애나 질병 등으로 장기적으로 사회적 보호를 받아온 집단(빈민 전체의 약 30%)이다. 둘째는 직장을 갖고 있으면서도 임금이 최저생활비에 미치지 못하는 노동자로 빈민의 15%에 이른다. 셋째는 퇴직자와 실직 노동자, 실업자 집단이다. 이들은 전체 도시 빈민의 55%를 차지한다.

도시 빈민을 위한 사회안전망으로는 '도시 주민 최저생활보장제'가 대표적이지만, 중국의 사회복지 시스템은 이제 걸음마 단계인 것이 현실이다.

제8장

교육, 문화와 언어

1. 교육

2. 문화

3. 언어와 문자

1. 교육

(1) 중국 교육의 현황

1) 일반교육과 문맹

중국은 광대한 영토에 세계에서 가장 큰 규모의 인구를 안고 있는 나라이지만, 최근의 빠른 경제성장에도 불구하고 여전히 농업의 비중이 매우 높은 나라이며, 농촌과 변방지역에서는 전반적인 교육수준이 매우 낮을 뿐만 아니라 한자를 읽고 쓰지 못하는 문맹자도 매우 많은 것이 현실이다.

이들 문맹자들은 주로 과거에 교육기회를 갖지 못했던 이미 나이가 많은 농촌 인구들이지만, 변방의 소수민족 지역이나 가난한 농촌지역에서는 현재도 교육여건이 부실하기도 하고, 호구지책에 몰려서 교육을 받지 못하는 문맹자들이 새로이 산출되고 있다. 2011년에 중국에서 15세 이상 인구 중 문맹비율은 5.21%이다. 이전의 문맹률은 매우 높은 수준이어 1990년 자료에 의하면, 전국에서 15세 이상의 인구 중, 문맹과 반(半)문맹자가 모두 1억8천2백만 명으로 전체 인구의 16%를 점하였다. 그런데 이는 1982년 제2차 인구센서스 자료에서 나타난 문맹자 비율인 22.8% 보다는 약 7%가량 낮아진 것이었다.

1992년 중국 성인의 문자해독률은 80%로서 개발도상국들의 평균치인 79% 수준과 비슷하지만, 『인류발전보고(1994)』에서 제시한 선진국들의 인간발전지수(HDI; Human Development Index) 평균치인 92% 수준보다는 훨씬 낮았다.

중국은 사회주의 건국 이후 능력에 따른 교육의 의무화를 시행해 왔지만, 아직까지 대학졸업 이상의 고등교육은 물론이거니와, 고등학교 졸업 수준의 중등교육 이수자 비율도 선진 산업사회들에 비해서는 현저하게 낮은 상태이다. 중국 정부는

〈중화인민공화국 의무교육법〉에 근거하여 9년의 의무교육을 실시하고 있지만, 그 실시 비율은 2000년에 약 65% 정도였다가 현재는 95% 이상인 것으로 파악된다.

1990년 당시, 중국에서 대학 이상의 교육을 받은 인구는 1,576만 명으로 파악되었는데, 이 수치는 1982년의 604만 명보다는 약 두 배 반이 증가한 것이지만, 중국의 전체 인구에서 차지하는 비율은 여전히 1% 남짓에 불과한 정도로 낮은 상태였다. 2010년 현재 대학 이상의 학력을 소지한 인구는 약 9천만 명으로 전국 총인구의 약 6.6%를 차지한다.

한편 1990년에 고등학교와 중전(中專; 2~3년제 중등전문학교) 학력 수준의 인구는 8,988만 명으로 1982년의 6,653만 명 보다는 35%정도 증가한 것이지만, 이 역시 전체 인구에서 차지하는 비중은 약 7.5%에 불과했다.

그러나 개혁개방 이후 중국 경제가 성장하고 대외개방이 이루어지면서, 한편으로 교육에 대한 수요가 증가하고 다른 한편으로는 양질의 사립교육이 제공되기 시작하면서, 점차 교육수준이 빠르게 향상되고 있는 것이 현실이다. 인구 센서스 자료를 살펴보면, 현재 30세 정도를 기준으로 하여 그 아래 연령층과 그 이상의 연령층 간에는 교육수준을 포함한 문화구성에 명확한 반비례 관계가 있다.

이 점은 해마다 늘고 있는 진학률의 증가추세를 살펴보더라도 실증된다. 신중국 건설 직후였던 1952년 중국의 초등학교 입학률은 49.2%에 불과했으나 그 수치가 1990년에는 97.8%로 증가했다. 과거에는 초등학교 입학 연령에 이른 어린이들 중 두 명 중에 한 명만 초등학교에 입학했지만, 현재는 거의 모두가 초등학교에 입학하여 교육을 받기 시작한다는 것을 의미한다.

또한 초등학교 졸업생이 중학교로 진학하는 비율도 비교적 큰 폭으로 상승하여 1993년에 이미 80%를 넘어섰고, 2010년 현재는 90%에 이른다. 그러나 해당 나이층의 청소년 전체에서 중학교 입학률은 1990년에 48%여서, HDI 중등 발전국가의 평균 수준인 51%에 가깝지만, 선진국들의 평균 61%에는 훨씬 못 미친다. 중학교 졸업생이 고등학교로 진학하는 비율은 1957년의 39.7%에서 1993년에는 44.1%로 상승했으며, 2010년 현재는 80%를 상회한다.

중국이 문맹을 일소하고 국민들의 문화수준을 높이기 위한 일환으로 오랜 기간 동안 의무교육과 일반교육을 강화해 왔지만, 현실적으로 중국의 공공교육 예산 지출은 오랫동안 국민 총생산의 2.5% 이하를 맴돌았다. 1990년에는 그 비중이 2.3%에 그쳐서, 선진국 평균 4.9%나 개발도상국 평균인 3.9% 뿐만 아니라, 최후진국 평균인 3.0%에도 못 미쳤다. 2013년 전국인민대표회의에서 2011년 일반교육재정 투자비율이 3.49%라고 밝혀진 바 있다.

| 표 8-1 | 중국에서 공교육 경비가 국민총생산에서 차지하는 비중(%)

항목 \ 연도	1978	1983	1986	1990	1995	2000	2003
예산내 공교육비	2.1	2.7	2.8	2.4	2.3	1.7	2.2
예산의 경비추가	2.3	3.0	3.2	2.9	2.8	2.2	2.5

출처: 《중국통계연감(2004)》 670쪽 〈표-20〉에서 재구성.

2) 고등교육

중국은 국민을 위해 제공한 의무교육 면에서 비교적 좋은 성과를 얻었으나, 고등교육은 대단히 낙후되어 있다. 일반교육에 비해 중국의 고등교육 수준은 매우 뒤떨어진 형편이다. 중국에서 대학 이상의 교육을 받은 인구의 총인구 대비 비율은 1990년 1.1%, 2000년 1.4%를 거쳐 2010년 6.6%로 빠르게 증가해왔다.

중국의 고등교육 입학률은 1990년에 1.7% 수준으로, HDI(인간발전지수) 선진국 평균인 22.4%나 중등 발전국가 평균인 7.4%에 비해 매우 낮은 수준이며, 후진국 평균인 2.5%에도 못 미쳤다. 중국의 고등교육 정체 상황은 1990년에 우리나라의 대학 진학률이 39.2%였던 것에 비해 중국은 1.7%에 불과했던 점에서도 확인된다. 그러나 2000년 이후 중국 고등학교 졸업생의 진학률은 빠르게 증가하여 현재는 60% 수준이다.

중국 인구의 교육수준과 문화 구성은 도시와 농촌간 격차 및 성별 차이가 크다. 이러한 경향은 농촌 출신 인구 중 대학이나 전문대학에 진학한 절대 다수가 졸업 후 모두 도시호구로 전환하여 도시에서 직장을 얻어 거주하는 상황을 반영한 것으로서, 도농간 인구의 문화 구성에 격차를 벌이는 또 다른 요인이다.

중국 고등교육의 낙후 상황은 중국 인구의 문화구조와 인적자본 구조에 부정적인 영향을 미치는 요소이며, 중국의 21세기 경제 · 사회적 발전의 잠재력에 나쁜 영향을 미칠 수밖에 없다.

현재 중국은 이미 중등 공업화 단계에 도달했고, 연안 개방지역을 중심으로 한 경제는 비약적인 발전 단계에 진입했다. 그런데 기존의 연구결과들을 보면, 국제 경험상 한 나라의 고등교육 입학률이 10% 수준이 되어야만 경제적 발전에 따른 노동수요와 자본의 요구를 충족시킬 수 있다고 한다. 그런 점에서 현재 고등교육 입학률이 상대적으로 낮은 중국의 인적자원개발 수준은 중국이 21세기 소강(小康) 사회로 진행해 가는 과정에서 큰 걸림돌이 될 수 있다.

더구나 최근에 고등교육 이수자 수가 급격하게 증가하면서, 대학과 전문대학 졸업생의 취직난이 대두되고 있다. 2001년에 중국의 대학과 전문학교를 졸업한 115만 명의 졸업생들 가운데, 대졸자의 취업률은 80%였으나, 전문학교 졸업생의 취직률은 40%에 그쳤다.

3) 직업교육

중국은 개혁개방에 따라 산업이 빠르게 성장하면서 양질의 노동인력에 대한 수요가 급증하게 되었다. 개혁개방에 따른 사회주의 현대화 건설을 위해 산업현장에서 필요한 인재가 부족하다는 점과 실업이라는 인적자원 문제의 해결 방안으로 직업교육의 발전과 강화에 특별히 신경을 쓰게 되었다. 1985년에 중국 정부는 〈교육의 구조적 개혁에 관한 결론〉에서, 합리적인 다층 구조의 직업교육제도가 점진적으로 확립되어야 하며, 이러한 직업교육제도는 산업분야의 요구를 충족시킬 수 있어야 함과 동시에 정규 중등교육과 연계될 수 있어야 한다고 규정했다. 이후 1996년에는 〈직업교육법〉이 공식적으로 시행되었다.

이에 따라 중국에서는 1980년대 들어서면서부터 직업교육의 발전이 더욱 빨라져서 각종 직업학교의 모집 학생 수가 크게 증가하고 있다. 1978년에 약 88만 명이던 직업학교 학생수는 2000년에는 약 1,000만 명으로 늘어났다. 그러나 1993년 중국 직업학교(농고 포함)의 학생 수는 전체 학생의 7%였지만, 같은 해에 우리나라에서는 그 비율이 22%로 중국의 직업교육 비중이 상대적으로 낮았다.

한편 가정승포생산제와 향촌기업의 발전에 힘입어, 1980년에 30만 명을 모집했던 농업고의 경우에도 1992년에는 모집 학생 수가 152만 명으로 증가하여, 거의 5배로 늘어났다.

중국에서 직업교육의 성장 현황을 학교 급별로 살펴보면, 직업중학교의 경우에는 1985년 1.626개교에서 점차 줄어들어 2011년에는 54개교로 축소되고 있다. 직업고등학교의 경우에는 1985년 13,549개교에서 점차 감소하여 2011년에는 4,802개교로 줄었고, 고등직업학교(전문대)는 1985년의 118개교에서 2011년에는 1,280개교로 크게 증가하고 있다.

이는 중국의 산업발전과 경제성장으로 인해 가계소득이 늘어나면서 점차 학생들의 상급 인문계 학교 진학 욕구가 증대하는 점과, 직업교육을 받더라도 기술수준의 향상 등으로 인해 고등단계의 직업교육 수요가 증가하는 현상을 반영한 것으로 파악된다.

중등직업교육은 고등학교 수준에서 이루어지는 직업교육을 의미하며, 특화된 기술노동자학교 및 직업고등학교 등에서 이루어지는데, 중국 직업교육의 중심이라고 할 수 있다. 이러한 학교들은 생산력의 중심이 될 특화된 기술인재들을 양성하는 것을 주 임무로 하는데, 직업고등학교의 경우에 교육과정은 3년이며 제공되는 과정들은 주로 제3차 산업과 연관되어 있다.

전문대학 수준인 2~3년 과정의 고등직업교육 학교에는 일반 고등학교와 직업고등학교 졸업생들이 입학한다. 최근에는 직업고등학교에서 진학한 학생들의 비율이 높아지면서 중등과 대학 직업교육의 연계가 점차 형성되고 있다. 경제 건설에 필요한 중급 및 고급의 특화된 기술 또는 경영 인력 양성을 목표로 하는 대학 직업교육에서는 실무 중심 및 기술 중심의 인재훈련에 초점을 둔다.

직업교육의 발전은 중국의 낙후된 교육구조 조정과 교육 수혜자의 문화수준 향상 및 기술획득에 큰 공헌을 했다. 한편 정규교육기관과 분리된 직업훈련을 위해서는 1997년에 노동부 산하에 연간 총 3백만 명을 훈련할 수 있는 2,800여 개의 취업훈련센터가 설치 · 운영되었다.

(2) 교육과 직업구조

1) 교육수준과 직업

아래 표 8-2는 이수한 교육수준별로 졸업자들의 직업분포를 보여준다. 다른 대부분의 나라와 마찬가지로, 고등교육 이수자들의 진출 직종은 전문 · 기술직 종사자들이 가장 많다. 대학원이나 대학 졸업자들의 거의 반수가 전문기술직을 가지고 있으며, 대학원 졸업자의 약 10%는 단위기관의 장을 맡고 있다.

전문대 졸업자들의 경우에는 약 35%가 사무직에 진출하며, 20%가량은 상업 · 서비스직을 갖고 있다. 고등학교 졸업자의 경우에는, 제조생산직(29.0%), 상업 · 서비스직(28.3%), 농 · 림 · 목 · 어업직(20.1%)의 순으로 직종이 구성된다. 중학교 졸업 이하의 경우에는, 생산직 및 농 · 림 · 목축 · 어업직의 비율이 상대적으로 높다. 특히 교육수준이 낮을수록 농 · 림 · 목축 · 어업직의 비율이 더욱 높은 경향을 보인다.

| 표 8-2 | 교육정도별 직업분포: 2010년 (단위: %)

교육정도 / 직업별	대학원	대학	전문대	고등	중	초등	문맹 · 반문맹
단위의 장(長)	9.5	7.7	6.3	3.3	1.1	0.4	0.1
전문·기술직	61.7	48.8	35.9	11.1	2.0	0.6	0.3
사무직	18.8	22.8	19.0	8.0	2.0	0.8	0.4
상업·서비스직	5.8	12.4	20.7	28.3	17.1	8.4	4.9
농·림·목축·어업직	0.9	1.1	3.7	20.1	49.7	75.4	88.8
제조생산직	3.2	7.1	14.4	29.0	28.1	14.4	5.5
기타	0.1	0.1	0.1	0.1	0.1	0.1	0.0
합계	100	100	100	100	100	100	100

출처 : 『중국노동통계연감 2012』, 국가통계국편에서 재구성

2) 교육구조

① 학교급별 학생수

아래 표 8-3은 각급 학교급 별로 해당 연도의 재학생 수를 보여주고 있다. 전문대학 이상 고등교육 재학생 수는 1978년 85만 명이던 것이 빠르게 증가하여, 1990년에는 200만 명을 돌파하고 2000년에는 550만 명에 달했는데, 2010년에는 2,230만 명으로 늘어서 10년 만에 거의 1,700만 명이 증가하는 빠른 성장세를 보이고 있다.

중등학교 재학생도 꾸준한 증가 추세이며, 특히 기술 · 사범계 및 직업학교의 재학생 수는 개혁개방 초기 15년간에 2~3배의 성장세를 보였다. 초등학생 수는 출생

률의 저하에 따라 감소경향을 보이지만, 소득수준 상승에 따라 유치원생의 숫자는 상대적으로 늘고 있다.

| 표 8-3 | 학교급별 학생수 변동 (단위: 만 명)

연도	전문대학 이상	고등학교	중학교	기술, 사범중고	직업 중고	초등	특수교육	유치원
1978	85.6	1,553.1	4,995.2	88.9	–	14,624.0	3.1	787.7
1985	170.3	741.1	3,964.8	157.1	229.5	13,370.2	4.2	1,479.7
1990	206.3	717.3	3,868.7	224.4	295.0	12,241.4	7.2	1,972.2
1995	290.6	713.2	4,657.8	372.2	448.3	13,195.2	29.6	2,711.2
2000	556.1	1,201.3	6,167.6	489.5	503.2	13,013.3	37.8	2,244.2
2005	1,561.8	2,409.1	6,171.8	–	625.6	10,864.1	36.4	2,179.0
2010	2,231.8	2,427.3	5,275.9	–	729.8	9,940.7	42.6	2,976.7

출처 : 『중국노동통계연감 2012』, 국가통계국편에서 재구성

② 학교급별 교사수

표 8-4는 각 학교급 별로 교사 수의 변동을 보여주고 있다. 전문대학 이상 학교의 교사 수는 1978년에 20만 명이던 것이 빠르게 증가하여, 1990년에는 약 두 배로 증가한 40만 명에 이르렀고 2000년에는 46만 여 명에 달했는데, 2000년대 초반 이후 대학교육개혁에 따른 학생수의 급격한 증가추세에 맞추어 2010년에는 134만 명으로 증가하는 빠른 성장세를 보이고 있다.

고등학교와 중학교 등 중등 교육기관 교사수도 꾸준한 증가 추세이며, 특히 직업학교 학생 수의 증가추세에 따라 직업학교 교사수도 개혁개방 초기에 빠른 성장세를 보였다. 초등학생 숫자의 정체에 따라 초등교육 교사 수는 비교적 변동이 없다.

| 표 8-4 | 학교급별 교사수 변동 (단위: 만 명)

연도	전문대학 이상	고등학교	중학교	기술, 사범중고	직업중고	초등	특수교육	유치원
1978	20.6	74.1	244.1	9.9	—	522.6	0.4	27.7
1985	34.4	49.2	216.0	17.4	14.1	537.7	0.7	55.0
1990	39.5	56.2	247.0	23.4	22.4	558.2	1.4	75.0
1995	40.1	55.1	278.4	25.7	29.2	566.4	2.5	87.5
2000	46.3	75.7	324.9	25.6	32.0	586.0	3.2	85.6
2005	96.6	129.9	347.2	20.3	30.3	559.2	3.2	72.2
2010	134.3	151.8	352.3	—	30.9	561.7	4.0	114.4

출처 : 『중국노동통계연감 2012』. 국가통계국편에서 재구성

③ 대학원생 및 유학생

| 표 8-5 | 대학원생 및 유학생 수의 변동 (단위: 명)

연도	대학원 재학생	대학원 신입생	출국 유학생	유학후 귀국생
1978	10,934	10,708	860	248
1980	21,604	3,616	2,124	162
1985	87,331	46,871	4,888	1,424
1990	93,018	29,649	2,950	1,593
1995	145,443	51,053	20,381	5,750
2000	301,239	128,484	38,989	9,121
2005	978,610	364,831	118,515	34,987
2010	1,538,416	538,177	284,700	134,800

출처 : 『중국노동통계연감 2012』. 국가통계국편에서 재구성

위 표 8-5에서, 1978년 개혁개방 이후 대학원 재학생 수가 1만 명 수준에서 2010년 현재 약 150만 명 수준으로 증가하고, 신입생도 50배 이상 증가한 것을 확인할 수 있다. 같은 기간 중 해외로 출국한 유학생 수도 1978년의 860명에서 2010년에는 28만 명 이상으로 급증했으며, 유학을 마치고 귀국하는 숫자도 빠르게 증가하고 있다.

④ 인구대비 학생 비율

중국은 1970년대 중반 이후, 출산율의 저하에 따라 전체 인구에서 학생이 차지하는 비율은 감소하는 추세이지만, 인구 1만 명 당 학생수는 증가 추세이며, 특히 대학생 수가 빠른 증가하고 있다. 이는 학생인구 중 대학생의 구성비율이 높아지는 것에서도 확인할 수 있다.

| 표 8-6 | 전체인구대비 학생구성의 변동

연도	전체인구대비 학생수비율(%)	인구 1만 명 당 평균학생수(명)			학생인구의 구성비율(%)		
		대학생	중고생	초등생	대학생	중고생	초등학생
1978	22.2	8.9	690	1519	0.4	31.1	68.5
1980	20.7	11.6	575	1482	0.6	27.8	71.6
1985	17.6	16.1	481	1263	0.9	27.3	71.8
1990	15.4	18.0	447	1071	1.2	29.1	69.7
1995	16.3	24.0	511	1089	1.5	31.5	69.1
2000	17.3	43.9	660	1028	2.5	38.6	58.9
2010	17.6	166.4	574	741	9.4	48.5	42.1

출처 : 『중국노동통계연감 2012』, 국가통계국편 p.679 〈표 20-18〉에서 재구성

(3) 교육제도

1) 중국의 학제

중국의 학교는 소학 · 중학 · 대학 등으로 분류된다. 소학교는 6년제로 한국의 초등학교와 같지만 중학교는 초급중학이 3년, 고급중학이 3년이다. 초급중학은 한국의 중학교에 해당하며, 고급중학(高中)은 한국의 고등학교와 같다. 초중과 고중을 합쳐서 종쉐(中學)이라고 한다. 법적으로 소학교 6년과 초급중학 3년 동안의 9년이 의무교육이다. 학생들은 보통 7세(우리 나이로 8세)에 입학하며 가을학기가 1학기이다.

중국의 학교는 일반 학교와 중점학교로 구분이 되어 있다. 따라서 중점 소학교에 들어간 학생이 중점 초급중학과 고급중학을 통해서 중점대학에 입학할 가능성이 높다. 이 때문에 중국의 학생들은 치열한 입시경쟁에 시달리고 있다.

단과대학과 대학 등 고등교육기관을 까오샤오(高校)라고 한다. 따라서 중국에서 고교(高校)는 고등학교가 아니라 대학을 의미한다. 중국의 대학은 4년제이고 의대는 5년제이다. 단과대학은 2~3년제가 있다. 중국의 학교들은 대부분이 공립이지만 개혁개방 이후 사립학교도 늘어나고 있다.

2) 중국의 입시제도

중국에서는 소학교에 들어갈 때도 국어와 산수 시험을 치러야 한다. 중학과 대학에 입학할 때에도 시험을 보아야 한다. 중국의 대학입시는 국가에서 통일적으로 학생들은 750점 만점인 수학능력고사 까오카오(高考)를 본다. 매년 교육부에서 입학시험 과목과 범위를 문과와 이과로 나누어 공시한다. 문과 시험과목은 국어, 수학, 영어, 문과종합(정치, 역사, 지리)이며 이과는 국어, 수학, 영어, 이과종합(물리, 화학, 생물)이다. 원래는 7월에 시험을 실시했는데 2003년부터 6월로 앞당겨졌다.

시험이 끝나면 수험생에게 표준답안을 나누어준다. 수험생은 표준답안과 비교해 자기 점수가 어느 정도인지 잠정적 판단을 내린다. 그리고 그 점수와 전년도 각 대학 입학 점수를 조회해 어느 대학에 갈 수 있을지 판단해서 원서에 적는다. 원서에는 희망하는 3개 대학을 지원할 수 있고 한 대학에 2개까지 전공을 적을 수 있다.

시험이 끝난 후 약 2주일 후에 시험결과가 발표된다. 각 성에서는 군사학교, 중점대학, 일반대학, 단과대학 등 대학 등급별로 입학 최저 점수를 발표한다. 각 대학이 각 성에 모집인원을 할당하여 성 별로 대학에 들어갈 수 있는 사람과 수험생 수의 비율이 다르기 때문에 각 성마다 최저점수에 차이가 있다. 중국의 입시제도는 시험 성적에 덧붙여서 성별 할당제의 성격을 띠고 있다. 베이징이나 상하이 등 대도시의 학생들은 각 대학의 할당인원이 많고 그 지역의 대학이 많기 때문에 쉽게 입학할 수 있다.

그러나 농촌의 학생들은 대학의 모집인원 할당에서 불리하고 대학의 학비도 농촌의 소득수준에 비해 비싸다. 보통 베이징대학의 연간 학비는 5~6천 위안(元) 정도이고 생활비, 책값, 방세 등을 포함하면 최저 2천 위안이 더 들어간다. 농민들의 연 평균 수입이 2000년에 2천 위안이었으므로 1명의 농민이 4년간 농사를 지어야 8천 위안을 마련해 대학에 보낼 수 있다.

시험결과 발표 후 약 한 달 사이에 각 대학은 각 성에 사람을 보내, 그 성의 수험생 가운데 시험점수가 그 대학의 최저점을 넘고, 그 대학진학을 희망하며 건강진단에 합격한 사람 중에서 선택을 한다. 대학의 등급별로 1주일간 선발을 마치면 다음 등급의 대학이 1주일간 선발하는 식으로 진행된다. 선발된 사람에게는 성 교육위원회에서 통지서가 전해진다. 수험생은 이 통지서를 갖고 호적(戶口) 이동 수속을 밟은 후 지정된 날 대학에서 입학수속을 한다.

3) 중국 대학의 랭킹

중국의 종합대학은 베이징대학이 유명하고 공과대학은 칭화대학(淸華大學)이 유명하다. 그러나 중국의 대학은 학과별, 전공별 순위에서 차이가 있다. 베이징대학의 30여 개 학과 가운데 중문학 · 물리학 · 철학 · 역사학 등은 1위이지만 문학은 푸단대학(復旦大學)과 비슷하다. 물리학 가운데 반도체 분야는 지린대학(吉林大學)만 못하고 영어회화는 베이징 제2외국어대학만 못하다.

칭화대학은 건축 · 환경 · 수리 · 컴퓨터 · 핵물리 · 생명과학 등에서 1위이지만, 레이저광선학은 창춘(長春)레이저학원보다 못하다. 공과대학인 동베이대학(東北大學)은 야금학은 1위이다. 종합대학인 샤먼대학(厦門大學)도 인류학은 전국 1위이다. 러시아어는 헤이룽장대학(黑龍江大學)이 최고이다.

우리나라나 일본의 대학과는 달리 중국에서 가장 유명한 종합대학인 베이징대학 출신은 관계에 진출하는 비율이 낮다. 칭화대의 공대 졸업생은 일부 관계에 진출하고 있다. 한국과는 달리 중국에는 동창 문화가 발달하지 않았다. 중국인은 동문이라 하더라도 친밀하지 않다. 같은 직장이나 연관된 분서에 있을수록 관계가 냉랭하다. 동문이라면 라이벌이라는 관념이 앞서 있기 때문이다. 중국인에게는 학연보다 지연이 더 크게 작용하는데 이는 지연이 동문보다 라이벌 관계가 될 가능성이 적기 때문이다.

4) 중국 대학의 인기학과와 취업

최근 중국에서 장래 전망이 밝고 학생들이 가장 희망하는 전공학과는 금융, 무역, 경영, 회계, 신문방송, 환경보호, 정보통신, 생물 계열의 학과이다.

원래 중국의 대학생들은 국가가 계획을 세워 일자리를 마련해 주었다. 이른바 '국가분배'라는 정책이었는데 시장경제가 발전하면서 1990년대부터 변화가 발생하였다. 현재는 학생들이 직접 직장을 구해야 한다. 최근 중국 대학생의 수가 크게 증가하였기 때문에 졸업생들이 직장을 구하는데 어려움을 겪고 있다. 중국은 2000년대 이후 해마다 10~30%씩 대학생이 급증하는 추세이다. 하지만 대학생 수 급신장 추세와 달리, 일자리 공급은 제자리걸음을 면치 못하고 있다. 최근 중국의 대학생들도 취업을 위해 영어시험과 자동차운전면허 취득, 컴퓨터 관련 능력 등 스펙을 향상시키는데 노력하고 있다.

대학생들은 공무원이 되고 싶은 경우 매년 1월경에 공무원 시험을 친다. 대학교 4학년이 되면 약 3개월 동안 실습을 하는데, 거기서 인정을 받으면 취직할 수 있다. 마지막으로 취업설명회를 통해서 취직할 수 있다. 그러나 아직까지도 중국에서는 학생의 취직에 부모가 큰 역할을 한다고 한다. 부모의 인맥이 자녀의 취업에 큰 역할을 하기 때문이다.

(4) 중국 교육개혁의 방향

1) 교육재정 투자 확대

중국의 교육에 대한 재정투자 수준은 국민총생산의 3%에도 미치지 못하는 후진국 수준이라는 점은 앞에서 살펴본 바 있다. 따라서 중국의 교육개혁은 우선 더 많은 교육 투자에서 시작되어야 한다.

교육의 발전은 곧 중국 인구의 문화구성 향상과 맞물린다는 사실을 인식하고, 이를 위한 투자를 확대할 필요가 있다. 일본이나 아시아의 신흥공업국들(NIC's)이 두각을 나타내는 과정에서도 교육은 가장 중요한 요소였다.

한편 교육은 단순히 경제적 시각에서만 볼 것이 아니며, 거시적이고 사회적인 관점에서 투자가 이루어져야 하며, 따라서 중국의 공공 교육비 지출은 국민총생산의 4% 이상을 점유하도록 투자 확대가 필요하다.

2) 초등교육

의무교육인 초등학교 입학률을 더욱 높이도록 해야 한다. 초등학교 진학률과 재학률을 100%로 유지하는 것이 문맹과 반문맹을 막는 길이다. 나이든 층의 문맹은 해소하기 어렵더라도, 초등학교 수준에서 재학률을 끌어 올림으로써, 향후 문맹률을 크게 저하시킬 수 있을 것이다.

3) 중등교육

중등교육의 발전도 더욱 가속화되어야 한다. 국가 교육위 '九五 교육 발전계획'에 따르면, '九五' 기간 중에 기본적으로 9년의 의무교육 실현을 목표로 하고 있지만, 현실적으로 이를 달성하기는 쉽지 않다. 왜냐하면 1993년까지 계속 입학률이 60~70% 선에 불과하기 때문이다. 짧은 몇 년 동안에 중학교 입학률을 100%로 올리는 것은 가능성이 크지 않지만, 2010년경 까지 이 목표를 현실화하는 것은 가능해 보인다.

현재 수준과 발전 속도로는 적어도 2025년이 되어야만 고등학교 입학률이 한국의 1990년 수준에 이를 것이다. 따라서 발전 속도를 높이려면, 중학생의 진학률을 향상시켜야 하고 자퇴율을 낮춰 재학률을 높여야 한다.

4) 고등교육

고등교육의 심각한 낙후 상황은 빨리 개선되어야 한다. 이것은 불가능해 보이지만은 않다. 표 8-7에서 볼 수 있는 것처럼, 중국의 대학은 거대한 잠재력을 갖추고 있다.

1985년에 세계 10개 국가에 대한 조사 결과에 따르면, 평균 인구 수 1만 명당 대학 교수 수는 11.2명이고 교수 1인당 학생수는 17명이라고 한다. 만약 중국의 교수들이 이 평균값에 해당하는 17명의 학생을 담당한다면, 1993년에 중국 대학의 재학생수는 660만 명에 달할 수 있으며, 이는 당시 실제 대학 재학생수보다 약 1.6배 많은 수치이다.

따라서 수적으로는 보다 많은 대학생을 배출할 여지가 있는 셈인데, 정작 문제는 교육의 질이다. 현재까지도 중국 대학의 교수진 수준은 그 질이 다양하고, 심지어는 학위가 없는 교수들도 꽤 많다. 더구나 중국의 대학에서 이미 은퇴한 교직원들도 교직원 숫자에 포함하는 관행을 고려하면, 교수진의 양적 규모 역시 정확한 수치라고 보기는 어려운 실정이다.

중국 정부에서는 2000년 기준으로 전문대 이상의 고등교육 인구가 6천여만 명으로 전체 인구의 5%에 불과한 점을 문제로 인식하였다. 이에 따라 대학 구조조정을 단행하여 2005년까지 고등교육 인구를 8천만 명 이상으로 증가시키고, 특히 전문기술 인력을 5천만 명 이상으로 늘려서, 전체 인구의 6.3%까지 끌어올리는 인재개발 정책을 추진하였다.

| 표 8-7 | 여러 국가의 대학 교수 대 학생 비율

	중국	이집트	아르헨티나	캐나다	미국	인도	한국	필리핀	영국	이태리	구소련
연도	1993	1985	1985	1985	1985	1985	1985	1985	1985	1985	1985
만 명 당 교수(명)	3.3	6.9	23.4	22.7	29.1	4.1	8.3	10.4	14.1	9	13.6
교수 일인당 학생수(명)	6.5	26.7	11.9	21.8	17.6	14.8	42.8	24.6	12.9	22.8	13.7

출처: 1993. 3-7쪽, 372-373쪽, 380-381쪽.

5) 직업교육과 인적자원개발(평생교육)

중국 공산당 중앙위원회와 국무원은 2002년 6월 종합적인 국력배양과 세계무역기구(WTO) 가입에 따른 국제경쟁력 강화를 위한 '2002~2005년 전국 인재건설계획 요강'을 확정 발표했다. 향후 10년 내에 중국을 '인재강국'으로 건설하겠다는 것이 이 요강의 목표인데, 구체적인 요강의 내용은 ①당정(黨政) 분야 ②기업 경영관리 분야 ③전문기술 분야 ④서부 대개발 분야 ⑤해외 및 유학인재 유인 ⑥인재 교육 및 선발 ⑦인재 장려제도 등으로 이루어져 있다.

그 내용 중에는, 기업 경영관리 간부를 육성하기 위해 자본주의 국가처럼 최고경영자(CEO) 제도 및 연봉제를 도입하는 것을 포함하고, 국토의 균형개발을 위해 서부지역에 젊고 우수한 인재들을 집중 배치하고, 해외의 우수한 인재들을 유치하기 위해 높은 보수와 더불어 각종 사회보장 혜택을 주며, 거류증 제도를 개선해서 외국 국적자의 중국 귀화(歸化) 정책까지도 적극적으로 시행해가기로 했다.

2. 문화

(1) 언론의 시장화

개혁개방 이후 중국 관영언론은 여전히 지배자적 위치에 있기는 하지만, 그 비중에 있어서 퇴조 기미가 역력하다. 각종 언론사들은 수요 측면에서 발생한 다양성에 대한 요구에 직면하여, 시장과 수요자에 민감하게 되었다.

언론 시장에서의 다양한 수요 증가는 신생 언론의 급속한 증가와 기존 언론의 개혁 및 언론의 규모 확대, 컨텐츠의 다양화 등을 초래했으며, 언론사들은 경영을 점차 광고 수입에 의존하게 되었다.

1980년에 188개였던 신문사는 2000년에 이미 2천여 개로 늘었는데, 발행부수는 약 200억 부에 달한다. 동 기간 중, 1,000개를 밑돌던 각종 잡지와 저널은 약 1만 개로 증가했으며, 총 인쇄 부수는 약 30억 부에 이른다.

같은 기간 중 라디오 방송사는 106개에서 1,202개, TV 방송사는 38개에서 357개로 늘었다. 중국에서 TV 방송은 1958년부터 시작되었는데, 1978년의 수상기 대수는 약 304만대 였지만, 1980년대 후반 들어 보급이 확대되어 현재 약 8억대의 수상기가 보급되었고, 농촌에서도 컬러 TV 보급이 빠르게 진행되는 형편이다. 한편 2000년에 케이블 TV사는 1만4천여 개에 달했고, 케이블 방송 가입자도 4천만 명을 넘었다.

한편 중국의 광고시장 규모는 낮게 잡아 매년 20% 이상의 증가속도로 성장하고 있다. 2010년 현재 전체 광고 수입액은 770억 달러 수준에 이르며, 이 중 TV 광고 수입이 전체의 40%, 신문 광고수입이 약 30%를 차지했다.

신생 언론매체들은 중앙과 지방정부가 관할하는 기존 언론사의 자회사, 반(半)관영, 사기업 등 다양한 형태로 출현했다. 그런데 이런 신생 매체들은 정치 뉴스를 축소하는 대신, 일상생활과 오락, 비즈니스, 환경 등 특정 분야에 초점을 맞추는 경향이 강하다. 중국에서 정치 관련 보도내용은 여전히 엄격한 관찰의 대상이지만, 비정치 분야에 대한 통제가 약화되는 상황을 반영한 현상이기도 하다.

(2) 인터넷의 확산

중국 인터넷정보센터(CNNIC)의 공식 공식통계에 의하면, 1999년에 중국의 인터넷 사용자 수는 890만 명이었으나, 2000년에는 2,250만 명으로 늘어나서 약 2.5배의 신장률을 보였고, 2002년 4월 말에는 그 수가 5,660만 명에 달했다고 한다. 2010년에 인터넷 사용자는 5억8,100만 명으로 보급률은 약 45%이지만 중국은 절

대규모로 세계 최대의 인터넷 시장이다.

중국 정부는 정보통신기술(IT)과 인터넷 상거래를 2001~2005년 10차 5개년 계획(10 · 5계획)의 주요 과제로 선정했다. 통신기반 기술을 광대역 통신망으로 바꾸어 선진적인 정보통신 인프라를 구축하여, 중국의 IT 산업은 매년 20% 이상의 성장률을 보일 것으로 예측하고 있다.

한편 중국의 휴대전화 가입자 수는 1998년 1,200만 명에서 1999년에는 1,960만 명, 2000년에는 2,500만 명으로 증가하였고, 2001년 3월 1억 명을 돌파한 후 2012년에는 11억 명이 넘는 것으로 집계됐다. 중국은 광할한 국토를 가진 특성상, 유선전화 시대를 거치지 않고 바로 무선전화 시대에 돌입한 특수 사례로 기록되기도 한다. 장거리 통신서비스업체의 하나인 차이나네트콤(China Netcom)은 이미 베이징과 상하이 등 대부분의 도시를 잇는 광케이블을 완성해 놓고 있다.

중국 정부의 인터넷 정책은 신경제의 효과와 정보통제 사이에서 균형을 취하는 입장이다. 사회주의 시장경제를 지향하는 과정에서 세계화와 정보화의 흐름을 거역하기 어렵지만, 민감한 정치부문이나 소수민족 독립문제, 사회기강 문란 등에 대처하기 위해 '인터넷 경찰'을 운영하면서, 반정부 웹 사이트와 포르노 웹 사이트 등을 추적해 삭제하고 통제하고 있다.

(3) 해외유학파 벤처 유치

그간 중국에서 해외로 유학한 인원은 꽤 많은 숫자이지만, 1990년대 중반까지는 주로 해당국에서 취업하고 시민권을 얻는 형태로서, 귀국하는 비율이 그리 높지 않았다. 그러던 중, 중국 경제가 빠르게 성장하고 개방화되면서, 성공의 기회를 본국에서 잡으려는 유학생들의 귀국이 1990년대 말부터 본격화되었다. '해귀파(海歸派)'로 불리는 이들 해외 유학 출신자들 중 2011년 말까지 귀국한 유학생은 총 82만 명에 이르렀다. 2001년~2011년 기간 중 귀국한 인원수만 따져도 약 70만 명이다.

근래 중국에서 해귀파는 세계화를 촉진할 수 있는 핵심 인재로 인식되어서, 각급 지방정부는 해귀파 유치를 위해 각종 우대정책을 펴고 있는데, 그 내용에는 창업자금 지원과 부지 제공, 세제 혜택 등이 포함된다.

베이징의 중관춘(中관村)은 해귀파 중심의 중국 벤처 투자의 메카이며, 선전(深圳) 경제특구에도 해귀파들이 설립한 벤처기업이 집중되어 있다.

(4) 문화정책과 관광산업

중국 정부는 2001~2005년 추진되는 제10차 5개년 계획에서, 문화를 주로 이념적 측면에서 접근하던 과거의 관점을 바꿔서 산업적 측면을 강조하기 시작했다. 10 · 5기간 중에 강조하는 주요 문화산업은 오락, 신문 · 출판, 영화, 인터넷과 정보서비스, 여행, 교육, 광고 등이며, 3차 산업이 대부분의 비중을 차지한다.

중국에서 최근 이루어진 문화산업의 발전에는 국민의 가처분소득 증가와 소비패턴의 변화가 일조했다. 2000년 중국의 1인당 GDP는 849달러로 늘어났는데, 그중 문화와 관련된 여행, 오락, 교육, 문화서비스, 통신 등에 대한 1인당 소비성 지출이 약 20%를 차지했다.

특히 최근에는 국내외 관광산업이 빠르게 성장하고 있는데, 개혁개방 이후 관광산업 성장속도는 연평균 12% 이상을 기록한다. 관광산업은 개혁개방 초기 외화획득 창구로서 중시되었고, 시장으로 운영 주체가 가장 먼저 이양된 분야의 하나이다. 2010년에 외국인의 입국관광에 따른 외화수입은 세계 5위 규모인 458억 달러였고, 중국인의 출국은 약 5,740만 명에 달했다. 출국자가 최초로 연인원 1,000만 명을 초과한 것은 2000년이다.

(5) 현대 중국인의 음식문화

1) 음식선호도

베이징과 같은 대도시에서는 쓰촨요리, 베이징과 베이징 이북의 화베이 요리, 상하이 요리, 산둥 요리, 동베이 요리, 후난 요리, 광둥 요리 등을 선호한다. 이러한 음식선호도는 베이징의 경제수준과도 관련이 있다. 광둥 요리와 같이 해물이 많이 들어간 요리는 베이징에서 가격이 비싸기 때문이다. 이 때문에 맵고 상대적으로 가격이 싼 쓰촨 음식의 선호도가 높은 편이다.

젊은 층은 매운 맛의 쓰촨 요리를 선호하며 55세 이상의 노년층에서는 광똥 요리에 대한 선호도가 높다. 전문직과 사무직 노동자는 주로 광똥 요리를 좋아하고, 생산직 노동자는 쓰촨 요리를 즐기는 것으로 나타났다. 결국 생태환경적 요인이 주요하게 작용했던 전통적인 지역적 요리들에 대한 선택 기준이 경제적인 조건이나 건강 관념과 연결되면서 변하고 있다는 것을 보여준다.

최근 유행하는 음식은 윈난 다이(傣)족의 음식, 옌벤 조선족의 음식, 신장 위그르족의 회교사원 요리인 칭전(淸眞)요리 등이 인기를 모으고 있다. 특히 양고기는 한족에게 새로운 맛을 제공하는 재료로 자리를 잡았다. 양러우촬(羊肉串, 양고기 고치)과 카오양러우(烤羊肉), 그리고 양고기 샤브샤브의 일종인 슈안양러우(涮羊肉) 등이 겨울철 음식으로 인기가 있다. 이러한 소수 민족 음식의 유행은 중앙정부의 소수 민족 선양정책과도 연관이 있다. 전체 인구의 절대 다수를 차지하는 한족들은 개혁개방 정책후 각종 언론을 통해 소수 민족의 음식과 이국적인 그들의 문화를 배웠다. 최근 경제적 향상으로 중국인 특히 한족의 입맛이 다양해졌고 부드러운 양고기를 선호하게 된 것이다.

2) 중국인의 식사예절과 음식사상

중국요리는 차가운 요리인 렁차이(冷菜)에서 시작하여 러차이(熱菜)로 정해진 코스에 따라 상에 오른다. 렁차이(冷菜)와 함께 술을 마시면 다음에 따뜻한 음식이 나온다. 대체로 중국인은 음식을 고를 때 쇠고기, 돼지고기, 닭고기, 양고기 등을 골고루 주문한다. 고급요리는 보통 생선요리이고 주요리가 나온 후에 탕과 밥이나 면류가 나온다. 마지막으로 과일이 나오면 식사가 끝난다.

주인은 자신의 젓가락으로 요리를 집어 상대방의 접시에 놓아준다. 중국인의 음식에 대한 관념 중 하나는 '둘을 더해 하나로 만드는' '합이위일(合二爲一)'의 정신과 관계가 있다. 단맛과 신맛, 쓴맛과 매운맛, 비린 맛과 산뜻한 맛은 서로 음양의 조화가 가능하다. 중국음식은 서로 스며드는 데 있지, 서로를 갈라서 나누는 데 있지 않다. 이러한 정신은 다시 식탁에서 음식을 먹을 때도 실천되어 공과 사를 구분하지 않고 주인과 손님 사이에서 음식을 통한 '위일(爲一)'을 이룬다.

중국인들은 보통 손님을 접대할 때 많은 음식을 주문한다. 식사를 할 때 음식을 남겨야 충분히 접대를 했다고 생각하기 때문이다. 얼핏 생각하면 음식낭비라고 생각하지만 대부분의 중국인은 음식을 싸가지고 집으로 간다. 이 식은 음식을 다시 기름에 익히면 다시 맛있는 음식이 되므로 낭비라고 할 수 없다.

1949년 이전 일반인은 손님이 오면 집에서 직접 요리를 만들어 대접했다. 부자들은 특별요리를 시키거나 요리집에 가서 먹었다. 요리를 시키면 '나무로 만든 수레'에 음식을 담아왔다. 따라서 우리 철가방의 원조는 나무가방이었다고 할 수 있다.

1990년대까지 중국 대륙의 각급 직장(單位)식당에서 티에반완(鐵飯碗)이란 손잡이가 달려 있는 철로 만든 그릇으로 밥과 반찬을 받아먹었다. 이런 모습이 생소하게 느껴지지만 자신의 식기를 자신이 관리하므로 다른 사람이 설거지한 식기를 사용하는 것보다 위생상 좋을 수도 있다. 또한 티에반완은 중국 특유의 분배의 '평균주의(平均主義)'를 상징적으로 보여주는 것이기도 하다.

(6) 중국의 주택

중국에서는 주택이 일하는 직장으로 부터 제공되었고, 근속 년수가 길수록 좋은 집이나 방이 주어졌다. 1970년대 이전에는 도시의 경우, 전통적인 주택에 거주하는 경우가 많았다. 사합원(四合院)의 경우 여러 세대가 동시에 거주하여 복잡한 모습을 보였으나, 주택문제가 심각하지는 않았다.

1980년대부터 5~6층 혹은 10여 층의 아파트가 대도시를 중심으로 보급되기 시작했으며 보통 방 하나에 응접실 하나, 방 둘에 응접실 하나, 방 셋에 응접실 하나, 방 넷에 응접실 둘인 경우가 많았다. 이 가운데 방 둘에 응접실 하나와 방 셋에 응접실 하나짜리 주택이 대다수였다. 주택의 평수는 약 8평부터 20평 정도이며 부엌이 작은 편이고 욕실도 아주 작아서 불편했다.

주택공급은 일하는 직장에서 주택을 짓거나 사서 직접 개인에게 나눠주는 방식이 실시되다가, 1990년대부터 중국에서 주택개혁이 실시되어 근속 년수와 직책 등에 따라 주택보조금을 지불해서 개인이 스스로 주택을 사는 방식으로 바뀌었다. 중국에는 토지가 국유화되어 있지만 중국인들은 재산을 모아, 넓고 좋은 집을 사기 위해 노력하고 있다. 최근 건설되는 대부분의 주택에는 화장실과 욕실이 딸려있고 모두 현대식으로 되어 있다. 온수는 순간온수기를 이용하는 경우가 많다.

(7) 중국의 휴일

중국에는 국경일은 많지만 공휴일은 많지 않다. 중국의 공휴일은 신년, 춘절(구정), 노동절, 국경절에 더해 2008년 부터 청명절, 단오절, 추석이 추가되었다. 국경절은 그 동안 3일만 쉬었는데 2000년부터 관광 증가에 따른 경제효과를 높이기 위해 7일 연휴로 변경되었다.

중국은 주5일 근무제를 실시하고 있어서 1주일에 이틀 휴식이므로 1년을 52주로 하면 104일을 쉰다. 1년에 한 번씩 근무 연한에 따라 1~2주의 휴가가 있다.

8시간 근무제로 출근시간은 오전 8시부터 오후 5시까지(점심시간 1시간)지만, 8시 30분에 출근 오후 5시 30분에 퇴근, 금요일에는 오후 3시에 퇴근하기도 하기 때문에, 하루 8시간 미만 근무일이 일년 누계로 하면 30일이 넘는다.

3. 언어와 문자

(1) 현대 중국의 언어

1) 중국의 표준어와 방언

우리는 중국인들이 사용하는 말을 중국어라고 하는데 중국인들은 '현대한어'라고 한다. 넓은 의미로는 중국 각지의 방언까지 포함하고 있으며, 좁은 의미로는 표준어인 '보통화(普通話)'만을 가리킨다. 이 보통화는 베이징의 발음과 북방 방언의 어휘, 그리고 규범적인 현대 구어체 문법을 기준으로 하고 있다. 중국의 언어는 7개의 방언으로 분류된다.

① 황허(黃河) 이북 지역의 북쪽 지역을 중심으로 하는 북방 방언

현대 표준 중국어의 기초가 되고 있으며 남으로는 양쯔강에서부터 북쪽 한족이 살고 있는 지역, 쓰촨성 · 운난성 · 꾸이저우성의 서남 지역 등으로 사용인구는 약 9억 명으로 인구의 7할 이상을 차지한다.

② **남서부 지역의 우(吳)방언**

'장난화(江南話)'라고도 한다. 분포 지역은 상하이와 저장성의 대부분 장쑤성의 일부로 약 1억 명이 사용한다.

③ **중부 이남 지역인 후난성(湖南省) 일대를 중심으로 하는 상(湘)방언**

'후난화(湖南話)'라고도 한다. 분포 지역은 후난성의 대부분으로 사용 인구는 6천 5백 만명이 조금 안 되며, 인구의 5% 전후이다.

④ **장시성 일대의 감(贛)방언**

'장시화(江西話)'라고도 한다. 분포 지역은 장시성 대부분과 후베이성 일부로 사용 인구는 2천만 명 이상이다.

⑤ **객가인들의 객가(客家)방언**

주로 광동 · 광시 · 푸젠 · 장시 등의 성이나 자치구에 분포하며, 사용 인구는 약 5천만 명이다.

⑥ **동남 해안 지역에 위치한 푸젠성(福建省) 지역의 민(閩)방언**

분포 지역은 푸젠성 · 타이완 · 하이난성 대부분과 광동성 동부이며 사용 인구는 약 5천만 명이다.

⑦ **광동성(廣東省) 일대의 위에(粤)방언**

주로 광동 · 광시에 분포하고 있으며 사용 인구는 약 6천만 명이다.

보통화는 전국 어디서나 통용되며 학교에서는 보통화로 가르치고 있다. 중국 전체 인구의 약 70% 정도가 보통화를 할 수 있다고 한다. 그러나 각 지역의 방언은 여전히 일상생활에 쓰이고 있다. 타이완은 궈위(國語: 베이징어)를 기준으로 사용하고 있지만 최근에는 타이완 독립이 주장되면서 민난위(閩南語)가 중시되고 있다. 타이완의 지하철 안내방송은 궈위, 민난위, 커쟈위(客家語), 영어의 네 종류로 나온다. 홍콩은 광똥위(廣東語)와 영어가 사용되었지만 최근에는 보통화도 보급되고 있다.

참고로 한국과 일본에서는 중국의 보통화를 '중국어'라고 하지만 중국인은 '중국어'라는 말을 사용하지 않는다. 왜냐하면 중국에는 56개 민족이 있고, 각 민족은 각자 쓰는 언어와 문자를 포함해 모두 평등한데, 한족의 언어인 한어만을 '중국어'라고 부르면 대한족주의(大漢族主義)가 될 수 있다는 논란 때문이다. 중국에는 56개의 민족이 살고 있지만 단독 언어를 가지고 있으면서 단독 민족으로 인정받지 못하는 집단도 있기 때문에 80가지가 넘는 소수 민족의 언어가 있다. 그러나 소수 민족들의 언어는 한어에 동화되는 경향을 보이고 있다.

2) 반말과 존대말

현대 중국어는 한국어와는 달리 존대말과 반말의 구별이 거의 없어졌다. 그러나 웃어른에게 사용하는 언어와 친구에게 사용하는 언어가 같은 것은 아니다. 나름대로 상대방에게 존경을 표시하는 방법이 있기 때문이다.

상대방을 호칭하는데 니(你; nǐ)와 닌(您; nín)으로 구별한다. 자신과 동년배에게는 니(你)라고 하고 웃어른이나 처음 만난 사람에게는 닌(您)이라고 한다. 명령어의 경우에는 칭(請; qǐng)이라는 단어를 앞에 붙이면 존경어가 된다. '밥을 먹다'는 중국어로 츠판(吃飯; chīfàn)인데 칭(請)을 붙여 칭츠판(請吃飯; qǐngchīfàn)이라고 하면 '식사하세요'가 된다. 또한 상냥한 어투를 사용하는 것도 좋은 방법이다.

3) 중국어의 해음(諧音) 현상과 민속

중국어의 해음이란 A와 B 두 글자가 서로 의미가 다르지만 같은 발음을 갖고 있어서 A를 이야기하지만 동시에 B의 이미지를 연상하게 하는 것이다. 뽕나무를 의미하는 상(桑; sāng)을 말하면서 죽음과 관련된 상(喪; sàng)을 연상하는 것이다.

어떤 지역에서는 제사를 지낼 때 닭고기를 사용하지 않고 생선을 사용한다. 닭을 의미하는 지(鷄; jī)는 기아를 의미하는 지(饑; ji)와 같은 발음이라서 기피한다. 반대로 물고기를 의미하는 위(魚; yú)는 '넉넉하다'라는 위(餘; yú)와 발음이 같기 때문에 생선을 선호하는 것이다.

중국인은 선물을 하는 경우 배를 선물하지 않고 부부 사이에도 배를 갈라먹지 않는다. 리(梨: lí)는 이별의 리(離; lí)와 발음이 같고, '쪼개다'는 중국어로 비에(別; bié)이다. 따라서 배를 갈라 먹는 것은 이별을 의미한다고 생각한다. 또한 중국인은 다른 사람에게 선물을 할 때 시계를 선물하지 않는다. 시계를 종(鍾; zhong)이라고 하는데 시계를 선물하는 송종(送鍾; sòngzhōng)의 발음이 죽어서 장례식을 치르는 송종(送終)과 같은 발음이기 때문이다. 중국에서는 문병을 갈 때 사과를 가져가지 않는다. 사과의 발음이 핑궈(苹果; píngguǒ)의 핑(píng) 발음이 병을 뜻하는 빙(病; pìng) 발음과 비슷해서 환자에게 불쾌감을 주기 때문이다.

(2) 현대 중국의 문자와 숫자

1) 간체자

현대 중국의 문자는 전통 한자에 비해 획수가 적거나 모양이 간단한 글자로 당대 이후부터 간자체가 사용되었다. 송 · 원 · 명나라를 거치면서 삼국연의, 수호전, 서유기, 금병매 등에도 간자체가 쓰였다. 그러나 통치계급은 정자(正字)를 쓸 것을 요구하여 공문서나 과거에는 전통 한자로 써야 했다. 태평천국 시기에도 대량의 간자체를 채택하였고, 중화인민공화국 수립 이후인 1956년에 '한자 간략화 방안'이 공포되어 시범적으로 사용되었다. 현재까지 간략해진 한자의 수는 2,235개이며 다른 한자는 원래대로 쓰이고 있다.

2) 중국인의 숫자 관념

중국인들은 홀수를 하늘이나 양성의 사물인 남자, 해, 낮 등을 상징하는 것으로 보고 짝수를 땅이나 음성 즉 여자, 달, 밤 등으로 간주한다. 1은 모든 숫자의 기원으로 간주하여 홀수의 범주에 넣지 않는다. 2는 여성을 의미하며 3은 남성을 의미한다.

4는 쓰(死; si)와 발음이 같아서 기피하는 경향이 있다. 현대의 중국인들은 6(liu)의 발음이 '순로롭다'는 뜻의 순류(順流)의 류(流; liu)와 발음이 비슷하여 선호한다. 8의 빠(bā)는 돈을 번다는 파차이(發財; fācaí)의 파(發; fā)와 발음이 유사해서 중국인이 좋아하는 숫자이다. 중국인들의 전화번호에 유독 8이 많이 들어가 있는 것도 8이 돈을 번다는 의미를 가지고 있기 때문이다. 9는 하늘을 상징하는 숫자로 고대에는 하늘을 대신해서 인간을 다스리는 천자, 즉 황제의 숫자였다. 천자는 일년에 아홉 차례 하늘에 제사를 지냈고 곤룡포에는 9마리의 용이 수놓았다. 현대의 중국인들은 9의 지우(jiǔ)의 발음이 '영구하다'는 지우(久; jiǔ)와 발음이 같아서 선호한다.

제9장

사회계층

1. 계층구조의 변화
2. 사회계층의 구성과 특성
3. 중국 계층구조의 문제

한 사회의 발전단계가 다르면 사회계층구조도 다르게 마련이다. 공업화 · 현대화 사회의 계층구조는 전통 농업사회의 계층구조로부터 발전해 왔지만, 농업사회의 사회계층구조와는 완전히 다르다. 그래서 우리는 한 사회의 발전단계를 판단할 때, 그 사회의 경제발전 수준과 산업구조에 따라서 판단할 수도 있지만, 그 사회의 사회계층구조에 의해서 판단할 수도 있다. 어떤 점에서 보면, 사회계층구조의 특징에 의해서 사회의 발전단계를 판단하는 것이 오히려 더 정확하고 신뢰성이 높을 수도 있다.

현재 중국은 전통적인 농업사회로부터 공업사회, 현대화 사회로 변화하고 있으며 계획경제로부터 사회주의 시장경제로 변화하고 있다. 1978년 이후 개혁 · 개방이 실행되면서 경제체제의 개혁이 심화되었고, 이에 따라 이전까지의 노동자계급, 농민계급, 지식인계층의 분화와 더불어서 관리자계층, 사영기업주계층과 농민공(農民工) 집단 등 새로운 사회계층이 등장했다. 각 계층 간의 정치 · 경제 관계도 변화했으며 앞으로도 지속적으로 다양한 변화가 나타날 추세이다. 현대 중국 사회계층구조의 변화를 정확하게 파악하는 것은 현재 중국이 처해있는 사회주의 초급단계에 대한 인식과 이해를 도와줄 뿐만 아니라, 향후 중국사회의 경제 · 사회발전 방향을 파악하는데도 도움이 된다.

1. 계층구조의 변화

계급과 계층구조에 관한 분석과 연구는 중국공산당이 혁명과 건설과정에서 노선과 정책을 결정하는데 있어서 주요한 근거가 되었다. 『마오쩌둥 선집』의 첫 편은 바로 〈중국사회 각 계급분석〉이다. 강령에 해당하는 이 문헌에서 마오쩌둥(毛澤

東)은 당시 중국의 계급계층 상황에 대한 분석을 통해, 민주혁명 시기에 "누구에게 의지하며, 누구와 단결하고, 누구를 타도할 것이냐"를 혁명의 제일 중요한 문제로 지적하였고, 혁명을 지도하는 당의 계급노선 토대를 다졌다. 20여 년의 혁명 투쟁을 걸쳐 중국은 드디어 신(新)중국을 건설했고, 당시 계급 노선 파악의 정확성은 실천을 통해 증명된 것으로 받아들여졌다.

중화인민공화국이 설립된 뒤에 토지 개혁, 사회주의 개조, 국가공업화 건설을 거쳐 중국의 계급계층구조는 크게 변화했다. 공인(工人)계급, 농민계급, 지식인계층의 3대 계층을 중심으로 하는 사회구조가 점차 형성되었다. 이는 과거 소련 및 동유럽 사회주의 국가와 유사한 현상이지만, 현대사회적인 계급계층구조는 아직 형성되지 않았던 것이다.

개혁개방 이후 20여 년 동안, 중국이 경제체제를 개혁하고 경제구조, 산업구조를 조정하면서, 중국 경제는 지속적으로 빠른 속도로 발전했다. 동시에 중국의 사회계층구조도 크게 변화했다. 기존의 계층이 분화하기도 하고, 새로 생겨난 계층도 있는 가운데, 일부 계층은 사회적 지위가 올라가고 일부 계층은 사회적 지위가 떨어졌다. 사회계층구조는 다원화의 추세를 보이기 시작하였고, 사회분화와 이동 메카니즘이 변화하면서 계층이동이 가속화되었다. 각 사회계층 간의 경제 및 정치관계가 크게 변화했을 뿐만 아니라, 앞으로도 지속적으로 다양하게 변화할 것이고, 현대적 경제구조에 상응하는 현대적 사회계층구조로 변화해 나갈 것으로 예측되지만 여러 가지 문제를 안고 있는 것도 현실이다.

노동자와 농민 계급을 주인으로 내세웠던 사회주의 중국은 개혁개방 이래 다양한 계층이 출현하면서, 기존 계층구조에 큰 변화를 겪고 있다. 중국 계층구조 재편의 가장 직접적인 동인은 경제개혁과 대외개방, 그리고 이에 따른 시장경제 체제의 건립에 따른 것이며, 여기에는 정부와 시장의 역할이 중심에 있다.

자본주의적 시장의 확대는 자원의 유동성을 현저하게 높이게 되고, 새로운 직업

활동이 대두하면서, 직업분화를 기반으로 한 사회적 분화가 필연적으로 초래될 수밖에 없다. 중국에서 계층구조를 포함하는 사회구조의 재편은 경제성장, 공업화와 시장화 등의 여건변화와 더불어 개인들의 직업 활동 다원화라는 요인 등이 복합적으로 작용한 결과이다. 빠른 사회경제적 변화 속에서, 생존과 발전을 추구하는 사람들의 잠재적 동력이 이미 계층 구조의 재편 속에서 더욱 뚜렷해지기 때문이다

(1) 개혁개방 이전의 계층구조

신중국이 건설된 1949년에서 개혁개방이 시작된 1978년까지의 시기에, 중국은 반식민 · 반봉건사회로부터 사회주의 사회로 전환했고, 기존의 사회구조를 근본적으로 개조하여 새로운 사회구조를 수립했었다.

사회주의 통제경제에 입각한 단일한 공적 소유제 구조위에서 고도로 중앙집권화한 정치구조를 구축한 사회주의 중국은 도시와 농촌 간의 이원구조를 고려하여, 이에 상응하는 '삼급분립(三級分立)'의 계층 구조를 이루었다. 당시 세 가지 주요 계급에는 노동자 계급, 농민 계급과 인테리겐챠 계층이 포함되었다. 타파해야 할 계급이었던 지주계층, 자산계급 등은 청산되었고, 소수 '적대 세력'을 제외한 모든 사회구성원들은 노동자, 농민, 그리고 간부로 나뉘어 '삼급분립'을 형성했던 것이다.

그런데 이 세 가지 계급 간에 경계는 엄격하고 차이는 명확했으며, 이들 외에 사회적으로 유동적인 주변 계층은 존재하지 않았다. 이처럼 경직된 계층구조는 계급성이 강하게 나타나서, 각 계급과 그에 상응하는 수입, 권력, 위세 등이 일치되었다. 개혁개방 이전까지 중국 사회의 계급구조에서 이들은 간부, 노동자, 농민 순서에 따른 3단계의 계층구조를 보인다.

(2) 개혁개방과 계층구조의 변동

이처럼 경직된 계층구조는 개혁개방을 거치면서 보다 유연한 계층구조로 전환되게 된다. 지난 이십여 년 간에 소유제 구조는 국가 단일 소유제에서 다양한 소유제가 공존하는 다원 모델로 전환되었고, 특히 사영경제와 개체호, 삼자기업(三資企業) 등의 소유제 형식이 생겨났다.

이처럼 사회적 자원을 분배하는 방식에서 변화가 일어나면서 계층적 권력과 이익 분화를 가능케 하는 전제 조건이 마련되었고, 결국 계급구조 변동의 가장 본질적인 원인이 되었다. 사회 조직의 분화와 약화, 산업구조의 다원화, 호적관리 제도의 완화 등에 따라 기존의 사회계층에서 분화와 재편이 일어났으며, 또한 여러 새로운 계층이 탄생했다. 사회구성원의 직업 분화와 수입 격차 확대는 사회계층의 다원화와 세분화를 야기해 새로운 단층을 형성하였다.

이전까지의 "두 계급과 하나의 계층"(노동자계급, 농민계급 그리고 지식인계층)의 사회구조는 뚜렷하게 분화하였고, 점차 새로운 사회계층이 형성되었다. 주변 계층과 모호한 신분이 복잡하게 등장하기 시작한다. 예를 들어, 농촌 향진기업의 직원은 바로 전형적인 노동자와 농민 사이의 주변 계층이라고 할 수 있다.

각 계층 간의 사회, 경제적 생활방식과 이해관계의 차이도 점점 명확하게 구분되어진다. 직업을 기초로 하는 사회계층 분화제도가 점차 이전의 정치신분, 호적신분과 행정신분을 기초로 했던 분화제도를 대신한다. 이런 변화들은 사회경제적 변화가 새로운 사회계층구조의 출현을 초래한다는 것을 보여준다. 또한 이러한 구조는 점차 안정되어 가고 있다.

1978년 이전의 계층구조에 비하여, 이 새로운 사회계층구조는 기본적인 구성성분, 구조형태, 등급질서, 관계유형 그리고 분화 등의 면에서 크게 변화하고 있다. 계층구조의 변동은 사회구성원의 발전 기회를 보편적으로 증가시키고 또한 기회

선택 및 보상 메카니즘이 정상적으로 작동하게 한다.

1) 도시에서의 사회계층 분화와 이동

개혁개방 이후 도시 지역의 경제체제가 빠르게 개혁되면서, 도시 주민간 계층 차이가 이전처럼 각 개인에게 부여된 3급의 정치 계급에 의해서가 아니라 직장의 수준과 심지어는 종사하는 직업의 소득 차이에 의해 결정되게 되었다. 개혁개방 이후 도시에서는 기존의 '단위(직장)'와 성질이 다른 조직이 대거 출현하였고, '단위'에 속하지 않는 사회 구성원들이 분화되어 구성되었다.

또한 시장적 요소가 발달하면서, 시장요인의 개입으로 인해 도시에서 종사하는 업종과 부문, 직장에 따른 수입격차가 벌어졌다. 예를 들어, 삼자(三資)기업 직원의 평균 월급은 국영기관 직원의 평균 월급보다 30% 이상이 높고, 시 · 진의 다른 일반 직장인들보다는 배 이상 높았다. 개체호(개인 사업가)들은 일반 직장인 소득의 3~5배에 이르는 화폐 수입을 올리곤 한다. 이처럼 시장과 관계가 밀접한 부문과 업종, 직장은 해당 직원들의 수입이 급성장하는 추세이다. 이에 따라, 개인이나 집단의 계층적 지위도 그 수입의 수준에 따라 올라가고 내려가게 되었다. 하지만 특히 2008년 이후 개인의 계층 지위는 부동산의 소유와 점유 형태에 따라 큰 이동을 겪었다.

2) 농촌에서의 사회계층 분화와 유동

농촌에서는 1978년 개혁개방 이후 기존의 집체경제와 별도로 개인경제와 사영경제를 도입하여 농업 외에 상공업을 발전시키고, 서로 분리되어 있던 소유권과 경영권을 결합시켜 나갔다. 이에 따라 원래는 하나의 계급적 성격을 갖고 동질적이었던 농민층이 분화하기 시작했고, 농촌 주민들 간의 지위 격차도 발생했다. 그러한 차이는 농촌 주민들 간의 직업차이, 생산재를 사용하는 방식과 권력의 차이를 반영한 것이다.

농촌지역에서 향촌기업이 발전하면서, 애초에 신분이 농민이면서 실제로는 공업생산 노동에 종사하는 특이한 집단이 대거 등장하게 되었는데, '농민공(農民工)' 이라고 불리는 이 집단은 호구상으로는 농민의 지위이지만, 더 이상 농민계급에 속하지 않는 주변 계층이라고 볼 수 있다.

농민공에 대해, 어떤 학자들은 그들이 공업생산에 종사하며 생활비를 주로 직장에서의 월급 수입에 의존하므로 이들이 노동자라고 취급한다. 그러나 일부에서는 그들의 공식적인 신분이 농민일 뿐 아니라, 향진기업 자체가 불안정한 고용관계로서, 그들의 노동자 신분은 고정적이지 않고 유동성이 크기 때문에 이들을 노동자로 보기 어렵다고 주장한다. 따라서 중국에서 현실적으로 광범위하게 존재하는 이들 비농업 분야에 종사하는 '농민'의 신분이나 계층의 정형화에는 오랜 시간이 필요할 것으로 보인다.

3) 도시와 농촌간의 사회이동

1978년 개혁개방 이전까지 중국의 도시와 농촌은 상대적으로 독립되어 발전하면서, 이원적 경제와 사회구조를 형성하였다. 그러나 1980년대 이래 향진기업의 왕성한 발전은 도시와 농촌 간에 사람과 자산, 물자의 교류 확대와 산업생산품의 공급, 판매 등의 유동성을 강화했다. 이에 따라 도시와 농촌 간의 사회적 경계, 구성원들의 신분상 경계가 무너지기 시작하였고, 사람들의 지역적 귀속성도 조금씩 모호해지기 시작했다.

도시에 농민호구를 가진 농민 신분의 노동자, 개체호(개인 장사꾼), 기업가, 판매원, 서비스업 종사자들과 관리자 등이 늘어나 자리를 잡게 되었는가 하면, 시나 진(鎭) 호구를 갖고 농촌으로 하향한 직장의 관리자, 기술자 등도 있다.

그러나 중국의 도시와 농촌에서 실제적인 사회구조 개혁이 일어나고, 도농 간에 주민의 유동성도 날로 증가하고는 있는 것이 현실이지만, 공식적으로는 시나 진 주민과 농촌 주민 간에는 계층구조에서 여전히 일정한 격차가 존재한다.

새로이 형성되는 계층구조에서 농촌주민들이 처한 상대적으로 불리한 입장은 도시와 농촌 주민의 평균 수입 차에서도 나타나는데, 도시와 농촌 거주민의 평균수입 비율은 1985년의 1.71 : 1 에서 1993년에는 2.51 : 1로 벌어졌고, 이후에도 도시 주민의 수입은 더 빠른 증가 추세이다.

4) 사회계층 분화와 이동의 지역적 차이

개혁개방 이후 중국의 사회 · 경제적 발전이 갖는 중요한 특징 중의 하나는 동부 연해지구와 중서부 내륙 간의 격차가 상당히 큰 것이다. 이러한 지역간 사회경제적 발전의 불균형은 또한 지역간 여러 계층간 차이로 표출된다. 한 예로, 지역별 소득분포를 보더라도, 2000년 현재 소득평균이 최고인 광둥(廣東)성의 1인당 수입은 최저 소득에 해당하는 섬서(陜西)성에 비해 2.2배에 해당하는데, 이들 두 지역의 계층구성이 차이가 있을 것은 당연한 이치이다.

전국적으로 볼 때, 지역별로 계층의 분화는 불균등하다. 경제가 발달한 지역에서는 기존의 계층과 더불어 새로이 출현한 각종 계층이 동시에 공존하면서, 계층분화가 뚜렷하고 계층간 이동을 위한 경쟁이 치열한 양상이다. 그러나 개발이 더딘 지역에서는 사회 및 경제구조적 변동이 적고, 경제 발달지역에서 보이는 신흥 계층이 극히 적거나 미미한 수준이다. 직업이동은 여러 계층간 이동성을 나타내는 지표라고 볼 수 있는데, 직업이동의 강도는 당연히 경제가 발달한 동부 연해지구에서 중서부 내륙지역보다 높고 따라서 연해지구의 계층이동성도 높다.

개혁개방을 통해 지난 20여 년간 새로운 계층구조가 형성되고 있지만, 여전히 새로운 신분제도와 계층구조가 아직 확정되지는 않은 상황에서, 사람들은 농민, 노동자, 또는 간부의 신분을 막론하고 현실에서 자발적으로 자신들의 직업, 수입, 사회적 지위 등을 개선하고 조정하려고 시도하고 있다. 이처럼 신구(新舊) 두 종류의 사회계층 구조와 질서규범이 병존하는 기간이 상당히 오래 지속될 경우에, 계층 간에 여러 가지 갈등과 충돌이 발생할 여지가 커질 수 있다.

2. 사회계층의 구성과 특성

(1) 중국 사회계층 분화의 특징

현재 중국사회에서 나타나고 있는 계층분화 현상은 다음과 같은 특징을 띤다.

첫째, 이미 공업화가 실현된 사회나 실현되고 있는 사회처럼, 현재 중국사회에서 계층의 분화에는 점차 직업분화의 추세가 보인다. 직업이란 요소가 사회계층 분화에 미치는 영향은 두 가지인데, 하나는 육체노동자와 비육체노동자 간의 사회경제적 차이가 커진다는 것이며, 다른 하나는 관리자와 비관리자 사이의 사회경제적 차이가 커진다는 것이다. 이 두 가지 영향은 모두 공업사회의 기술진보와 과학발전의 결과이다.

둘째, 현대 중국사회의 특별한 제도들이 사회계층 분화에 큰 영향을 미치고 있다. 이러한 제도적 요소들은 소유제, 호적제도, 직업의 차이, 그리고 자원분배에 대한 국가의 영향 등을 포함한다.

셋째, 생산자원의 소유권은 여전히 현재의 사회계층 분화를 결정하는 요소 중의 하나이다. 이것은 시장경제 사회의 보편적인 특징이다. 물론 이 요소가 현재 중국사회계층 분화에 미치는 영향은 현대 자본주의 사회에서의 영향보다는 약하다.

넷째, 경제체제 전환의 과도기 역시 사회계층 분화에 대해 특별한 영향을 미친다. 즉 과도기에는 대부분의 사람들이 수입과 생활수준이 점차 늘어나는 동시에,

일부 사람들은 수입과 생활수준이 점차 낮아지면서 사회의 저층을 이루게 된다. 또한 과도기를 거치는 동안 계층위치가 분명하지 않은 주변적 집단이 출현하기도 한다.

(2) 계층 분류의 기준과 범주

중국사회과학원의 계층연구 학자들은 직업분류를 기초를 하여 조직자원, 경제자원, 그리고 문화자원의 점유상황을 기준으로 하는 사회계층 구분의 이론틀을 형성하였다. 조직자원은 행정조직자원과 정치조직자원을 포함한다. 주로 정부조직과 중국공산당 조직체계에 의해서 갖춰진 사회자원(인력과 물질 포함)에 대한 지배능력을 뜻한다. 경제자원은 생산자원에 대한 소유권, 사용권 그리고 경영권을 가리킨다. 문화자원은 사회에서 인정받은 지식과 기능의 소유(증명서나 자격인증)를 의미한다. 현재 중국사회에서 이 세 가지 자원에 대한 소유상황은 각 사회집단이 계층구조에 처한 위치와 개인의 종합적인 사회경제적 지위를 결정한다.

이러한 계급분류 기준에 따라, 현대 중국 사회계층구조의 기본 형태를 열 개의 사회계층으로 구분하였는데, 그것은 다음과 같다. ① 국가·사회관리자계층, ② 경리[7]계층, ③ 사영기업주계층, ④ 전문기술자계층, ⑤ 사무직계층, ⑥ 자영업자계층, ⑦ 상업서비스업계층, ⑧ 산업노동자계층, ⑨ 농업노동자계층 그리고 ⑩ 도시와 농촌의 실업 및 반실업자계층이다.

사회계층과 지위의 순서는 세 가지 자원에 대한 점유량과 소유하는 자원의 중요성에 따라서 결정된다. 이 세 가지 자원 중에서 조직자원은 여전히 결정적인 의미가 있는 자원이다. 집권당과 정부조직이 전체 사회에서 제일 중요하고 가장 많은 자원을 지배하고 있기 때문이다. 경제자원은 1980년대 이후에 중요해지고 있으나,

7) 역주〉 중국에서 '경리(經理)'는 기업이나 업소의 사장을 비롯한 경영자를 뜻한다.

현재 중국사회에서의 영향은 자본주의 사회처럼 강하지는 않다. 반대로 현존하는 사회제도와 의식형태는 그 영향력을 억누르고 있다. 문화기술자원의 중요성은 지난 10여 년간에 급속도로 성장하고 있다. 사회계층의 위치에 끼친 문화기술자원의 영향력은 경제자원보다 적지 않다.

(3) 10대 사회계층

1) 국가 · 사회관리자계층

행정기관이나 사회단체기관에서 행정관리 권력을 행사하는 간부를 가리킨다. 구체적으로 중앙정부 각 부(部) 위원회와 직할시에서 실제적인 행정관리 권력을 가지고 있는 처(處)급 이상 행정간부, 각 성(省), 시(市)지역에서 실제적인 행정관리 권력을 행사하는 향(鄕), 과(科)급 이상의 행정간부를 가리킨다. 현재 중국의 사회정치체제는 이 계층으로 하여금 등급이 분화된 사회계층구조에서 가장 높거나 비교적 높은 지위에 위치하도록 한다.

이 계층은 전체 사회계층구조에서 주도적인 계층이며, 현재의 사회경제적 발전과 시장화 개혁에서 주요 촉진자이자 조직자이다. 이 계층의 사회적 태도, 이해관계와 행동취향 및 특성은 현재의 경제사회구조의 변화뿐만 아니라 앞으로 형성될 사회계층구조의 주요 특징에 대해서 결정적인 영향을 끼친다.

개혁개방시기 처음 10년간, 국가 · 사회관리자계층은 개혁의 추진자였지만 정치적 지위와 사회경제적 지위가 불일치 상태에 놓여 있었고, 그들은 경제적으로 상응하는 보상을 받지 못했다. 개혁개방이 시작되고 10년이 지나면서, 이 계층은 여전히 개혁에 제일 적극적인 참여자이자 촉진자이며, 한편으론 경제개혁과 경제성장의 가장 큰 수혜자 중 한 집단이 되었다. 또한 국가 · 사회관리자계층은 집권당과 정부 의지의 대변자이자 구현인 셈이어서, 각 사회계층과 국가 · 사회관리자 계층

간의 협조나 갈등 관계는 집권당과 정부에 대한 지지와 불만의 태도를 반영하는 것으로 변하게 된다. 현재 이 계층이 전체 사회계층구조에서 차지하는 비율은 약 2.1%이다. 도시에서의 비율은 1~5%이며, 현 행정구역에서의 비율은 약 0.5%이다.

2) 경리계층

대형 기업에서 일하는 비(非)업주 신분의 고위 및 중간층 관리자를 의미한다. 계층 내부의 서로 다른 구성원들은 사회정치적 태도와 이익에 대한 인식 면에서 뚜렷한 차이를 보이지만, 이 계층과 국가 · 사회관리자계층 그리고 사영기업주계층 간의 구분은 명확하지 않다.

이 계층 구성원들의 사회적 근원은 세 가지 부류이다. 첫 번째는 원래 국유 및 집체기업 간부이다. 현대 기업제도의 발전에 따라서 이 부분의 기업간부들은 행정 간부의 직위에서 벗어나 직업적 경리가 되었다. 둘째는 대규모 사영기업이나 새로운 과학기술 영역에서의 민영기업 출신이다. 이들 기업들은 1990년대 후반 이래, 소유권과 관리권의 분리 추세를 보인다. 일부 기업주는 직업적인 경리를 초빙하여 경영관리 업무를 맡긴다. 어떤 기업주는 기업의 주식화를 통해 자기 자신을 기업의 창업자로부터 직업적인 경리로 변화시킨다. 세 번째 부분은 '삼자(三資) 기업'[8]의 중간 및 고위관리자이다.

경리 인원은 시장화 개혁의 제일 적극적인 추진자이자 제도의 개혁자이며 선진적인 생산력과 현대적인 경제체제의 발전방향을 대표한다. 이 계층의 구성원은 대량의 경제자원을 지배하고 있고 비교적 높은 학력수준과 전공지식을 가지고 있다. 동시에 그들의 정치사회적 지위도 비교적 높아서 '사장님'으로 불린다. 많은 대기업 및 중소기업들은 국유이거나 혹은 생산권의 소속이 명확하지 않은 상태에 있어서, 실

8) 홍콩 · 마카오 · 대만의 자금이 투입된 기업을 의미하며, 경영형태는 합자(合資) · 합작(合作) 및 독자(獨資) 경영 중 어느 한가지 형태이다.

제로 경리 인원은 이들 기업의 생산자원과 경제자원을 지배하고 있다. 동시에 이 계층에 속하는 주도자들은 국가관리부문 및 해외자본과 긴밀한 관계에 있다.

이런 상황은 경리인원이 현재 사회계층구조 중 주도계층의 하나라는 점을 결정한다. 이들은 사회 · 경제 · 정치 생활에 큰 영향력을 갖고 있다. 특히 정부의 경제정책에 미친 영향력은 심지어 사영기업주들의 영향력보다 더 크며, 이런 영향력을 계속 확보하고 있다.

이 계층은 증가추세에 있다. 현재의 사회계층구조에서 차지하는 비율은 약 1.5%이지만, 지역간의 분포는 불균등하다. 이 계층의 구성원들은 대다수가 대도시 및 중형도시 특히 경제가 발달한 도시에 집중되어 있다. 한 조사에 따르면, 선전 같은 경제중심도시에서 경리계층이 차지하는 비율은 9%에 이르고 있어서, 국가 · 사회관리자계층 그리고 사영기업주계층의 비율을 크게 넘고 있었다. 하지만 경제가 발달하지 않은 꾸이저우성(貴州省) 등에서 경리계층의 비율은 아주 낮다. 경리계층의 구성비율로 한 지역의 경제발전 수준과 시장화 정도를 평가할 수도 있다.

3) 사영기업주계층

일정한 정도의 개인자본이나 고정자산을 가지고 투자를 통해서 이익을 얻는 사람을 가리킨다. 현행 제도의 규정에 따라, 8명 이상의 직원을 거느리고 있는 사영업주를 포함한다. 사영기업주계층은 개혁개방의 산물이며, 사회주의 시장경제의 발전과정에서 나타나고 성장했다. 이들은 선진적인 생산력의 대표자일 뿐만 아니라 사회주의 시장경제의 주요 실천자이고 사회주의 시장경제의 중요한 조직자이다. 동시에 중국특색 사회주의의 위대한 건설자로서 지난 20년 동안에 중국경제의 고속성장에서 중요한 역할을 하였다.

사영기업주계층의 구성원은 처음에는 주로 농촌과 주변 도시사회의 낮은 계층 출신으로 이루어졌다. 하지만 1992년 이후에 전문지식을 가지고 있는 국영과 단체기업의 관리자, 전문기술자, 그리고 행정 간부들이 이 계층에 유입되기 시작하였으며, 이에 따라 이 계층의 사회적인 이미지와 사회적 지위가 크게 높아졌다. 그러나 전통적 의식에 따른 제약으로 인해서 사영기업주 계층의 정치적 지위는 계속 그들의 경제적 지위와 불균형을 이루었다. 이들의 정치생활에 대한 참여는 크게 구속받았다. 사영기업주계층 내에서도 가지고 있는 자본의 규모가 서로 다르고, 정치문화 수준도 크게 차이가 난다. 그래서 그들의 사회적 지위와 명성은 각각 다르다. 뿐만 아니라 그들에게 부여되는 사회적 지위는 사회의 평가에 따라 달라질 수 있으므로 논란의 여지가 있다.

인원 수에 있어서 중소기업주가 이 계층의 주체를 구성한다. 전국적으로 사영기업주계층이 사회계층구조에서 차지하는 비율은 0.6%이지만, 지역적으로 크게 차이가 난다. 사영경제가 비교적 발달된 지역에서는 그 비율이 3%에 달하는 반면, 사영경제가 발달하지 않은 지역에서는 0.3% 이하이다. 표 9-1은 중국 사영기업주계층의 발전과정과 추세를 보여준다.

| 표 9-1 | 1981~2000년 중국 사영기업수와 출자인수

항목 \ 년	1981	1988	1991	1999	2000
사영기업 수(만개)	1	22.5	10.8	150.9	76
사영기업 출자인(만인)	1	–	–	–	395

주 : 1981년 기업 수의 단위는 '개'이고, 출자인 수의 단위는 '인'이다.

4) 전문기술자계층

전문기술자는 각종 경제기구(국가기관, 중국공산당과 단체조직, 국영기업, 단체기업과 각종 비공유제 경제기업)에서 전문적인 일과 과학적인 일에 종사하는 사람이다. 그들은 대부분 중등이나 고등 전문지식과 전문직업기술 훈련을 받은 사람이

며, 현대사회 생산의 전문화된 분업작업의 요구에 맞는 사람들이다.

전문기술자는 현대 공업사회에서 중간계층의 주류이다. 그들은 선진적인 생산력의 대표자일 뿐만 아니라 선진문화의 대표자이다. 그리고 그들은 주도적인 사회적 가치체계와 의식형태의 개혁자와 전파자로서, 이 계층은 과학기술 발전과 시장경제이념의 전파에서 중요한 역할을 한다.

개혁개방 20년 동안에 중국의 전문기술자 집단은 전통적인 지식인으로부터 현대적인 지식인으로의 변화, 즉 전통적인 인문지식인의 주요 구성성분으로부터 현대적인 전문기술지식인으로 변화해 왔다. 이런 변화는 전문기술자계층이 시장경제 발전에서 우세한 지위를 차지하는데 있어서 도움이 된다. 또한 조직자원과 경제자원을 갖추고 있는 국가·사회관리자계층, 경리계층 그리고 사영기업주계층과 우호적인 관계를 유지하는데 있어서 도움이 된다.

전문기술자는 중국의 계층구조나 사회중간층에서 차지하는 비율이 아직까지 낮은 편이다. 그들은 주로 도시에 집중되어 있다. 사회주의 현대화의 발전 그리고 교육, 과학기술과 각종 사회사업의 발전에 따라서 이 계층의 비율은 점차 높아질 것이다.

현재 전문기술자가 사회계층구조에서 차지하는 비율은 5.2%이지만 도시와 농촌의 차이가 매우 크다. 또한 경제발전 수준이 서로 다른 지역에서도 큰 차이가 나타난다. 경제발달지역의 대형 및 중형도시에서 전문기술자계층이 차지하는 비율은 10~20%이지만, 농촌 지역(현)에서 차지하는 비율은 1.5~3%에 불과하다.

5) 사무직계층

책임자에게 협조하여 일상 행정사무를 처리하는 전형적인 사무직이다. 이 계층은 주로 중국공산당 행정기관에서의 중하층 공무원, 각종 소유제 기업에서의 하층 관리자 그리고 비전문 사무직으로 구성된다. 이 계층은 사회계층 변동에 있어서 제일 중요한 계층이다. 그 구성원들은 국가 · 사회관리자, 경리 및 전문기술자의 예비군이며 노동자와 농민도 이 계층을 통해서 상향 이동을 실현할 수 있기 때문이다. 이 계층은 현대사회 중간층의 중요한 구성부분이기도 하다.

이들이 현재 중국 사회계층구조에서 차지하는 비율은 약 4.8%이다. 도시에서 차지하는 비율은 약 10~15%이지만, 도시와 농촌이 합쳐진 지역에서의 비율은 2~6% 정도이다. 공업화와 시장화 수준이 높아짐에 따라서 대규모의 육체노동자가 이 계층으로 상향 유입될 것이다. 앞으로 10년간 이 계층의 구성원수가 뚜렷하게 늘어날 것이다.

6) 자영업자(개체 공상호)계층

소량의 개인 자본(부동산 포함)을 가지고 있고 생산, 유통, 서비스 등 경영 활동이나 금융, 증권시장에 참여하여 이를 주업으로 삼는 사람들이다. 예를 들면 소기업주, 자영주(자본을 가지고 소수의 노동자를 고용하여 경영자 자신도 노동과 생산경영에 참여하는 사람), 자체고용이나 개체 노동자(자기 사업을 할 수 있는 자본을 가지고 있으나, 다른 노동자를 고용하지 않은 사람), 그리고 소규모 주식거래자, 소규모 주식보유자, 소형 임대인 등이다.

1949년 이전의 중국에서 수많은 자영업자와 개체 노동자가 존재하였으나, 1950년대의 공상업(工商業) 개혁과 수공업 개혁, 특히 "인민공사화 운동" 이후에 이 계층은 도시와 농촌에서 거의 사라졌다. 1978년에 전국의 자영업자는 불과 15만 명뿐이었다.

개혁개방 이후에 특히 가정승포책임제(家庭承包責任制)[9]가 농촌에서 시행되면서, 자영업자는 농촌에서 먼저 대규모로 등장했다. 그 이후에 도시와 진(鎭)에서 대규모로 발전했다. 따라서 자영업자계층도 경제개혁의 산물이라고 할 수 있다.

9) 집단생산 · 분배를 벗어나 가구 단위의 개별적인 생산과 판매 · 소비를 허용한 제도이다.

이 계층의 규모는 경제개혁이 추진됨에 따라서 더욱 확대될 것이다.

1980년대에 이 계층의 주요 구성원은 농민과 도시의 실업자와 구직자(특히 도시로 들어온 지식청년)이다. 1990년대 이후에 국유기업 개혁과 산업구조조정으로 인해서 수많은 국영기업노동자와 도시 거주민들이 이 계층에 속하게 된다. 현재 이 계층은 샤깡(下降) 공인[10], 실업자와 구직자 그리고 도시유입 농민 등을 흡수하는 중요한 수단이다. 동시에 사회주의 시장경제의 중요한 구성부분이며 사회주의 시장경제를 건설하는 중요한 요소이다.

한 조사에 따르면, 동부 연해 각 지역의 경제가 발달한 데에는 자영업자가 활발하고 잘 발달된 배경이 있는 반면에, 중서부 지역의 경제가 느리게 발전하는 것은 자영업자가 적기 때문이다. 그러나 사회주의 시장경제 특히 제3차 산업(서비스업)의 발전에 따라서 이 계층은 노동력을 확대하여 흡수하는 잠재력이 있다. 이들 중의 일부 사람은 특정 기술력이나 경영능력을 바탕으로 해서 자본을 축적하고 경영규모와 범위를 확장시킴으로써 사영기업주계층으로 상향이동 할 것이다.

자영업자계층은 1980년대의 개혁이 초래한 주요 수익계층의 하나이다. 그러나 1990년대 이후에 일부 도시가 이미지 프로젝트라고 부르는 사업수행을 통해 대규모 공사를 벌이면서 영세 사업시설과 길거리 시장을 없애버림으로서 자영업자는 영업장소와 영업조건을 잃어버리고 폐업을 하게 되었다. 또한 정부에서 이 계층에 대한 관리도 날로 엄격해지고 그들에게 징수하는 세금도 늘어나서, 누릴 수 있는 이익이 상대적으로 적어지게 되었다. 이들의 수입 성장속도는 1980년대보다 확실히 낮다. 그들의 경제적 지위는 1980년대보다는 낮아져서 사회에 대한 불만이 심해졌다. 현재 자영업자계층이 전체 사회계층구조에서 차지하는 비율은 4.2%인데, 이 비율은 국가 상공업부문의 조사에 의해서 계산된 것이지만, 이 계층의 실제 인

10) 샤깡 공인이란 국영기업에 과잉 고용되어 있는 인력으로, 개혁개방 이후 이직을 권유받고 이직까지 아주 적은 금액의 돈을 지급받고 있는 실질적인 실업 상태의 사람들이다.

원수는 기록된 인원수보다 더 많다.

7) 상업서비스업계층

상업과 서비스업에서 비전문적이고 비육체 및 육체노동에 종사하는 사람들이다. 현재 중국에서는 상업서비스업이 상대적으로 발달하지 않았을 뿐만 아니라 산업화의 수준이 낮기 때문에 이 계층의 사회경제적 상황은 산업노동자계층과 유사하다.

그러나 일부 대도시에서는 거의 국제 수준에 이른 상업서비스업에서 이들의 사회경제적 상황은 사무직계층에 더 가깝다. 개혁개방 이후 산업구조의 조정과 급속한 발전으로 인해 3차 산업에 종사하는 구성원이 증가 추세인데, 특히 금융, 보험, 부동산, 여행, 언론, 정보, 광고 등 각종 서비스 업종의 취업자가 빠르게 늘고 있다. 공업화와 시장화의 촉진 그리고 제3차 산업의 발전에 따라서 이 계층의 규모는 더욱 더 확대될 것이다.

현재 상업서비스업계층이 사회계층구조에서 차지하는 비율은 약 12%이다. 하지만 도시와 농촌 사이에는 차이가 있다. 이 계층은 도시화와 관계가 아주 밀접하다. 한 예로, 선전에서 상업서비스업계층의 비율은 17%이다. 하지만 도시와 농촌이 합쳐진 현 지역에서 이 계층이 차지하는 비율은 3% 미만에 불과하다. 소도시와 농촌에서는 상업서비스업이 발달하지 않았을 뿐 아니라, 산업수준이 낮기 때문에 종사하는 사람이 아직까지 적은 편이고 사회의 수요보다 많이 부족하다.

선진국가와 비교해 보면, 중국 상업서비스업계층이 전체 사회계층구조에서 차지하는 비율은 높지 않다. 여기에는 여러 가지 이유가 있는데, 가장 중요한 이유는 중국이 도시화에서 크게 뒤떨어져 있기 때문에 제3차 산업의 발전이 억제된 것이다. 또 다른 이유는 현재 중국 서비스업의 성장수준이 낮은 편이고 음식점 등과 같은 전통적인 서비스업 영역에 머무르고 있기 때문이다. 앞으로 관광업, 체육사업, 과학교육사업, 문화오락업 그리고 사회서비스업의 발전에 따라서 이 계층이 급속도로 성장할 수 있다고 예측된다.

8) 산업노동자계층

제2차 산업에서 육체 · 반육체 노동에 종사하는 생산노동자와 건축노동자 그리고 이에 상응하는 사람들이다. 산업노동자계층은 생산력의 발전을 촉진시키는 기본적인 요소이다. 이들은 근대 이후의 중국 경제 · 사회발전 특히 대량생산의 산물이다. 중국 공업화의 지속적인 발전에 따라서 이 계층은 자신의 정치, 과학기술, 문화수준을 한층 높이고 노동기능도 향상시킴으로써 사회주의 현대화 사업에 더 많은 공헌을 할 것이다.

개혁개방 이후 중국의 산업구조가 조정되는 상황에서 노동자들은 국유, 집체기업(集體企業)에서 삼자(三資)기업으로 이동하고, 공장의 생산직에서 서비스 업종으로 이동하는 양상을 보였다. 이에 따라, 노동자 계층 중 기존의 국유기업 노동자, 집체기업 노동자 외에 향진기업 노동자가 출현했고, 합자 및 합영기업 노동자, 사영 및 외자기업의 피고용인 등 다양하고 이질적인 노동자 집단이 출현하게 되었다.

개혁개방이 시작된 지 15년째인 1993년 현재 전국적으로 약 2억7천여만 명에 이르는 기업 직원 중, 국유기업 노동자는 약 8천3백만 명으로 전체의 약 30%를 차지했다. 시나 진의 집체기업 직원 수는 약 3천4백만 명으로 전체의 13%를 차지했다. 80년대부터 크게 성장한 농촌 향진기업 노동자 수는 당시에 이미 1억1천2백만 명(향촌 개인 사영기업 고용 포함)에 이르러 전체의 41%를 차지하면서, 가장 큰 집단이 되었다. 한편 도시의 사영기업 직원은 약 1천1백만으로 약 4%에 해당했으며, 삼자기업(三資企業) 직원은 약 3천1백만 명으로 11%를 차지했다. 취업 노동자 중에서도 삼자기업의 직원은 전국 노동자 중 상대적으로 많지 않은 10% 수준이지만, 이들은 2 · 3차 산업에서 주로 활약하면서 중국 노동자 계급의 중요 구성부분을 이루고 있다.

상당히 오랜 시기동안, 중국의 산업노동자계층 내부에는 기업소유제와 호적신분제 등으로 인한 차이가 존재하였다. 이런 차이는 수입, 복지, 사회적 지위, 노동보장 등에서 나타난다. 이 몇 십년 간에 국유기업의 개혁과 시장경제의 발전에 따라서 각종 소유제 기업의 노동자들 간 차이가 상대적으로 줄어들지만, 호적 요소의 영향은 아직까지 강한 편이다.

'농민공'은 산업노동자계층의 한 구성부분이어야 하지만, 이 계층과는 상대적으로 독립적인 집단을 이루었다. 그 이유는 다음과 같다. 그들은 도시 노동자와 똑같은 일을 하지만 그들의 신분은 농민이기 때문에 월급, 노동보장과 복지 등 여러 면에서의 대우가 도시노동자보다 훨씬 낮다.

호적 요소 이외의 기업 요소도 산업노동자계층 내부의 분화를 가지고 왔다. 복지와 노동보장이 좋은 정규적인 부문의 노동자와 복지와 노동보장이 안 되는 비정규부문의 노동자, 경제효율이 낮은 전통적인 부문의 노동자와 경제효율이 높은 신흥 산업과 국가통제부분의 노동자는 사회경제적 상황에서 확실하게 차이가 있다.

경제개혁개방 이후에 산업노동자 계층의 사회경제적 지위가 하락하여, 산업노동자계층의 구성에 근본적인 변화를 가져왔다. 원래의 노동자계층 중의 일부 성원은 성인교육과 기술훈련을 통해서 노동자계층을 떠나서 사회경제적 지위가 비교적 높은 다른 사회계층으로 이동해 들어간다. 1990년대 중기 이후에 국영 광산기업 개혁을 통해서 인원을 감축시켰으며 효율을 높이는 정책을 실행함으로써 상당수의 노동자가 실직하게 되어 종신고용제를 완전히 무너뜨렸다. 상당수의 노동자는 '철밥통'이 깨진 후에 취업보장이 없는 상태에 처하게 되었다. 이는 그들로 하여금 심리적으로 많은 스트레스를 받게 하였다.

하지만 이런 변화에는 좋은 영향과 나쁜 영향의 두 가지 면이 있다. 좋은 면은 대다수의 노동자가 기술과 전문적인 기능을 적극적으로 배우고 자기의 책임을 다하도록 한다는 것이다. 나쁜 면은 전통적인 계획경제체제하에 처해있던 노동자계층은 오랫동안 취업에 대한 긴장감이 없어서 경쟁의식이 부족하기 때문에 그들은 기득권을 상실하게 되었고, 이런 변화에 적응하지 못함으로써 불만이 쌓였다는 것이다.

다른 자본주의 사회와 마찬가지로, 중국에서도 산업노동자는 질적 변화를 맞게 될 것이다. 노동 고용제도와 주식제도의 도입과 개혁을 통해, 앞으로 산업노동자는 신분형 노동자로부터 계약형 노동자로 변하게 되고, 과거에 노동자와 관리직 간부 사이에 존재하던 수직적인 '신분격차'는 점차 사라질 것이다. 현대적인 기업관리제도가 도입되면서 직원들이 자사주를 소유할 수 있게 되면, 노동자 자신의 이익과 기업 이익의 결합이 더 직접적이고 긴밀해지기 때문에, 노동자들의 기업에 대한 헌신은 더 강해질 것이다.

중국 경제의 비약적인 발전에도 불구하고 산업 구성상 노동집약적 산업이 대부분을 차지하기 때문에, 비숙련 노동자 비율이 떨어지지 않는다 하더라도 과학기술의 발전에 따라 최첨단 기술이 생산과정에 적용되기 때문에, 첨단 기술을 갖춘 노동자도 대거 출현할 것이다.

현재 산업노동자계층이 사회계층구조에서 차지하는 비율은 22.6%이다. 그 중에서 농민공의 비율은 30% 정도이다. 도시와 농촌사이의 차이가 특히 크고 서로 다른 경제구조를 가지고 있는 도시 간이나 발전수준이 서로 다른 농촌 간에는 그 구성비에 확실한 차이가 있다.

9) 농업노동자계층[11)]

이 계층은 집단 소유의 경작지를 빌려서 농업(임업, 목축업, 어업)을 유일한 직업이나 주요직업으로 삼고, 이것을 유일한 수입원이나 주요수입원으로 삼고 있는

11) 여기서 농업노동자란 개념을 사용하는 이유는 신분제하의 농민이라는 개념과 구분하기 위해서이다. 사실 서양에서의 농민은 바로 농업노동자로서 신분제의 의미가 없다.

사람을 가리킨다. 이는 현재 중국에서 규모가 제일 큰 계층이다.

현재 중국에서 기존의 단일한 '농민' 계급은 해체되었다고 해도 과언이 아니다. 근래에는 학자에 따라 농민을 내부적으로 6개~10개 층으로 구분하기도 하는데, 현대적 산업분류에 기반한 농민들의 직업분화는 이미 기정사실이다.

원래 '농민'이라는 용어는 농촌 호구(호적)를 갖고 농촌에 거주하면서 농업에 종사하는 사람들을 집단으로 분류하는 계층 용어였지만, 현재는 더 이상 원래의 의미를 갖고 있지 않다. 호구 상으로는 농민이지만, 더 이상 농촌에 거주하거나 농업에 종사하지 않는 사람들도 부지기수이며, 여기에는 이미 원래적 의미의 농민뿐만 아니라, 향진기업 직원, 외지에 나가 있는 근로자(농민공), 농촌 일용직, 농촌의 문화·교육·과학·의료 종사자, 농촌의 개인 상공업자, 농촌의 사영기업주, 향진기업 관리자, 농촌의 관리간부 등이 포함되어 있다. 내부적으로 분화된 농민들은 또한 수입과 재산, 생산재의 점유 상황이나 직업 상황 등에 따라 더욱 세분화될 수밖에 없어서 별도의 계층을 형성하게 된다. 이처럼 농촌에 계층분화가 심화되면서, 종래에는 '인민공사원(人民公社員)'이라는 같은 부류로 일률적으로 불리던 농민들이 이제 '농업노동자'. '농민공(農民工)', '고공(雇工)', '농촌지식분자', '개인노동자', '사영기업주', '향진기업경영자' '농촌관리자' 등 8개 계층으로 분류되어 불리기도 한다.

개혁개방의 과정에서 농업노동자 계층은 아주 중요한 역할을 맡았다. 이들은 전통 계획경제체제를 깨뜨린 주도자이며 농촌경제체제의 개혁자이고 시장경제의 첫 실천자이자 추진자이다. 농촌경제 체제의 개혁 특히 가정승포책임제의 실행은 농민들에게 자주적 활동을 가능하게 하고 실질적 혜택을 받게 하여 생산력을 증가시켰으며 농업은 계속 풍년이 이어졌다. 아주 짧은 시간에 절대다수 중국인의 식생활문제를 해결했을 뿐만 아니라, 중국 전체의 체제개혁을 촉진시켰다. 또한 이 계층은 분화를 통해서 자영업자계층, 사영기업주계층, 산업노동자 계층 등으로 모체계층을 파생시켰다.

그럼에도 불구하고 이 계층은 조직자원을 거의 가지지 못하고 있으며, 가지고 있는 문화자원과 경제자원도 위에서 언급한 모든 계층보다 수준이 낮기 때문에, 사회구조에서의 지위가 비교적 낮은 편이다. 현대 사회계층구조의 요구에 따라 이 계층은 더욱 더 분화하고 규모가 대폭 축소되어야 하지만, 현재 이 계층의 분화와 축소는 경제사회 발전에 맞지 않은 제도와 정책(예로, 호적제도)의 제약을 받고 있다.

물론 중국의 개혁개방 초기에 비하면 중국 농민계층의 규모는 이미 확실하게 축소되었고 순수하게 농업노동자와 농업을 주업으로 하는 농민이 노동인구에서 차지하는 비율은 1978년의 70%로부터 2000년의 43%정도로 감소하였다. 하지만 국내총생산(GDP)에서 농업생산이 차지하는 비율도 1978년의 28.1%로부터 2000년의 17.0%로 감소했다. 이 두 가지 비율은 여전히 불균형한 편이고, 특히 경제가 낙후된 중부와 서부지역에서 이러한 불균형 상황은 더욱 뚜렷하다. 이런 상황은 농민계층의 낮은 수입수준과 낮은 사회경제적 지위를 초래하고 있다.

특히 심각한 것은 1980년대 중반 이전에 농업노동자계층은 개혁과 발전의 수익계층이었지만 1980년대 중반 이후에는 점차 손해를 보는 계층이 된 것이다. 특히 1997년 이후 대량 생산된 농산품은 시장을 판매자 중심시장으로부터 소비자 중심시장으로 변화시켰다. 판매는 어려워지고 가격은 큰 폭으로 하락했다. 향진(鄕鎭)기업의 상황이 안 좋아지고, 농민들이 도시노동자로 진입하는 것은 더욱 어려워졌다. 농업을 유일한 수입원이나 주요 수입으로 하는 농민들의 실제 수입은 감소했지만 각종 세금부담은 감소하지 않았다. 따라서 이 계층이 손해를 보게 되는 상황이 더욱 심각해지고 있어서, 중국 정부에서도 관심을 갖고 있는 문제이다.

10) 도시와 농촌의 무직 · 실업 · 반실업자계층

고정된 직업을 가지지 않은 노동력인구 집단(재학 중인 학생 제외)을 가리킨다. 체제 전환과 산업구조의 조정은 일부 노동자와 상업서비스 인원으로 하여금 실업,

반실업 상태에 처하게 하였다. 취업 기회의 부족은 노동시장으로 진입하는 청년 노동력으로 하여금 무직상태에 처하게 하였다. 도시의 확대는 농업용 토지를 대량으로 수용하게 마련인데, 이로 인해 수많은 농민들이 토지를 잃게 되었지만, 이들 농민들은 도시와 진읍에서 단시간 내에 적당한 직업을 찾지 못하였다. 또한 적지 않은 도시와 농촌 거주민들이 신체적 장애나 질병 때문에 취업하지 못하여 빈곤한 상태에 처하게 되었다. 현재 이러한 유형에 속하는 사람들의 수는 계속 늘어가고 있다.

어느 사회이건 실업자가 존재하지만 무직 · 실업 · 반실업자가 하나의 계층을 구성하는 것은 현재 중국이 안고 있는 특수한 과도기적 산물이다. 이들 무직 · 실업 · 반실업자 집단은 그 규모가 크며 유사한 사회경제적 배경을 가지고 있다. 예를 들면, 대부분의 사람들은 원래 국유단체기업 노동자 및 그들의 자녀이거나 농업에 의해 생계를 유지하지 못하는 중년, 청년 농민들이다.

관심을 가져야 할 점은 이 계층에 속하는 상당수 사람들의 실업, 반실업 상태가 오랜 기간 동안 지속되어서 이들의 생존에 극한적인 위협을 초래하고 있다는 점이다.

무직 · 실업 · 반실업 집단의 이러한 여러 가지 특징은 그들로 하여금 과도기의 특수한 계층을 구성하게 한다. 이 계층의 많은 구성원들은 빈곤상태에 처해 있다. 현재 이 계층이 전체 사회계층구조에서 차지하는 비율은 3.1%이다.

도시빈민

국무원 민정부의 통계에 따르면 2002년 11월 중국 도시 빈민은 이미 1,400만 명을 훨씬 초과했으며, 지금까지 약 1,998만 명의 도시 주민이 극빈 상태에 처해 있다.

올해 3월 신화사의 모 인사도 전체 도시 인구의 약 1/10인 3,000만 명이 도시 빈민층이며 이들의 수가 꾸준히 증가세를 보이고 있다고 한 바 있다.

이같은 수치는 단지 중국 인구의 약 1/5에 불과한 대도시를 가리키는 것으로 만약 중소 도시까지 합하면 그 수치는 더욱 불어날 것이다. 학계의 추산은 같지는 않지만 가장 작은 수치도 농촌 빈곤층 인구를 3,000만명 정도로 추산하고 있다.

개혁개방 초기 '도시 빈민' 현상은 존재하지 않았다. 하지만 90년대 이래 실업이 점점 보편화되고 전체 사회가 계획경제에서 시장경제로 전환되어 산업구조조정이 진행되면서 도시에는 점차 실업자를 중심으로 새 빈곤 계층이 형성되었다. 또한 국영 기업에서 보편적으로 존재하는 저효율성과 손실, 그리고 사회 보장 제도의 낙후성은 이 계층의 증대와 함께 빈곤의 심화를 부채질하고 있다.

한편 베이징에서 가장 부유한 20% 인구의 재산은 가장 빈곤한 20% 인구의 재산에 비해 11배로 나타났는데, 이는 선진 국가의 6~7배보다 훨씬 큰 격차로 중국의 빈부 현상이 매우 심각함을 입증하고 있다.

그런데 이보다 더 큰 문제는 이 빈부 격차가 해마다 3.1%의 속도로 계속해서 확대되고 있다는 사실이다.

최근 통계에 따르면 2003년말 국유 기업에서 정리 해고된 근로자 중 500만 명이 아직 새 직업을 찾지 못했으며, 전국 도시에 등록된 실업자 수는 아직도 681만명 정도이다. 게다가 수많은 농민들이 도시로 밀려 들어와 일자리를 찾음으로 인해 도시 빈민 숫자는 급증하고 있다.

3. 중국 계층구조의 문제

(1) 빈부 격차와 빈곤문제

개혁개방 이후 소위 '사회주의적 시장경제'를 추구하는 중국에서 계층간 빈부격차가 세계 제1일 정도로 벌어지고 있는 현상은 아이러니라고 할 수 있다. 계층간 불평등을 측정하는 지니(Gini) 계수에서 2012년 현재 중국은 0.474에 이르고 있어서, 미국이나 일본 등 선진국의 0.3 수준에 비해 매우 높은 불평등 지수를 보이고 있다.

최근 여러 해 동안 중국의 동·중·서부 지역간, 도시와 농촌간 및 여러 계층간 소득 격차는 더욱 확대되었다. 연소득이 30만 위안 이상인 고소득 가구가 이미 1천만 가구에 육박하며, 이는 전국 전체 가구 수의 약 3%이다. 이들은 주로 사영기업주, 삼자기업 관리, 일부 연예인, 증권투자 등으로 벼락부자가 된 자, 그리고 불법으로 부를 축척한 자 등이다. 그들 대다수는 연해 발달지구에 집중되어 있다.

대조를 이루는 것은 현재 전국적으로 약 1억 명 정도의 농촌 주민이 아직도 생계문제를 제대로 해결하지 못하고 있다는 것이다. 그들은 주로 중서부 지구의 농촌에 거주하는데, 예를 들어 상하이 인근의 농민과 감숙(甘肅)성 농민 양자간 평균 소득 격차는 5배를 넘는다. 2010년에 도시빈곤인구가 약 5천만 명에 달했으며 이는 도시인구의 8%에 해당하는 비율이다.

중국 정부가 2011년에 정한 '빈곤인구'의 기준은, 1인당 연간 수입이 2,300 위안 이하인 경우이다. 이 기준에 따르면, 중국의 도시지역에서 빈곤인구는 5천만 명에 이르며, 그 숫자가 계속 증가하는 형편이다. 농촌의 빈곤인구는 약 1억3천만 명에 달한다.

북경사범대학의 한 경제학자는 2001년 현재 중국에서 랭킹 상위에 있는 50명의 부호들이 가진 자산을 합하면, 5천만 명의 농민 연간수입에 맞먹는다는 수치를 발표하였다. 300만 명에 가까운 백만장자들의 자산규모는 중국 전체 농민인구인 9억 명의 2년치 연수입을 합한 금액이라고 한다(「연합조보」 2001년 11월 11일).

뉴스 보도에 의하면, 항저우의 한 식당에서는 춘절(春節)을 겨냥해 '궁중요리'를 중심으로 한 식사메뉴를 개발했는데, 예약이 쇄도한 이 식사의 비용은 1인당 1만 위안에 달했다고 한다. 연소득 800위안으로 1년을 살아야 하는 사람들이 수없이 많은가 하면, 10배가 넘는 거액으로 한 끼의 식사를 하는 사람들도 함께 존재하고 있는 것이 현대 중국의 현실이다.

사영기업이 발달한 지역에서는 고용주와 고용인 간의 소득격차가 현저하며, 농촌에서도 농민과 향진기업 노동자 간, 서로 다른 업종 종사자 간의 소득격차가 뚜렷하다. 예를 들어, 농민과 향진기업 노동자 간의 소득 차이는 평균 2~5배에 이른다.

중국은 아직까지 엄격한 가구 재산 등기제도가 실시되지 않고 있다. 계층간 빈부격차는 축적된 재산(富)과 소득에 의해 나타나게 되지만, 가구별 재산보유의 투명도가 낮기 때문에, 가정 저축이 부의 점유상황을 반영할 뿐이다. 이렇게 볼 때, 개체호의 평균 저축액 규모는 노동자나 농민, 사무직 종사자들의 평균 저축액에 비해 약 6배이며, 특히 농업에 종사하는 가구의 저축액 수준은 기타 직종보다 현저하게 낮다.[12)]

(2) 피라미드형 계층구조의 문제

현대 사회의 사회계층구조 모형에 대해 학계는 비유를 든다. 한 가지 모형은 위아래가 좁고 중간이 큰 '럭비공형' 계급구조이다. 이 구조는 상대적으로 큰 규모의 중간층을 가지고 있는 현대적 계층구조에 해당한다. 대규모의 중간층을 가지고 있는 럭비공형 사회계층구조에서는 상대적으로 많은 수의 사람들이 비교적 높은 사회적 지위를 누리는 직업에 종사하고(화이트칼라), 중간이나 중간 이상의 수입을 갖는다. 이 계층 모형에 대립하는 것은 전통적인 사회계층구조로서, 위가 뾰족하고 아래가 넓은 '피라미드형' 계급 구조이다. 이 구조에서는 극소수의 사람이 사회의 상층에 위치하고 있고, 절대 다수의 사람들은 사회의 하층에 위치하고 있다.

현대 중국의 사회계층구조가 럭비공형이냐 피라미드형이냐에 대해서 학계에는 서로 다른 견해가 존재한다. 하지만 대부분의 학자들은 현재 중국의 사회계층구조는 아직까지 럭비공형 구조로 발전되어 있지 않다고 주장한다. 즉 대규모의 사회

12) 國家改委分配司편 《差距與公平》중국경제출판사, 1993년, 36~39쪽.

중간층이 아직 형성되지 않은 것이다.

현 단계 중국 사회의 계층구조는 피라미드형에서 럭비공형으로 전환하는 과정이라고 볼 수 있지만, 현재 중국은 여전히 저소득 개발도상국이며, 저소득 농업 종사자가 전체 인구의 절반 이상을 차지하며, 도시 가정의 소득구조도 아직까지는 피라미드형 구조에 가깝다.

그러나 최근 중국 도시들에서는 거대한 중산층이 형성되고 있다. 현재 중국의 도시 인구를 약 6억 명 정도로 추산할 때, 이들의 60~70%가 연간 소득 1만 달러 수준에 이른다고 하면, 그 규모는 미국 인구 3억 명보다 큰 규모이며, 중국 전체 인구 13억 5천만 명의 약 30%에 해당한다.

대규모의 중간계층이 형성되기 위해는 우선 대다수 사회구성원의 생활이 양호한 수준에 달해 사회적으로 풍족해진 대중이 등장해야 한다. 21세기 중엽을 전후해서 중국은 이 목표를 실현할 것으로 예측되고 있다.

1978년 중국이 공식적으로 개혁·개방을 선언한 이래 덩샤오핑이 주창한 것처럼, '등 따습고 배부른 원빠오(溫飽)' 상태를 거쳐, 2000년을 전후해서는 어느 정도 여유로운 생활이 가능한 샤오캉(小康) 상태에 이른 것으로 평가된다. 중국 정부는 2050년을 목표로 소위 '따퉁(大同)' 사회의 실현을 지향하고 있는데, 최근에는 '조화(調和)' 사회 건설로 슬로건을 바꾸기는 했지만, 이는 현대화의 실현을 통해 부강하고 문명화된 민주 사회주의 국가에 도달한다는 의미이다.

제 10 장

조직

1. 중국의 조직구조 변동

2. 중국 조직구조의 문제

신중국 성립 이후 중국공산당의 지휘아래 사회주의 통제경제가 성립되면서, 농촌의 인민공사나 각종 국유기업이 등장하여 독특한 사회주의식 조직 특성을 부각시켜 왔지만, 이 조직들은 나름대로의 기여에도 불구하고, 큰 취약성을 노출시켜 왔다.

이 장에서는 신중국 성립 이전과 이후의 조직 원리를 개괄적으로 살펴본 뒤, 특히 개혁개방 이후 1990년대 들어 진행 중인 국유기업 개혁을 비롯한 중국 조직의 변화 상황을 집중적으로 살펴본다. 따라서 당정(黨政)의 미분화, 국유기업과 국유은행의 개혁, 사영기업의 팽창 등이 주요 연구과제이다.

1. 중국의 조직구조 변동

(1) 신중국 이전의 조직구조

사회주의가 성립되기 이전까지 중국 사회의 조직구조는 비공식적인 조직이 중요한 위치를 점하였고, 지배기구를 포함한 정치조직들도 대체로 일차적 사회관계에 따라 성립되었다.

봉건 중국사회에서는 혈연관계를 기본으로 하는 조직형태가 핵심을 이루었는데, 사회조직의 기본 단위인 가정의 경우에 소비단위이자 동시에 생산의 단위로서 필요한 모든 물품을 거의 자체적으로 생산했다. 한편 중국인의 현연관계에 기반한 종족 일체감은 아주 강해서, 보통 동성(同姓)끼리 같은 마을을 이루고 살았으며, 공동 종사(宗祠)를 두었다. 실제로 종족은 지역사회의 질서를 유지하는 중요한 역할을 해왔다.

중국의 봉건사회 시기에는 ① 치안 및 관리를 책임지는 기층 행정조직 ② 상업

조직 ③ 교육조직 ④ 종교조직 ⑤ 공공 단체 ⑥ 방회(幇會)와 같은 불법 결사조직 등이 있었다. 이러한 조직들은 대다수가 혈연관계 연결망에 의존하였고, 일차적 관계와 무관하게 운영되는 공식 조직의 수는 극히 제한적이었다.

청 왕조까지의 봉건시기 정치는 중앙집권적이면서도 한편으로는 중앙의 권력집행이 분산되는, 집중과 분권의 모순이 존재하였다. 현(縣) 급의 지배기구는 중앙정권이 권력을 행사하고 다스리는 가장 기층적인 행정조직이었지만, 중앙의 힘이 기본적으로 향촌(鄕村)에까지 침투하지는 못했다. 오히려 향촌에 거주하는 퇴직 관리나 관직 신분을 갖춘 사신(士紳)들이 지방의 권력가나 자산가로 역할을 하였다. 그들은 지방관아가 세수를 확보하는데 협조하면서, 향촌에서 관리로서의 권력을 행사했기 때문에, 중앙정권이 국가의 자원을 집중하는 능력은 제한될 수밖에 없었다.

한편 봉건사회의 도시에는 행회(行會) 혹은 동향회(同鄕會) 등의 조직이 생겨나 있었다. 행회는 중세 유럽의 길드(guild)와 마찬가지로, 동일 업종의 사람들이 자신들의 이익을 보호하고 과도한 경쟁을 피하기 위해 형성한 동직(同職) 조직이다. 그들은 정부의 허가 하에서 활동을 했지만, 중국에서도 상인의 지위는 낮았고, 따라서 자신들의 이익을 지키기 위해서 행회 구성원들은 혈족과 동향 관계를 통해서 긴밀한 연계조직을 유지했다. 명대(明代)에 시작되어 청대(淸代)에 크게 발달한 동향회는 같은 지방 출신들로 구성되어, 친족관계가 없는 개인들 간에 연결망을 구성하는 역할을 했다.

(2) 계획경제 시기의 조직구조

20세기 초반 중화민국 성립 이후, 당시 정부는 국가권력을 농촌에까지 침투시켜서 비공식조직을 공식 지배기구로 바꾸어 농촌의 관리를 정규화하려고 시도했다. 그러나 이런 노력은 여러 가지 저항에 부닥쳐 성공을 거두지는 못했다.

신중국이 건설된 1949년 이후에는 과거의 사유재산과 사기업을 인민공사화 하고 또한 국유기업과 집체(集體)기업으로 만들면서, 사회주의 개조를 기본적으로 완성하였다. 이에 따라 봉건시기에 혈연 또는 지연을 근거로 이루어진 네트워크는 대거 붕괴되었고, 그 기능이 새로운 조직으로 이전되었다.

1) 농촌 인민공사(人民公社)

사회주의 계획경제 하에서 농촌 사회를 조직하고 생산을 통제하기 위해 설립한 공동생산 · 공동분배의 협동농장이 인민공사 조직이었다. 인민공사 조직은 호조조(互助組)에서 시작되어, 초급사(初級社)와 고급사(高級社)를 거치면서 발전하고 완성되었다.

호조조는 농민 각자의 개인경제 기초 위에서, 자발성과 상호부조에 따른 상호이익 원칙을 지향한 집단노동 조직이었다. 이전까지의 비공식적인 상부상조 노동을 보다 공식화하여 집단적 노동을 통해 생산효율을 극대화하려는 것이었다. 따라서 호조조 내부에서는 고용 노동이 허용되지 않았다. 호조조의 주요 구성원은 빈농들이었고, 부농도 호조조에 가입할 수는 있지만 그 영도자는 될 수는 없었던 것이다.

다음 단계인 초급사에서는 농업생산을 공동으로 경영하는 합작 회사(합작사)가 등장했다. 여전히 생산수단의 사유제를 철폐하지는 않았지만, 생산수단은 반드시 합작사(社)에 등록한 뒤, 집단의 필요에 따라 사영해야 했다. 더불어 합작사에 귀속된 토지는 매매가 금지되었다. 합작사는 공동 적립금을 이용해 공유의 가축과 농기구 등을 구매했으며, 이런 합작사(초급사)의 생산품은 일괄 분배되었다.

고급농업생산합작사(고급사)는 당과 정부의 영도와 협조에서 생겨난 사회주의 집체(集體)경제조직이었다. 이 단계에서는 생산수단을 전부 집단 소유로 귀속시키고, 노동에 따른 분배 원칙을 실행했다. 이런 고급사가 전국적으로 확산된 것은 1956년이었다. 이해 중반에 전국의 약 1억2천만 농가 중, 합작사에 가입한 가구가 약 1억1천만 호로 전국 농가 총수의 91.2%에 달했다. 그 중에 고급사에만 7천5백만 가구가 가입했는데, 그 수는 이듬해인 1957년 초까지 1억 가구를 넘어서 비중이 90%에 달했다.

이처럼 인민공사가 완성되는 과정에서, 호조조로부터 초급사를 거쳐 고급사에 이르기까지 공유화 정도는 갈수록 높아졌고 규모도 점차 거대해졌다. 기본적으로 농업생산을 위한 공동조직인 인민공사의 특징은 다음과 같이 정리된다.

(1) 인민공사는 사회주의적 집단경제 조직이다. 고급사에서 인민공사로 바뀐 이후에는 원래 고급사에 속하던 토지, 가축, 농기구 등 생산도구와 기타 공유재산 전부를 인민공사의 집체소유로 이전시켰고, 인민공사 독립채산재를 실행했다. 1962년 통과된 〈농촌 인민공사 공작 조례〉에 따르면, "생산대(生産隊)는 인민공사의 기본 채산단위이며, 독립채산을 실행하여 조직으로 수익을 분배한다."고 규정하였으며, 이를 통해 인민공사의 조직화가 안정되었다.

(2) 인민공사는 정치조직이다. 공사(公社)는 중국 정치체계의 한 부분이었으며, 농촌의 지배적인 행정 권력을 갖추어, 상급 정부기관의 여러 방침과 정책을 집행했다. 공사 간부 중 주요 지도자는 국가 간부였으며, 생산대의 간부는 모두가 농민이지만 실질적으로 행정기능을 집행하는 공사의 파견기구였다.

(3) 인민공사는 지연조직이다. 1952년부터 시작된 농촌 사회주의 개조운동은 혈연 네트워크의 단절을 꾀했으나, 농민들의 생산조직과 생활방식은 여전히 혈연과 지연을 기초로 하고 있었다. 특히 생산대 대부분은 과거 자연촌락이었던 같은 마을에 거주하는 농민들로 조직되었다.

이러한 사회주의 개조운동은 지연 관계를 타파하기보다는, 경제조직이나 정치조직과 지연관계를 실질적으로 중첩시킴으로써, 연고의식을 더욱 강화시키는 부작용을 낳게 되어, 개혁개방에 장애가 되기도 했다.

2) 도시 국유기업과 행정조직

신중국 건설 이후, 국유경제를 기반으로 한 도시에서 대부분의 사람들은 한 개의 직장 '단위(單位)'에 소속되었다. 사회주의 통제경제 하에서 직장 역시 당에 의해 배분되던 상황에서 단위는 흔히 국가기관이나 국영기업을 의미했다. 당시 도시민의 생활을 조직하는 소속 단위는 기본적으로 두 종류로서, 하나는 국유기업을 위주로 하는 경제 단위였고 또 다른 하나는 당정(黨政) 행정 단위였다.

고도로 집중된 계획경제 하에서 국유기업의 운영은 당과 정부에 장악되었고, 생산은 정부의 직접적인 통제를 받았다. 생산 물품과 서비스의 가격은 국가에 의해 일괄적으로 책정되었고 관리되었다. 정부는 계획에 따라 기업에 생산요소를 공급하고, 생산품을 일괄적으로 조달한다.

국유기업의 간부는 기업 운영자인 동시에 국가 간부로서 확실한 행정직급을 가지고 있었다. 국유기업에서는 일반 행정조직(당정 기관)과 마찬가지로, 조직 구성원들에게 임금 외에도 각종 생활 서비스와 복지혜택을 제공해 주어서 주택이 분배되고, 식당, 학교, 병원, 오락시설 등이 공유로 이용할 수 있도록 제공되었다. 한편 단위는 소속 직원간의 각종 분쟁뿐만 아니라 직원의 가정문제 까지도 도맡아 해결하게 되어, 경제적 기능뿐 아니라 사회적, 정치적 역할까지를 포함하는 조직이었다.

행정조직은 생산 및 경제활동에는 직접 참여하지 않더라도, 사실상 국유기업의 소유자로서 경제적 자원을 관리하고 국유기업의 인력, 자금, 생산수단 등에 대한 통제권을 가지고 있었다.

(3) 개혁개방 이후의 조직구조

개혁개방 이전까지 중국 조직구조의 가장 큰 특징은 위에서 살펴본 것처럼 정치, 경제, 사회적 조직이 삼위일체를 이룬 것이었다. 당정과 기업, 일상생활 조직이 별 구분 없이 사회구성원들의 삶에 깊숙이 개입하고 있었으며, 이처럼 일원화된 조직구조는 사회주의체제하에서 생산성과는 별로 무관하게 운영되었던 것이 현실이다.

1978년 이래 중국의 개혁은 바로 조직에 대한 혁신이라고 할 수 있으며, 과거 일원화되어 있던 조직구조를 다원화하고 효율성을 높이기 위한 것이었다.

1) 국가 행정조직

현재 중국에는 중앙부위(中央部委) 소속의 기구가 1백여 개가 있으며, 성(省) 및 자치구나 직할시 소속의 당정기관인 청 · 국급(廳 · 局級) 기구가 2천1백여 개에 달한다. 중국 정부의 행정기구 편제는 지속적으로 팽창하였고 규모가 증대하여 효율성이 떨어진다고 지적된다. 정부 정책의 집행이 관료주의를 부추기며, 여러 해에 걸쳐 행정기구를 간소화하더라도 이후 다시 팽창하는 악순환 속에서, 재정지출의 지속적인 확대 상황을 효과적으로 억제하기가 곤란한 형편이다.

국가의 당정 공무원은 등급이 분명한 하나의 거대한 신분체계이다. 1990년대 초에 각급 기관, 행정부문에 종사하는 인원은 약 3천5만 명에 달했고 현재는 약 6천만 명에 달해 정부기구의 간소화가 매우 중요한 문제로 부각되었다.

'간부'는 '행정관리원'보다 범위가 더 크며, 정당, 국가기관, 군대, 국유기업, 사회 · 정치단체 및 군중단체 등에서 간부 편제에 속하는 구성원을 일컫는다. 행정관리원은 주로 국가기관 간부를 지칭하며, 당 간부와 사회단체 간부도 포함한다. 행정 간부 집단은 지식층과 계층이 중첩되기도 한다.

1993년에 '국가공무원 제도'가 출범하면서, 수십 년간 유지되어 온 복잡한 '간부'층이 와해되는 추세를 보이는데, '행정관리원'은 더 이상 '간부'라고 불리지 않으며 '국가 공무원'이라는 법적 신분을 획득했다. 베이징시에서는 2013년부터 공무원 초빙 임용제를 도입했다. 한편, 기업 관리원과 사업단위 관리원도 '간부'에서 완전히 분리되어 나갔다.

여전히 사회주의 색채를 완전히 탈피하지 못한 중국의 당정 조직에서, '철밥통(鐵飯椀)' 논리에 따라 재정낭비라는 비효율성이 심각하다. 통계에 따르면, 1999년대 초에 재정을 축내는 당정기관의 과잉 인원은 1980년보다 75%가 증가했다. 이에 따라 1980년에 전국 행정관리비 지출은 재정 총지출의 5.5%였으나 1990년대 초에는 재정 총지출의 10% 정도로 증가하였으며, 이처럼 방만한 고용 유지는 국가 재정을 잘 집행하는데 방해가 되었다.

그러나 중국 정부도 이러한 문제점을 인식하고, 1980년대 말 이래 전국적인 정부기구 개혁을 단행해 오고 있다. 국무원은 원래의 42개 부처를 25개로 병합했고, 국무원 직속기구와 사무기구를 44개에서 21개로 감축해서 국무원 소속 각 부문의 인원을 20% 감축했다. 지방정부에서도 개혁에 나섰는데, 한 예로 쓰촨성(四川省)의 한 현(縣)에서는 수 차례의 조정을 통해 정부기구를 42개에서 6개로 축소시켰고, 인원은 7백여 명에서 3백여 명으로 줄였다고 한다.

1990년대 들어서, 중국의 행정관리 인사체제는 이전의 폐쇄적인 내부 순환 방식을 많이 탈피하고 있는데, 일부에서는 초빙제를 실시하여 공개적으로 관리 인원을 외부에서 초빙하여 채용하기도 했다. 또한 최근 중국은 행정관리원을 대상으로 업적 위주의 인사제도를 실시하기 시작해서, 평가와 보상을 위한 공정하고 평등한 기회를 제도적으로 제공하고 있다. 이러한 변화는 '간부는 승진만 있고 좌천은 없다'는 기존의 관행을 변화시키면서 종신제를 타파한 것이다.

앞으로는 간부 평가에 신분요소를 중시하는 진부한 인사관리 방식은 약화되고 계약과 법치에 따라 업적을 중시하는 원칙이 점점 더 강화될 전망이다. 중국 정부는 향후 행정관리인들이 과학기술과 정보의 시대에 걸맞는 전문 기술을 가진 관리자로 충원되기를 희망한다. 이러한 변화에 따라 중국에서 행정관리원의 평균 연령은 점차 젊어지고 있으며 대학졸업자의 진출이 늘고 있는데, 행정관리원의 수입이 점차 증가하는 현상과 맞물려서 중국의 가장 큰 난제의 하나인 부정부패 문제의 완화에도 일정한 기여를 할 것이다. 그러나 간부 신분 혹은 계층의 재정립과 신계층 구조에의 통합에는 여러 가지 진통이 따를 것이다.

한편 개혁개방에 따라 지역간 격차가 벌어지면서, 각 지역정부에 의해 지방보호주의가 대두되어서 행정조직 운영상 문제로 나타나고 있다. 즉 지역 간에 경제 장벽이 너무 높은 경우에도, 이를 개혁하기 위한 중앙정부의 정책이 통하지 않게 되었는데, 그 배경에는 1978년 개혁개방과 함께 중앙정부가 갖고 있던 경제계획 권한을 대폭 지방정부로 이양(下放)한 것이 있다. 당시 경제권력 하방은 구체적으로 재정권 이양, 국유기업 관리권 이양, 경제정책 결정권의 이양 등으로 나타났다. 특히 재정권이 이양됨에 따라 지방정부, 특히 성(省)급 정부는 이전보다 훨씬 더 큰 규모로 조세수입을 자체 보유할 수 있게 되었다. 그러자 지방정부는 경제 부문은 물론이고, 지방 당 · 정 간부에 대한 인사권도 크게 강화하게 되었으며, 이러한 지방정부의 권력 강화는 지방의 이익을 국가적 이익보다 우선시하는 지방보호주의를 낳았던 것이다. 한편 지방정부간의 성장률 경쟁은 '외자의존형 경제발전 전략'의 내부확산을 촉진시켜주는 계기가 되기도 했다.

완전한 계획경제하에서는 중앙과 지방의 권력배분이 중앙집중식 주도형에 속했다. 중앙정부가 단기간에 필요한 인력과 자원을 동원해서 중요 국가사업을 시행하고 지방에 위임시킬 수도 있었다. 그러나 권한을 대폭 지방정부에 넘긴 이후에는, 중앙정부의 재정수입이 심각하게 줄어드는 현상이 나타나서, 중앙의 자원 공급능력이 하락하면서 거시 조정 체계가 훼손되고 지방정부들은 저마다 자기 지역경제의 이익과 발전만을 생각하는 지역이기주의 현상에 빠지게 된 것이다. 이런 현상은 1990년 이후에 더욱 극심해지고 있다.

각 지방정부가 자체 산업을 보호하기 위해 각종 진입장벽을 설치하는 현상은 이미 보편화되어 있다. 지방보호주의가 일반화된 이유는 재정수입과 직접적으로 관계된다. 지방정부가 재정수입을 늘리기 위해서는 지방산업을 보호해야 하고, 그러기 위해서는 경쟁력이 높은 다른 지방 제품의 유입을 막아야 했던 것이다. 한편 지방정부는 시장개방을 통해 자기 지방 업체가 도산할 경우에 야기될 노동자와 조합원들의 시위 발생을 우려하여 지방보호주의를 내세우기도 한다. 심지어는 중앙 정부가 불량상품이나 상표도용 단속을 시도해도 기업과 이해관계가 얽힌 지방정부가 이를 비호하기 때문에 실효를 못 거두는 경우가 있다.

이러한 지역이기주의의 부작용은 "위에서 정책이 있으면, 아래에서는 대책이 있다(上有政策, 下有對策)"는 말로 비유될 정도로, 중앙정부의 정책이 제대로 집행되지 않게 되었으며 이는 결국 통일된 전국 시장을 형성하는데 결정적인 걸림돌로 작용한다. 지방보호주의는 지방정부와 현지 산업체 간의 유착관계를 강화해서 부패의 온상이 되기도 한다.

2) 농촌의 '가정승포생산책임제'

광범위하게 조직되었던 농촌의 인민공사는 오래지 않아 집단노동과 분배상의 평균주의에 따른 폐단을 노출시켰다. 무엇보다도 농민들의 생산의욕 저하에 따른 낮은 생산성으로 말미암아 인구의 식량자급에도 나쁜 영향을 미쳤다.

결국 개혁개방에 발맞추어, 농촌 인민공사의 개혁은 '생산대'를 쪼개서 가구(戶) 단위 경영의 기초 위에서, 집단적 통일경영과 가구별 분산경영이 공존하는 중층의 운영방식을 채택하게 되었다. 그러다가 이미 1983년 말 경에는 가정경영 위주의 농업생산 책임제(가정승포생산책임제)가 농촌 가구의 90% 이상을 차지하게 되었다.

이 제도에서는 토지 공유제가 변경된 것은 아니지만, 농민에게 부분적으로 생산수단에 대한 권리를 주어서 자유로이 자신의 노동시간을 갖게 되었다. 또한 분배절차가 단순화되어서 국가에 헌납하고 집체에 주고 난 나머지는 모두 자기 것이 되었다. 이렇게 되자 농업 생산과 경영이 기본적으로 행정의 직접적인 통제와 간섭에서 벗어나게 된 것이 가장 큰 변화였으며, 생산성은 괄목할 정도로 증가하기 시작했다.

3) 국유기업의 개혁

국유기업은 중앙정부가 51% 이상의 소유권을 가진 기업으로, 지방정부에 소유권이 있는 향진기업이나 단체·기관이 소유한 집체기업 및 개인 소유의 사영기업과는 구분된다. 국유기업은 우선 소규모에 수가 지나치게 많은데다 과도하게 분산된 문제를 안고 있다. 2010년 현재 11만여 개로 집계된 국유기업은 기간 산업분야뿐만 아니라 식품, 방직, 무역, 요식업 등 일반 시장 분야까지 광범위하게 분포한 특징을 띤다.

농촌의 인민공사와 마찬가지로, 집단노동에 따른 공동분배의 국유기업에서도 효율성은 매우 낮았다. 생산이 경쟁에 의해 이루어지지 않고 계획에 따라 분배되고 '주인'이 모호한 상황에서 전문성이 떨어지는 간부들이 운영하는 기업의 생산성이 높지 않은 것은 당연한 이치였다. 생산과 경제가 정치와 분리되지 않은 것은 심각한 폐단이었다. 비효율성과 적자는 국유기업 문제의 핵심이다. 현재 전체 국유기업의 30% 이상이 적자 상태이고, 또 다른 30%는 잠재적 적자 상태라고 평가된다. 국유기업의 적자를 보전하기 위한 정부의 정책성 보조금만 해도 매년 수천억 위안에 이르러 재정운영에 큰 부담이 되고 있는데, 이러한 적자 규모는 지속적인 확대 추세를 보여 왔다. 국유기업의 비효율성은 비경쟁성, 경영부실, 기업이 지는 사회적 부담 등 다양한 원인에 기인한다. 국영기업의 비경쟁성은 국가에 의한 독점구조의 산물로서 사회주의 통제경제의 피할 수 없는 산물이었다.

개혁개방 이후 농촌에서 시작된 개혁이 어느 정도 궤도에 오르게 되자 1985년에 당 중앙은 경제체제의 개혁 중점을 도시로 이전하기로 결정했고, 이에 따라 국유기업 개혁이 개혁의 중심을 차지했다. 국유기업 개혁은 처음에 생산도급책임제를 실시하고, 직원의 권리와 이윤을 현장에 부여하는데서 시작했다. 그러나 기존의 조직구조로는 이러한 조치가 소기의 성과를 거두기 어렵게 되자, 기업 조직상의 개혁조치가 필요한 것으로 부각되기 시작했다.

1990년대 중반 들어 중국 정부의 국유기업 개혁정책은 '큰 것은 남기고 작은 것은 버린다'는 것으로 정리됐다. 국민경제의 관건이 되는 대기업은 국유로 남기되 현대적 기업으로 재정비하고, 다수의 작은 기업은 민영화한다는 것이다. 이에 따라 작은 규모의 국영기업에 대해서는 매각을 단행하여 개인이나 집체, 외자기업이 경영하거나 임대하도록 조치했고, 중대형 기업은 유한회사로 변경했다.

정부는 1998년부터 3년 만에 대·중형 국유기업의 경영 상태를 기본적으로 정상화한다는 계획을 밀어붙였다. 이후 2000년까지 3년간의 개혁성과는 기업 합병·파산 1,700여 건, 중소 규모 국유기업의 민영화 4만여 개, 기업의 국내 증시 상장 300여 개 및 2천만 명에 달하는 직원에 대한 해고 등이다. 중국 정부의 주장에 따르면, 이런 조치의 결과로 2000년까지 6,500여 개의 대·중형 국유기업 중 70% 이상이 적자 상태를 벗어났다고 한다.

하지만 이 같은 표면적 성과에도 불구하고, 국유기업의 개혁은 기업의 자발적 노력에 의해서가 아니라 정부 주도와 정책적 지원 아래서 이루어졌다는 점에서 한계가 있으며, 조정이 이루어진 된 기업들도 여전히 현대적 기업구조를 정착시켰다고 보기는 어려운 형편으로 시장경쟁에 취약하다.

다만 국유기업의 생산성을 높이고 경쟁력을 갖도록 하기 위한 구조조정의 일환으로 자본주의적 인사관리 시스템을 도입하고 있어서 주목할 만 한데, 임원들에게 인센티브 제도를 도입하였고, 기업과 종업원간 상생(相生) 전략으로 종업원지주제가 도입되었으며, 기업실적 향상에 따른 성과를 배당 형태로 종업원들에게 돌려줌으로써 생산성 향상과 품질관리는 물론 사기진작을 꾀하고 있다.

그러나 국유기업 구조조정 과정에서 양산된 실업자 문제와 빈부격차 확대, 사회보장체제의 약화 등이 위기 요인으로 부각되고 있다. 국유기업은 지금까지 임금 이외에 종업원에 대한 주택과 의료 등 사회복지를 포함한 광범위한 부담을 떠안고 왔다. 그러다 보니, 전체 종업원의 3분의 1에 달하는 유휴인력을 고용하고 있다는 비판을 받기도 했지만, 급작스런 구조조정은 또 다른 문제를 낳고 있는 셈이다.

한편 중국의 국유기업 개혁은 국유은행의 부실 및 경영 악화와 연쇄 고리를 맺고 있어서, 급격한 개혁이 초래한 대규모 실업에 따른 사회 불안정과 더불어 정부의 경제조절능력 상실을 초래할 위험을 안고 있다.

4) 국유은행의 조직개혁

중국에는 현재 4개의 국유 은행이 있는데, 중국(中國)은행, 공상(工商)은행, 농업(農業)은행, 건설(建設)은행이다. 개혁개방 이후에도 중국의 국유은행은 예금과 대출을 비롯한 신용활동을 독점해 왔다. 한 예로 2000년에 4대 국유은행이 유치한 예금은 중국 전체 개인저축액의 90%를 넘었다. 이러한 성과는 민영은행과 비은행 금융기관에 대한 중국 정부의 엄격한 규제와 진입통제 덕분이다. 다시 말해, 정책금융이 지금까지도 중국 정부 금융정책의 골간이었던 것이다.

그러나 바로 이 관치금융 시스템 때문에 중국의 국유은행들은 심각한 상황에 봉착해 있다. 중국 국유은행이 안고 있는 문제는 크게 두 가지로 요약되는데, 대규모의 불량채권과 취약한 금융시스템이다. 4대 국유은행의 불량채권 비율은 2001년 말 공식집계로 26.3%이지만, 세계적 신용평가 기구인 무디스 및 스탠더스 앤드 푸어스는 그 비율이 35% 이상이 되는 것으로 추산했다. 현재 4대 국유은행의 불량채권은 총 규모가 3천1백억 위안으로 평가되고 있다.

국유기업이 부실하게 운영되면서 적자를 보아 온 상황에서, 사회주의하의 관치금융 체제에서 국유은행이 부실대출을 해온 것은 당연한 관행이었으며, 덧붙여서 내부자에 의한 자금 유용과 부당대출 등 탈법도 상당한 수준이었던 것으로 여겨진다. 또한 중국 은행들이 시장경제 체제에 익숙하지 못한 탓에, 대출에 따른 신용평가와 위험관리 능력이 부족하고 자본시장에 대한 지식이 부족한 것도 금융의 부실화를 초래한 또 다른 원인이다.

이에 따라, 현재 중국 국유은행의 개혁은 크게 네 가지 방향에서 전개되고 있는데, ① 불량채권 해결, ② 국유은행의 국내 증시 상장, ③ 신용평가 및 대출 시스템 정비, ④ 금융의 규모 증대를 위한 그룹 형성이 기본 전략이다.

5) 사영기업 조직구조

1978년 이후 중국의 경제조직 구조에서 나타난 가장 큰 변화는 바로 향진기업(鄕鎭企業)의 증가와 개인 사영기업의 급속한 발전이다. 개혁개방을 통해 공유제와 더불어 다양한 소유제가 공존하게 되었는데, 개인 및 사유경제의 발전 속도는 더 빠르게 나타났다.

2000년 기준으로 전국의 향진기업 수는 2,000만여 개에 취업 인원수는 약 1억3천만 명이고 부가가치생산액은 2조7천억 위안으로 파악되었다. 2010년에는 2,750만여개에 1억 6천만명으로 늘게 된다. '농업은 떠나되 농촌은 떠나지 않는다(離土不離鄕)'는 중국식의 독특한 농촌공업화 모델에 따라 성장한 향진기업은 개혁개방 초기에 중국 경제발전의 견인차 역할을 했지만, 규모의 영세성과 낙후된 기술수준, 과도한 중복투자 및 농업생산에의 부정적 영향 및 환경오염 발생 등의 문제가 누적되는 한편, 시장경쟁이 격화되면서 1990년대 중반 이후 질적 성장은 주춤한 양상이다.

이런 와중에 집체소유의 향진기업들은 주식회사 혹은 주식합작기업으로 변신하고 있는데, 이는 기업의 재산권 관계를 명확히 해서 지역정부로부터의 간섭을 차단하고 기업경영을 합리화하기 위한 조치이다.

사영기업은 피고용인 8명 이상을 고용한 민영기업을 지칭하며, 8명 미만 고용업소는 '개체호'로 불리는 개인기업에 해당한다. 현재 대부분의 중국 사영기업은 종업원 수 15명 내외의 소형기업들이다. 2010년 현재 사영기업이 국민총생산에서 차지한 비율이 60%일 정도 비중이 증가하였다(국유기업은 32%, 집체기업은 8%임). 사영기업의 공업 총생산량 점유율도 1993년의 50%에서 1998년에는 70% 이상으로 늘어났다. 고용 측면에서도 사영기업은 1억1천만 명 이상을 고용하고 있어서 국유기업에 육박하고 있다.

사영기업이 중국 경제에서 차지하는 비중이 이처럼 증가함에 따라, 1997년 제15차 전중대회에서는 비공유제 부문을 '사회주의 시장경제의 중요 구성부분'이라고 규정함으로써 공식적 지위를 부여했다.

1980년대에는 사영기업이 주로 국유기업의 틈새시장이나 노동집약적 경공업 소비재 부문에 진출함으로써 국유기업과 큰 경쟁이 되지 않았다. 그러나 1990년대에 들어와서는 자본과 기술의 축적에 힘입어 규모가 증대하면서, 국유기업의 독점영역에까지 진입하면서 본격적인 경쟁을 벌이게 되었다. 한편 개인·사영기업은 1990년대 말부터 종전의 요식업 등 전통 서비스업이나 제조업 중심에서, 점차 컴퓨터, 컨설팅, 전자상거래 등 정보통신(IT) 분야로까지 그 영역을 급속히 넓혀 나가고 있다.

중국 사영기업은 일자리 창출, 국유기업 개혁에 대한 자극, 신기술 개발 등을 통해 중국식 사회주의시장경제의 발전에 큰 역할을 담당하고 있다. 그러나 경우에 따라서는, 사영기업이 부패의 온상으로 인식되기도 하는데, 이권을 둘러싼 관리들과의 결탁, 자금조달의 탈법 등이 종종 문제가 되어왔다.

중국에서 근대적 사영기업의 출발은 1870년대로 거슬러 올라간다. 당시 청나라 정부는 기본적으로 주식제 형식을 채택한 근대적 민간기업을 세우기 시작했다. 그러나 봉건관료들이 경영에 간섭하여 주주의 권익이 존중을 받지 못했다. 중화인민공화국 성립 이후에는 사회주의체제로의 개조를 거치면서 주식회사가 사라졌다가, 개혁개방 이후인 1983년 선전 바오안(寶安)현의 연합투자공사에서 처음으로 주식이 공개 발행되었고, 1984년 북경에 주식회사가 출현했다. 이후 1990년 11월과 1991년 4월에 상하이와 선전 두 도시에는 증권거래소가 개장되었다.

한편 1978년 이후 2001년 상반기까지 중국에 투자한 해외기업은 약 38만 개에 달하며, 중국은 현재 미국에 이은 세계 2대 투자유치국인데, 최근 IT분야 등 자본·기술집약적 분야로 투자가 이전되는 특징을 보이고 있다. 또 다른 특징은 초기의 가공수출 위주에서 중국 내수시장을 공략하는 방향으로 해외기업들의 투자전략이 바뀌었고, 중국 기업과 합작을 하는 것에서 벗어나 외국 기업 단독의 독자(獨資)기업으로 투자형태가 변하고 있는 점이다. 2000년에 외자기업들에 의한 수출입 총액은 중국 전체 수출입의 약 반에 달했고 이후에도 비슷한 수준을 유지하고 있다. 2012년 현재 수출업의 49%는 외자기업, 32%는 사영(민영)기업, 19%는 국유기업이 차지하고 있다.

2. 중국 조직구조의 문제

(1) 조직의 무거운 사회복지 부담

사회주의 중국에서 고용을 담당한 조직은 농촌의 인민공사이건, 도시의 국유기업이나 집체기업이건 간에 인민의 삶을 책임지는 주체였다. 따라서 이들 조직은 경제적 기능 외에도 사회적 기능을 담당해 왔으며, 그러한 전통이 여전히 남아있기 때문에 이윤추구의 시장경제체제로 완전히 전환하기가 어려운 실정이다.

또한 종업원들도 따궈판('큰 솥 밥을 지어 함께 먹음') 의식이 강하기 때문에, 효율과 성과중시 경영이 기존의 이익 분배상황에 초래하게 될 조정에 대해 반발한다. 오랜 세월동안 사람들 몸에 밴 사고방식에 따라, 국유나 집체기업 종사자들은 여전히 기업이 자신들의 복지를 책임지는 것이 당연하다고 여기는 것이다. 아래 표 10-1은 이러한 사정을 잘 보여준다.

한편 시장경쟁에 입각한 조직경영은 필연적으로 구조조정을 수반하게 될 것인데, 1990년대 후반부터 현실화되고 있는 것처럼 대규모의 실업사태가 초래할 사회적 불안정도 큰 문제이다.

| 표 10-1 | 직장의 사회복지 부담에 대한 인식 13)

질문: 직장은 아래 각 항목에 대해 당신을 부담해야 한다고 생각하십니까?

항목	소속 직장이 부담해야한다(%)	직장에서 부담할 필요가 없다(%)
정년퇴직·보험	96.6	3.4
의료보험	97.5	2.5
문화·교육	89.3	10.7
기술훈련	88.5	11.5
분쟁조절	85.9	14.1
자녀 입학과 취업	82.3	17.7
생활서비스	86.7	13.3
주택	91.8	8.2
문화·체육 활동	77.7	22.3
정치교양	89.6	10.4
산아제한	79.3	20.7
단체·조직생활	87.4	12.6
이혼 문제	45.1	54.9
연애와 결혼	47.2	62.8

13) 도시 주민의 설문지 조사는 중국사회과학원 사회학연구소의 '도시노촌발전 課題組'가 1987년 조직 실시하였다. 설문은 무작위로 전국 30개 도시에 3,000부를 배부하고 2,348부를 회수했다. 회수율은 78%이다.

(2) 당정(黨政)간 미분화 및 정부-기업간 미분화

개혁개방 이후 일련의 조직분야 개혁에도 불구하고, 당과 정부간 미분화, 정부와 국유기업간 미분화 현상은 여전히 심각한 문제이다. 당정(黨政) 간 미분화는 기업운영에 정치적 고려가 항상 잠재되는 문제를 초래하고, 정경(政經) 간 미분화는 기업운영의 효율성을 잠식하고 있다.

개혁을 거쳐 상당한 기업들이 주관 관청과의 행정적 예속관계에서 벗어났지만, 아직도 많은 기업들은 행정관청으로부터 간섭을 받고 있다. 심지어 상당수의 정부기관, 사회단체에서는 개혁이란 미명아래 돈벌이에 나서서, 새로이 기업을 만들고 관청이 직접 기업형 회사를 경영하는 현상이 보편화되고 있다.

농촌지역의 향진(鄕鎭)기업들은 실제 상당부분 향진 정부의 소유이다. 개인기업이나 사영기업조차도 정부의 이름을 빌어서 관청의 보호나 지원을 얻는 것이 많다. 허난성(河南省)이 실시한 한 조사에 의하면, 실제는 사영기업이지만 집체기업으로 위장한 위장집체기업이 전체 집체기업의 20%를 차지한다고 한다.

중국 정부는 당정분리 및 정경분리를 이루어야하는 상황 속에서, 또 다른 딜레마에 봉착하였다. 각종 조직을 운영하는데 있어서, 기존의 정치논리보다 점차 경제논리가 강화되자 공산당 기층조직이 와해되기 시작한 것이다. 이런 현상은 비국유조직부문, 특히 사영기업(외자기업 포함)과 개체호 등에서 두드러진다. 2000년 통계에 따르면, 전국 사영기업 중 당원이 전혀 없는 기업이 83%, 당 조직이 건설되지 않은 곳은 97%에 달했다. 선전 경제특구의 경우에는 2000년에 3만4천여 개의 사영기업 중 공산당 기층조직이 건설된 곳은 45곳(0.14%)에 불과했다. 사영기업주들은 기업 내에 생기는 당 조직이 당원과 노동자들을 동원해서 기업주에 맞서거나, 당 조직 활동에 따른 생산성 저하를 우려해서 조직 건설을 바라지 않는다. 실제 사영기업 기층조직의 임무는 당 노선에 대한 선전 · 교육, 기업의 탈법행위 감시, 기업의 주요 경영활동에 대한 건의, 노동자 권익 보호, 새로운 당원 포섭 등을 포함하는데, 이런 기능과 활동이 사영기업의 원리와는 다를 뿐만 아니라, 공후이(工會; 노동조합) 기능과도 중복되기 때문이다.

이러한 딜레마 상황 속에서, 중국 정부는 1990년대 후반부터 사영기업주들 자체를 공산당원으로 인정하고 포섭하는 전략을 시행하고 있다. 개혁개방은 중국공산당의 집권 이념과 사회적 토대에 심각한 모순을 야기했는데, '3개 대표(三个代表)' 사상은 이러한 딜레마 속에서 나왔다.

2000년 시작된 '3개 대표' 사상(운동)은 중국 공산당이 '선진 생산력의 발전 요구', '선진 문화의 전진 방향' 및 '가장 광대한 인민의 근본 이익'을 대표한다는 것이다. 이러한 원칙에 따라 중국을 대표하는 초계급적, 국가주의 정당으로 변신함으로써 집권 기반을 공고히하려는 의도였다. 이러한 주장은 당내 노선 통일의 어려움에도 불구하고, 자본가들의 공산당 입당에 대한 정당성을 제공하였다. 이 '3개대표론'에 따라 2003년에는 인민의 사유재산권과 상속권을 보장하는 헌법 개정안이 마련되었고 이듬해 후진타오 정부에서 승인되었다.

중국공산당이 기업가들의 입당을 공식화하려는 데는 두 가지 배경이 결합되어 있다. 첫째는 1989년 내려진 당 간부의 사영기업 소유 금지 조치에도 불구하고, 현실적으로 다수의 당 간부가 자본가로 변신한 점이고, 둘째는 국내총생산 기여율이 60%를 넘어 증가하는 자본가를 수렴하지 않고서는 국가 경영이 어려워진 때문이다.

제 11 장

가치관과 생활양식

1. 가치관
2. 생활양식과 소비

1. 가치관

(1) 개혁개방 이전의 가치관

학자들은 개혁개방 이전 중국인들의 가치관에는 세 가지 중요한 경향이 있다고 주장하는데, 그 내용은 ① 계획경제와 사회주의적 분배를 기반으로 한 평균(평등)주의 경향, ② 사회주의 독재의 일원적 정치체제를 기반으로 하여 정치적 권위와 목표를 중요한 가치판단의 기준으로 삼는 경향, ③ 사회주의 이데올로기를 기반으로 한 절대적 집단주의와 이타주의 경향이다.

이러한 가치관의 경향에 따라 구체적으로는 다음과 같은 가치, 태도 및 생활양식이 확산되었다.

첫째, 계급투쟁 강령에 대한 정치적 맹종과 정치우선 의식은 권력에 굴복하고 인치(人治)를 거부하지 않는 태도를 낳았다. 사회 전반의 일상생활에 정치적 민감성이 고도로 만연된 가운데, 통제와 감시를 두려워하며 사람들 간의 상호작용에 신뢰보다는 불신과 기만, 시기와 모함 등이 만연하였다. 사람들은 더욱 자기 보호적 입장을 취하면서 가식적인 언행을 내비치게 되었고, 그 결과 양면적인 인성과 표리부동한 행동양식이 보편화되었다.

둘째, 사회주의적 집단주의는 개인적 자아와 이익을 부정했다. 개인의 이해관계보다는 국가이익과 집단 및 사회의 이익을 더 강조하고, '대'를 위해 '소'가 희생할 것을 요구했다. '공(公)'을 위해 '사(私)'가 억제되면서, 개인의 주체성이나 적극성, 창조성이 희박해졌다. 대중심리가 중시되어 집단적 흐름을 따라가면서 개인의 개성마저 무시되었다. 모든 것이 획일화되고 단일화되면서 의복, 두발, 언어, 생활방식 및 사고방식까지 동일한 사람들이 산출되었다.

셋째, 빈곤에서 벗어나려는 생각은 있어도, 사회주의 원리에 젖어서, 부(富)를 추구하지는 않았다. 자본주의 악습을 제거한다는 구실로, 사람들에게 부를 금기시하는 생각을 심어주었기 때문이다. 이와 더불어, 인위적으로 차별을 제한하고 평균분배 원칙을 적용한 결과, 평등주의 관념이 강하고 개척정신과 모험정신이 희박하다.

(2) 개혁개방 이후 가치관의 변화

개혁개방을 통해, 통제를 벗어난 시장이 강조되고, 집단을 탈피한 개인이 강조되기 시작했다. 갈수록 개인의 이익과 행복, 자아가 중시되게 되었다. 개인의 존엄과 가치가 중시되면서, 공정한 경쟁이 강조되었다. 개인과 사회관계에서 국가와 집단, 타인에 대한 중시가 줄어든 반면 '공과 사'를 더불어 중시하는 풍조가 생겨났다. 그렇게 되자, 부를 원하고 행복한 가정, 풍부한 물질생활에 대한 기대가 높아졌다.

근래 중국 사회의 가치관 변화에서 나타난 특징들을 정리하면 다음과 같다.

1) 개인의식의 발전

개혁은 사회 구성원들의 주체성과 적극성, 창의성을 발휘할 수 있는 여건을 만들게 되었다. 소극적이고 보수적인 관념은 점차 사라지고, 적극적이고 진취적인 관념이 이를 대체했으며, 가치 관념이 개방성을 띠면서 다원적 가치관으로 발전했다.

개인의 가치와 개인의 정당한 성취는 갈수록 더 많은 사람들의 인정을 받게 되고, 사회는 집단보다 개인을 기초로 하는 새로운 '개인-사회' 관계가 출현하기 시작했다. 가치관은 이상에서 현실로 전환되었고, 개인의 선택은 정신보다 물질적 만족에 더 치우치고 있다.

2) 시장경제 의식

개혁개방이 중국인들의 가치관에 초래한 가장 큰 변화는 시장경제 의식의 확산이다. 신중국 성립 이후 개인의 이익추구와 사적 소유를 죄악시해왔던 관념을 굴레를 벗고, 개인의 능력과 노력에 따라 이익을 추구할 수 있는 경쟁 개념이 오랜만에 다시 등장하였다. 사람들은 사회적 인정을 얻기 위해서는 사회의 요구에 부응해야 하며, 경쟁을 통해 발전해야 한다는 것을 인식하게 되었다.

2. 생활양식과 소비

(1) 생활양식의 변화

최근 중국인의 생활양식(라이프스타일)에는 몇 가지 변화의 특징이 나타나고 있다. 의식주(衣食住) 생활 측면에서의 변화는 인민복을 벗어난 의복의 다양화와 질 상승, 기초 칼로리 섭취를 넘어선 단백질 섭취의 증가, 주택의 면적 확대와 질 향상 등으로 나타나고 있다. 이 외에도 생활의 여러 측면에서 나타난 변화의 양상을 간단히 정리하면 다음과 같다.

1) 가정생활

중국의 가정도 변하고 있다. 사회주의 성립 이후 중국 여성들은 사회적으로 평등한 지위를 누려왔으며, 근래 여성들의 경제력이 상승하면서 가부장적인 전통적 가정 관념은 많이 붕괴되었다. 취사를 포함한 가사노동을 남편과 분담하는 것은 거의 당연한 것으로 받아들여지고 있으며, 가정의 경제권도 부인의 손에 장악된 비율이 높다.

2) 세대간 차이

기성세대와 젊은 세대간 의식구조와 가치관에 커다란 차이가 드러나면서 라이프스타일도 다른 양상인데, 그러한 차이는 소비행태에서 가장 잘 드러나지만, 심지어는 가정교육을 어떻게 시키는 것이 바람직한가에 대해서도 세대간 차이가 있다. 예를 들어, 기성세대들은 자신들의 인생경험이나 교훈을 통해 자식들에게 정직, 책임감, 겸손, 근면, 예절, 절약 등을 가르치는 것이 중요하다고 여겨왔지만, 젊은 세대들은 오히려 결단력, 창의성, 자주성 등이 더욱 중요하다고 가르친다.

3) 배금주의 확산

개혁개방 이후 중국인의 일상 생활양식에 드러난 가장 큰 변화의 하나는 배금주의 사조가 팽배해진 점이다. 한 조사에 의하면, '돈이 무엇보다 중요한 것'이라 생각하는 중국의 젊은이들이 다수이며, 일부 중국인들은 치부를 위해 수단과 방법을 가리지 않아도 된다는 심리와 행태를 보여서 문제가 되고 있다. 2010년 한 조사에서 응답자의 95%가 배금주의 사조가 심각하다고 응답하였다.

이러한 배금주의 영향으로 관료의 부패가 사회문제화 하기도 하고, 학생이 눈앞의 이윤을 좇아 공부대신 장사를 한다거나, 학교나 관공서 같은 비영리 기관들이 각종 영업행위를 한다든가 하는 것은 중국의 일상이 되어 버렸다.

배금주의는 중국인들의 직업관과 노동관에도 영향을 미쳤다. '돈을 바라보자'는 샹첸칸(向錢看) 의식이 팽배한 가운데, 사회주의적 노동의욕은 이미 저하된 상태에서 자본주의적 자유경쟁 원리는 제대로 파급되지 못한 상황이다. 종신고용제와 평등주의 타성에 젖은 중국 노동자들로부터 직업·노동윤리를 찾는 것은 쉽지 않다. 이를 우려한 중국 정부가 국유기업에 성과급제를 도입하였고, 사영기업들에서도 종업원지주제 등이 확산되고 있지만, 합리적인 노동의식이 정착되기에는 시간이 걸릴 것이다.

4) 배우자 선택

과거에는 결혼 상대자가 공산당원이거나 직업군인이면 큰 인기를 끌었으나, 개혁 개방 이후에는 적어도 '삼고(三高)'의 조건을 갖추어야 했다. 삼고란 고학력, 고수입, 큰 키를 뜻한다. 근래 결혼상대자의 선택조건으로 가장 중요시되는 것으로는 재산, 외모, 성격, 건강, 가정배경 등이다.

결혼 배우자 선택 조건이 까다로워지자 근래 도시지역에는 결혼중개업이 등장하였고, 신문이나 잡지에 구혼광고도 실린다.

5) 교육 부담 증가

개혁개방 이전까지 중국의 교육은 전적으로 공립 위주였으며, 능력에 따라서는 대학교육에 이르기까지 무상으로 제공되었다. 그러다가 중국에서 사립학교가 처음 등장한 것은 1982년이었으나, 최근에는 대도시를 중심으로 초중등급 사립학교가 대규모로 증가하고 있다.

고가의 학비를 부담하게 하는 소위 '귀족학교'는 현재 중국에 약 50여 개교가 설립되었으며, 북경의 한 사립학교 통계에 의하면 기업의 책임자급 관리자 자녀가 전체의 약 40%를 차지하고 있고, 외교관 자녀가 18%, 외자기업이나 외국기업의 임직원 자녀가 8%, 개체호 가정 자녀가 6%를 차지했다.

대학의 경우에도, 1990년대 중반부터 모든 학생들에게 학비를 부담시킬 뿐만 아니라, 졸업 후 직장보장제도가 폐지되어 학생들이 스스로 직장을 찾아야 되므로, 경제적 부담과 구직의 어려움을 느끼고 있다. 일반대학의 경우 1년에 1만~2만 위안에 달하는 학비와 기숙사비 부담이 있지만, 중국 경제의 성장에 따라 일반 중국 도시가정의 수입으로는 감당할 만한 수준이 되고 있다.

(2) 소비 패턴의 변화

1) 개혁개방 이전의 소비

신중국 건국부터 개혁개방 이전까지의 약 30년간, 중국 정부는 빈곤하고 낙후된 경제조건에서 공업화를 빨리 실현시키기 위해 오랜 기간동안 소비억제 정책을 실시하였고 동시에 생산과 분배에서 소비까지를 국가가 엄격하게 통제하고 관리했다. 정부는 1953년부터 곡물, 식용유, 천 등 주요 소비품에 대한 정량 분배를 점차 확대해 나갔으며, 나중에는 주택을 포함한 모든 생활필수품에 대한 정량 공급과 계획 분배를 실시했다.

이에 따라, 중국의 기초 생활필수품 가격은 모두 국가의 지시가격이 되어서 장기적으로 지속적인 안정세를 보였다. 전국 소매물가지수는 1952년을 100으로 했을 때, 1978년에 121.6이어서, 25년간 전국의 연평균 소매물가지수 상승이 1%에도 못 미치는 증가를 보였을 따름이다. 그런데 1978년까지 중국 주민의 총 소비지출 중 비중이 가장 큰 것은 식품비용이었으며, 그 비율은 꾸준히 60% 정도로 높았음에도 불구하고 식단은 주로 야채 위주로 거의 변화가 없었다.

| 표 11-1 | 중국 인구의 소비구조 변화

	1957년 지출 비중(%)	1978년 지출 비중(%)	도시 2010년 지출 비중(%)
식품	58.4	57.5	35.7
피복	12.0	13.6	10.7
일용품	7.6	8.4	6.7
기타 지출(거주 포함)	6.3	8.9	13.6
비상품성 지출	14.1	10.1	25.3

출처 : 《중국통계연감》에서 재구성.

2) 개혁개방에 따른 소비 변화

개혁과 개방에 따른 경제성장과 시장경제의 진전으로 말미암아 구매력과 구매의사를 갖춘 다양한 소비주체가 생겨나게 되었다. 또한 이들은 기존의 수동적 소비층과는 달리 적극적인 소비행태를 지니고 있을 뿐만 아니라, 일부는 이미 양이 아니라 질을 추구하는 소비자들이기도 하다. 최근에는 노인층, 청소년, 심지어는 어린이들까지 새로운 소비계층으로 등장하고 있으며, 여가소비 조차도 단순한 관람형에서 참여형으로 변화하는 조짐이 있다.

최근의 중국 주요 도시의 소비양식은 고급화, 유행과 개성 중시의 경향을 뚜렷이 드러내는데, 구체적인 소비문화의 양상에 대해서는 아래에서 살펴보자.

(3) 새로운 소비문화

1980년대 이래 중국 사회의 새로운 소비문화는 보편적으로 소비욕구가 커지면서 농촌과 도시 주민 간에는 소비능력에 있어서 격차가 벌어지고 또한 소비욕구가 고급화 한 것이다. 국민의 생활수준이 현저하게 개선되면서, 소비구조에도 커다란 변화가 생겼다. 과거에 인기 소비품이었던 칼라TV나 냉장고는 이미 도시에서는 보편화되었고, 근래에는 자동차, HD TV, 스마트폰, 고급 카메라 등이 각광을 받고 있는데, 새로운 소비문화를 이끌고 있는 배경과 특징을 살펴보면 다음과 같다.

1) 소비계층의 등장

개혁개방 이후 특히 연안 개방지구 도시들을 중심으로 하여 거대한 소비계층이 형성되고 있다. 상하이, 선전, 광저우 등이 대표적인 예인데, 한 예로 광저우와 선전이 속한 광똥(廣東)성의 2011년 소매 매출액은 6,988억 위안이며, 그 소비시장 규모는 상하이의 4,462억 위안이나 상하이 인근 장쑤(江蘇)성의 6,249억 위안보다 크다.

2010년 현재 중국에는 연수입이 30만 위안 이상 되는 고소득 가정이 약 1천만 가구에 이르는 것으로 추산되고 있으며, 이들이 새로운 소비문화를 주도하고 있다. 그러나 한편에서는 1인당 월평균 지출액이 100 위안에도 미치지 못하는 저소비층이 도시인구의 약 40%이며 농촌에는 약 55%에 이른다는 통계도 있어서 소비구조가 양극화되는 양상이다.

'소황제' 소비 성향 잘 읽은 뮤지컬은 빅히트

창조적 제품 찾는 신세대 알아야 중국서 살아남는다
고가 · 고혁신성 · 고품질 선호 세대
새 휴대전화 20만대 5분새 동나
4050 제치고 소비권력 떠올라

중국 소비시장의 주류가 바뀌고 있다. 소비를 무서워하고 소비에 소극적이었던 40~50대 중장년층이 물러나고 그 자리를 '소(小)황제'로 자란 신세대들이 채우고 있다. '소비의 세대교체'인 셈이다. 이들의 등장은 유통 구조를 송두리째 바꿔놓고 있다. 인터넷 · 모바일이 새로운 유통의 통로로 등장하는가 하면, 백화점보다는 로드숍(가두직영점)이 더 인기를 끈다. 이들의 성향을 알아야 중국시장 공략에 성공할 수 있다는 얘기다.

중국 온라인 쇼핑몰 업체 '당당왕(當當網)'. 도서 인터넷 판매로 시작해 덩치를 키운 회사다. 베이징 본사 사무실에서 지난해 말 만난 궈허(郭鶴) 부사장은 중국 소비시장의 변화를 이렇게 요약했다.

"과거 10년이 가격 위주였다면 앞으로 10년은 창조적인 제품과 남다른 서비스가 성패를 가르는 중심 요소다. 중국의 소비자들은 이제 서비스에 '집착'한다. 중국 하면 '만만디'를 떠올리는데 절대 잘못된 인식이다. 지금 중국 사람들은 상당히 까다롭다. 빠른 배송을 원하고 소비자 만족에 대한 요구수준이 아주 높다. 당일 주문에 당일 배송은 기본이다. 주문 후 몇 시간 내 배송 전략을 써야 할 정도다."

궈 부사장은 "가구당 월소득 6,000위안(약 105만원) 이상의 중장년층이 장악했던 시장 헤게모니가 젊은층으로 넘어가고 있다"며 "바링허우(80後 · 80년대 출생), 주링허우(90後 · 90년대 출생)를 주목하고 있다"고 강조했다. 부모로부터 부(富)를 대물림한 '푸얼다이(富二代)' 역시 궈 부사장의 타깃 소비자 군(群)이다.

이들의 등장은 유통을 바꾸고 있다. 스마트폰 업체인 샤오미(小米)는 매달 한두 차례 진행되는 인터넷 판매에서 발매 5분여 만에 20만 여 대의 휴대전화를 팔아치우기도 한다. 이 회사를 '시장 파괴자'라고 부르는 이유다.

이들 신세대 소비층의 가장 두드러진 특징은 '소비에 주저함이 없다'는 것이다. 고급을 지향하고, 과소비 경향을 보이기까지 한다. 1990년대의 고도성장기에 청소년기를 경험하고, 글로벌 · 인터넷 · 쇼핑문화 등에 익숙하기 때문이다. 특히 주링허우 소비층은 자기 주장이 강하고, 인스턴트 문화에 거부감을 느끼지 않는다. 개성과 독특함이 있는 제품으로 이들을 공략해야 한다는 얘기다. 주링허우들은 실험 소비를 즐기는 '얼리 어답터(early adopter)' 성향을 보이기도 한다.

그렇다고 중저가 시장을 외면하거나 등한시하라는 얘기는 아니다. 중산층이 두터워지면서 중저가 소비층은 더 두터워지고 있다. 미래 중산층 시장을 구성할 소비층이 바로 '신세대 농민공(農民工 · 농촌 출신의 도시지역 노동자)'이다. 유진석 삼성경제연구소 수석연구원은 "1세대 농민공들은 도시에서 돈을 벌어 대부분 고향에 송금했으나 신세대 농민공은 도시에서 소비에 사용한다"며 "중국 정부가 지속적으로 노동자들의 임금을 올리고 있어 이들의 구매력도 크게 향상되고 있다"고 말했다.

'후이충왕(慧聰網)'의 왕즈허(王志和) 운영총감(운영부문장)은 중국에서 장기 생존을 원한다면 이젠 작은 변화에도 민감하게 반응해야 한다고 말했다. 신세대 소비자들은 생존형 소비에서 벗어나고 있기 때문이다. 그는 "2008년 금융위기로 수출에 의존하던 많은 기업이 어려움을 겪었지만 우리는 사업 초기부터 젊은층을 향한 다양한 서비스를 제공했다"며 "유 · 무료 회원제로 고객을 철저히 관리한 것도 그중 하나"라고 덧붙였다. 후이충왕은 기업과 기업을 이어주는 'B2B ' 전문 온라인 쇼핑몰 기업으로 '알리바바'에 이어 업계 2위 자리에 올라 있다.

이봉걸 무역협회 수석연구원은 신세대 소비층 공략의 핵심 키워드로 '3고(高)'를 제시한다. 그는 "기존 중장년 소비층이 체면소비, 관시(關系)소비, 실속소비 성향을 보였던데 비해 신세대는 개성과 '특별함'을 중시한다"며 "이제는 중국에서도 싸구려보다는 고가 제품이, 범용 제품보다는 고혁신성 제품이, 판매 후에도 관리를 해주는 고품질 서비스가 잘 팔리는 시대"라고 지적했다.

◆특별취재팀=한우덕 · 조현숙 · 조혜경 · 채승기 기자, 서욱태 한국무역협회 중국팀장, 조영삼 산업연구원(KIET) 박사
출처 : 중앙일보, 2014. 1. 14일자 경제기사.

2) 소비수준의 향상과 소비구조 변화

개혁개방이 시작된 지 15년이 지난 1993년에 이르기까지 중국 국민의 소비지수는 1978년에 비해 연평균 약 15%가 늘었다. 물가상승 요인을 제외하고도 연평균 7% 이상 증가한 셈인데, 도시 주민의 상승률은 농촌 주민에 비해 더 높았다. 이러한 소비 증가추세는 1990년대 중반 이후 더욱 가속화되고 있다.

표 11-2는 1990년과 2010년 사이 중국 도시 및 농촌주민의 소비수준 변화를 보여주고 있다. 20년 동안에 1인당 연수입이 도시는 14배 이상, 농촌은 12배 가까이 증가한 가운데, 도시와 농촌 간 수입격차는 더 벌어진 양상이며, 소비양상도 비슷한 추세인 것으로 보인다.

| 표 11-2 | 중국 국민의 소비수준 변화

	1990		2010	
	도시	농촌	도시	농촌
1인당 평균 주거면적	9.9	17.8	31.6	34.1
100명당 내구소비재 보유량				
세탁기	78.4	9.1	96.9	57.3
냉장고	42.3	1.2	96.6	45.2
컬러TV	59.0	4.7	137.4	111.8
카메라	19.2	0.7	43.7	5.2
1인당 연수입(위안)	1,510	686	21,033	8,120
1인당 연소비(위안)	1,686	571	13,471	4,382

출처 :중국통계국.『중국통계연감 2001』. p.303 〈표 10-1〉, p.308 〈표 10-9〉, p.330 〈표 10-25〉에서 재구성

기본적인 의식(衣食) 욕구를 해결한 이후, 중국 정부의 주택공급 방식의 전환과 맞물려, 1980년대부터 도시와 농촌의 주택비 지출 비중이 급속하게 상승하기 시작

했다. 당이 주택을 배분하던 시절에는 주택비 비중이 거의 무시할 정도였고, 소유권 의미가 없어서 주민들도 집에 대한 관심을 두지 않았다.

그러나 주택배급제가 폐지되고, 시장경제의 성장에 따라 주택이 상품화되면서 주택소유는 자산축적의 중요한 방식으로 떠오르게 되었다. 농촌에서도 주택은 더 이상 생필품으로만 여겨지지 않게 되었다. 주택은 사용목적 외에 거주민의 '체면'을 살려주고 저축성 부의 축적방식이 되었다. 집 건축에 투자가 이루어지면서, 주택 자체가 실용, 체면, 부의 축적 등 세 가지 의의를 지니게 된 것이다. 1990년에 비해 2010년에 1인당 평균 주거면적도 도시나 농촌을 막론하고 약 2~3배 넓어졌다. 의식(衣食)이 만족된 단계에서, 농촌 주민들이 주택비에 지출하고, 상대적으로 도시 주민은 고급 내구소비재에 우선순위를 두는 소비패턴이 1980년대 후반부터 도시와 농촌의 전형이 되었다.

구체적인 물질 소비상황을 보면, 곡물, 식용유, 육류, 계란, 사탕, 수산물 등 식량과 방직품, 기타 일용품의 소비량이 모두 증가했다. 주거 조건이 크게 개선되면서, 각 가정에 내구소비재가 급속히 보급되었다. 이미 2000년에 도시 가정에는 세탁기, 냉장고, 컬러TV가 거의 보급된 상태이며, 농촌의 경우는 아직 저조하지만 20년간 보급률의 증가속도는 매우 빠른 편이다. 20년간 중국 농촌에서 세탁기 보유율은 6배, 냉장고와 컬러TV 보유율은 각각 38배, 24배가 늘었다.

그러나 소득증가와 더불어 소비지출 중 식품비 지출의 비중은 감소되어서, 1978년에서 1993년까지 도시 주민의 식품 소비지출 비중은 약 60%에서 50%로 감소되었고, 2000년에는 더 내려가 46% 정도이다. 아래 표 11-3을 보면, 주요 대도시의 경우에는 식품비 비중이 40% 전후임을 볼 수 있다. 농촌 주민의 식품지출 비중은 1978년 68%에서 1993년에는 59%로 내려갔고, 2000년에는 55%이하이다.

표 11-3은 1990년대 중반 경 중국 도시 주민의 소비지출 구조가 대체로, 식품비-주거비-의복비-오락·보건비의 순으로 구성되어 있었음을 보여준다. 이러한 순위

는 우리나라 및 산업선진국에서 주거비 비중이 가장 높고, 식품비 비중(엥겔 계수)은 상대적으로 낮은 상황과는 다른 추세이다.

| 표 11-4 | 중국 주요 대도시 가정의 소비지출 구성: 1995년

소비지출 구성	선전	광저우	상하이	베이징
가구당 월평균 수입(위안)	3,678.5	2,112.6	1,874.7	1,574.5
1인당 월평균 수입(위안)	1,048.0	593.4	571.5	453.8
식비(%)	32.2	39.7	40.1	42.8
주택, 전기·수도료(%)	12.1	13.3	9.3	8.0
의복비(%)	8.1	6.8	7.4	9.4
오락, 보건비(%)	4.9	4.9	4.5	4.4

출처 : 兪叔文, 1996. 「特輯, 最新消費市長: 北京, 上海, 廣州, 深圳 住民消費現狀」. 『中國經濟週刊』. No. 45. p.6.

3) 도시와 농촌의 이원적 소비형태

표 11-2에서도 확인된 것처럼, 1980년대 이후 도시와 농촌의 소비수준 차이는 계속 확대되었다. 개혁개방 15년째인 1993년에 중국 농촌의 소비수준은 대체로 도시의 1980년대 초반 수준이어서, 농촌 주민들의 소비재 구매능력은 낮았다. 그 원인은 우선 식품비 지출비중이 높아, 엥겔 계수가 높기만 하고 내리지 않은 것에 주 원인이 있고, 농촌가정에서 경영성 투자가 확대되면서 소비지출 가능 액수를 줄인 데 또 다른 원인이 있다.

중국 도시 가정에서는 1984년과 1988년 두 차례에 걸쳐 고급 내구소비재 구매 열풍을 거쳤다. 그 후 칼라TV, 녹음기, 냉장고와 세탁기로 대표되는 신형 내구소비품의 기본적인 보급이 이루어졌다. 그런데 1990년대 중반 중국 농촌의 고급 내구소비품 보유량은 여전히 도시의 1980년대 중반 수준에도 훨씬 못 미쳤다. 1990

년대 중반에 도시 주민들은 다시 소비취향을 바꿔 실내장식(인테리어), 오디오, 초대형 칼라TV, 캠코더, PC, 고급의류 등 신형의 고급소비품을 소비하기 시작했다.

이에 따라 도시와 농촌 두 시장은 계속 분화되었다. 다시 말해, 도시와 농촌은 시장이 단절된 이원구조를 갖게 된 것이었다. 1980년 중반 이후 형성된 거대한 내구소비재에 대한 생산력은 주로 중국 인구 중 점유율이 20%선인 도시 인구에 의해 형성되었다. 그러나 중국 인구의 약 80%를 점유하는 농촌시장은 도시주민의 내구재에 대한 소비가 포화상태를 이루어 가격이 대폭 하락한 이런 '과잉' 상품조차도 흡수할 여력이 별로 없었다. 이처럼 도시와 농촌의 큰 소비격차로 인해서, 중국 국민 전체의 소비수준과 소비구조는 총체적으로 낮은 수준이다.

중국 농촌 주민 소비행태 분석

중국, 농촌시장 급성장 중

○ 에이씨닐슨이 2012년 상반기 베이징에서 개최한 '닐슨 중국 소비자 포럼'에서 '어떻게 바라봐야 하나? 중국 소비자 새롭게 인식하자(何當 刮目看? 中新認識中國消費者)' 제하의 보고서를 발표하며 농촌 소비시장의 빠른 발전과 소비 특징을 소개함.

○ 중국의 도시화가 빠른 속도로 추진되면서 농촌시장이 급성장하고 있음.

- 2011년 중국의 도시인구가 6억 9000만 명으로 전년에 비해 2100만 명이 늘어남.
- 중국의 도시화율이 처음으로 50%를 넘겨 51%를 기록함.
- 에이씨닐슨은 앞으로 2억 4000만 명이 농촌에서 도시로 추가 이전할 가능성이 있다고 예측함.

○ 도시화는 농촌주민, 농촌 출신 도시근로자, 도시주민의 소비에 모두 영향을 줌.

- 농촌주민의 소득이 도시주민에 비해 크게 낮지만 소득증가율은 도시주민 소득증가율보다 높음.
- 농촌출신 도시근로자의 소득증가율은 작년 21%에 달함.
- 에이씨닐슨에 따르면, 농민공은 도시 근로소득의 4/5를 농촌으로 보냄.

◎ 농민공 소득 대부분 농촌에서 지출

○ 에이씨닐슨의 조사에 따르면, 농민공이 농촌으로 송금한 금액이 매년 2800억 위안에 이름.
- 농민공은 교육수준이 낮기 때문에 고임금을 받기 어려우며 전체 농민공의 30%는 월 1000위안 이하의 급여를 받음.
- 대부분의 농민공이 공장에서 숙식을 해결하며 도시 지역에서는 소비를 거의 하지 않음.
- 농민공의 소득 대부분은 농촌에서 지출됨.

○ 중국 정부는 농촌 소비를 자극하기 위해 여러 조치를 하고 있음.
- 2011년 중앙정부는 농촌경제 발전을 위해 1조 이안을 투자함.
- 농촌 대상 의료보험과 사회보험을 실시해 농촌 거주자의 소비여력을 늘리고자 함.

◎ 농촌 소비자 구매, 가격에 크게 좌우

○ 농촌과 도시의 소비방식은 크게 다름.
- 소비재 구매 시 상점 방문 횟수와 구매력에도 차이가 있음.
- 어떤 경우에는 상점 방문 횟수가 매우 많지만 어떤 경우에는 한 분기에 한 번 가는 경우도 있음.

○ 농촌지역 소비에 있어 가격이 매우 민감하게 작용함.
- 에이씨닐슨 조사에 따르면, 농촌 소비제품의 75%는 5위안 미만 제품임.
- 반면, 도시 지역에서 판매된 제품의 70%는 10위안 이상 제품임.
- 농촌지역에서는 저렴한 제품에 대한 수용도가 매우 크기 때문에 농촌시장 진출 시 이 점을 고려해야 함.

○ 농촌 지역에서 무조건 저렴한 가격의 제품만 환영받는 것은 아님.
- 지불한 값과 제품의 값어치가 동등하거나 다소 높은 가격을 지불하더라도 품질이 우수한 제품을 선호함.
- 중국 농촌에서 성공한 소비품 브랜드로는 롄샹(聯想), 하이얼(海爾), 와하하 등이 있음.
- 중국 최대의 음료기업인 와하하의 농촌 매출이 와하하 전체 매출의 60% 이상을 차

지함.

인근 도시의 쇼핑몰에서 구매 즐기는 농촌주민 많아

○ 농촌 주민들이 고급 브랜드에 대해 관심이 전무한 것은 아님.

- 특히, 도시에서 근무한 경험이 있는 농민공들은 애플 등 브랜드에 대해 어느 정도 알고 있음.
- 현재로서는 농민공의 구매력이 부족하지만 잠재력이 점차 커지고 있다는 점을 주목해야 함.

○ 농촌 주민들은 농촌 지역의 소형 상점에서 구매를 하는 것에 그치지 않고 농촌 인근의 지방 도시의 쇼핑센터에서 구매를 즐김.

- 도시 소비자에 비해 농촌 지역 소비자들은 쇼핑을 여가활동으로 여기고 한 상점에서 필요한 모든 물건을 구매함.
- 일행과 같이 쇼핑하는 것을 즐기고 입소문 내용을 크게 신뢰함.
- 농촌주민의 50%는 도시에 있는 쇼핑몰에서 구매함.
- 농촌지역의 쇼핑몰의 매대에는 약 170개의 상품만이 진열돼 있지만, 대형 쇼핑몰의 매대에는 수천 가지가 있으며, 이 중 상당수는 농촌주민들이 처음 보는 제품임.

농촌-도시 지역, 소비패턴 비교

소비자 특징	대가족(4인 이상)	소가족(2~3인)
소비 패턴	•쇼핑을 여가활동으로 간주 •한 상점에서 모든 쇼핑이 이루어짐. •인간관계를 중시함. •도시의 고급 트렌드를 추구함. •도시의 고급 여행 및 쇼핑을 원함. •전통명절을 매우 중시함. •상점의 환경에 매료됨.	•사전 계획 후 쇼핑 •상점 여러 곳을 비교한 후 쇼핑 •저렴한 가격과 세일을 중시함. •해외 트렌드를 추구함. •대부분 가까운 상점에서 쇼핑하는 것을 선호함. •전통명절에 대한 중시도가 낮음.

*자료원: 에이씨닐슨

(출처 : http://blog.naver.com/PostPrint.nhn?blogId=poem7777&logNo=60174674881)

4) 정부정책에 따른 문화, 레저, 관광산업의 발전

중국 정부는 2001년~2005년간 추진되는 제10차 5개년 계획에서, 문화를 주로 이념적 측면에서 접근하던 과거의 관점을 바꿔서 문화의 산업적 측면을 강조하기 시작했다. 이에 따라 각종 문화산업 육성과 관련서비스업의 발전을 지향하고 있는데, 핵심 업종은 오락, 신문출판, 영화, 인터넷과 정보서비스, 여행, 광고 등이다.

중국 정부가 신경을 쓸 정도로 중국의 문화산업이 발전한데에는 국민의 가처분 소득이 증가하고 소비패턴이 변화한 것이 주요인이다. 2000년 중국의 1인당 국민소득은 849 달러인데, 이 중 문화와 관련되는 여행, 오락, 교육, 문화서비스, 통신 등에 대한 1인당 소비성 지출은 19%를 차지했다.

한편 개혁개방 이후 관광산업의 성장 속도는 연평균 12% 이상을 기록하고 있다. 관광산업은 그 운영 주체가 가장 먼저 시장으로 이양된 분야이며, 개혁개방 초기부터 외화 획득의 중요한 창구였다. 2000년에 중국으로 입국한 해외관광객에 따른 외화수입은 약 162억 달러(전년비 15% 증가)로서 세계 7위 규모였다. 한편 같은 해 중국인들의 출국은 1,047만 명에 달해 최초로 연인원 1,000만 명을 초과했다.

5) 새로운 소비패턴

① 주택

2000년 도시 지역의 1인당 평균 주택 면적은 약 15㎡이었는데, 현재는 두배 이상 증가하였다. 1인당 1실인 표준주택 보급률은 현재 90%에 이른다. 한편 농촌주민의 주택 수준도 크게 개선되어, 벽돌구조와 철근혼합구조의 가옥이 80% 이상을 차지한다.

1990년대 중반 이후에는, 대도시 고소득층을 중심으로 한 고급주택 구입 붐이 일어나게 되었으며, 주택의 구조에 대한 요구도 다양해졌다. 즉 기능성과 더불어 안락성과 편이성에 중점을 두는 구조로 바뀌기 시작했고, 방의 수도 큰방 세 개와 작은방 한 개가 기본구조로 인식되기 시작했다. 따라서 주택의 인테리어를 고치거나 구조를 변경하여 편리하고 안락한 주거공간으로 개조하는 추세가 늘고 있다. 한 조사에 따르면, 1990년대 후반부터 최근까지 베이징 주민의 85%가 실내장식을 새로 했고, 상하이, 선전, 광저우 등은 거의 100%에 달한다고 한다. 이에 따라 현대식 주방설비 및 욕실설비를 갖추는 주민들이 늘어나고 있으며, 집을 살 때도 자녀의 학군이나 주변 환경, 교통 등을 고려한다.

1987년부터 중국에서 토지가 상품화되면서 부동산업도 활발해지고 있으며, 주택과 토지는 국가나 집단의 소유물에서 사용권을 양도하거나 허가를 얻어 판매하는 중요한 부의 축적 수단이 되고 있다. 부동산에 비용, 이윤, 질 등의 개념이 도입되어 하나의 상품으로 간주된 것이다. 중국 정부가 1990년부터 외자기업에 대해 토지보유를 허가한 후부터, 외국인들도 가세한 개발붐과 부동산 투기 붐도 일어났다. 1993년에만 전국에 부동산 회사가 3만여 개가 새로이 생겨났다고 한다. 그러나 전반적인 주택 보급율은 아직 저조한 편이어서, 베이징과 광저우는 3분의 2 수준이며, 상하이는 극심한 주택부족 현상을 나타내고 있다.

② 가정내구재

소득이 상승하고 삶의 질에 대한 관심이 증대하면서, 각종 가전제품에 대한 소비 붐이 조성되었다. 1960~70년대에는 '라오쓰지엔(老四件)' 이라고 불린 손목시계, 자전거, 재봉틀, 라디오가 주요 생필품이었으나, 1980년대 이후에는 영상매체의 보급이 늘면서 흑백 및 컬러텔레비전, 비디오, 오디오의 구입이 증가하기 시작했다.

농촌에는 아직 보급률이 그리 높지 않지만, 도시에서 냉장고, 컬러텔레비전, 세탁기(신3종신기; 新三種神器)의 보급률은 매우 높으며, 4대 도시(베이징, 상하이,

광저우, 선전)에서 보급률은 이미 90% 이상으로 포화상태이다.

한 가지 특기할 점은 중국의 전화통신이 매우 빠르게 확산되고 있는 점이다. 1994년 전화보급률은 1백 명당 3.2대였고, 도시지역에서는 2가구 중 1가구 꼴로 전화를 확보하고 있었다. 중국의 넓은 국토면적을 생각할 때, 전국적인 전화통신망을 갖추는 데는 대규모의 인프라 투자가 요구되는 상황이었다. 그러던 중 핸드폰(모바일 폰)이 개발되어 보급되기 시작하였는데, 2000년 초반에 도시지역 일부 계층에 부의 상징으로 보유되기 시작한 핸드폰은 2010년 현재 약 7억대 이상이 보급되어 도시와 농촌을 막론하고 통신망을 연결하게 되었다.

2000년대 이후, 중국 사람들이 가장 갖기를 희망하는 물품은 '챠오지양지엔(超級兩件)'이라고 하는데, 고급 집과 자가용을 말한다.

③ 의복

중국인의 의류 소비패턴은 농촌과 도시 지역별로 구분되어 있어서 뚜렷한 양극화 현상을 보이고 있다. 도시의 의복 시장이 중·고급화, 패션화, 개성화를 강조하는 반면에 농촌시장은 아직 비교적 값이 싸고 실용적인 기성복 시장이 주종을 이루고 있다.

중국의 의복 소비액은 전국적으로 볼 때 가계지출의 약 14%를 차지하고 있는데, 그 비중은 도시에서는 8~9% 수준이지만, 농촌에서는 낮은 소득으로 인해 20% 선에 달한다.

④ 음식

1980년대 중반 중국 국민의 1일 평균 칼로리 섭취량은 2,637kcal였고, 그 중에 동물성 식품 섭취량은 약 230kcal에 불과해서 비중이 10%에 못 미쳤다. 최근에는 육류소비량이 많이 증가하여 15% 정도로 예측되나, 전국민 평균 소비량은 여전히 그리 높은 수준은 아니다. 하루 칼로리 섭취 중 동물성 열량 섭취의 세계 평균수준은 16% 정도이고, 선진국에서는 30%에 이른다.

전통적으로 맛과 향, 색을 중시하는 중국 음식에 대한 소비취향은 최근 균형식 및 건강식, 간편식 및 특별식을 원하는 추세로 변화하고 있다. 한편으론 각종 건강 음료에 대한 지출이 증가하고 있으며, 외식이 늘고 있고 패스트푸드나 인스턴트식품에 대한 소비도 빠른 성장세이다.

⑤ 레저

이전부터 중국 정부는 국민건강의 증진과 건전한 스포츠 문화 보급을 위해 노천무도장 보급을 장려하는 등 대중스포츠 보급에 신경을 써왔다. 최근에는 볼링, 골프 등이 고급취향 스포츠로 각광을 받고 있다.

소득의 증가와 노동시간의 단축은 중국 직업인들로 하여금, 가족과 함께 보내는 시간을 증가시켰고, 이에 따라 휴양시설에서 온천욕, 해수욕을 즐기거나 명승지 관광을 즐기는 주민들이 크게 늘어났다. 국내여행의 급격한 증가 외에도 최근에는 해외여행 개방에 따라 중상위 소득층의 해외여행이 급증하는 추세이다.

소득증가에 따라 문화수준 향상 및 자신의 인적자원개발 욕구가 생겨나면서, 각종 교육 · 문화강좌에 사람들이 몰리고 있다. 2000년대 중반의 한 조사에 따르면, 문화강좌 수강생의 40%를 차지하는 주민들이 금융, 주식, 회계 등 경제 분야 지식을 배우고 있고, 20% 이상이 외국어를 배우며, 20%는 요리, 미용, 가전품 수리 등 기능을 배우는 것으로 밝혀졌다.

⑥ 결혼

현대 중국인의 결혼 관련 절차는 개혁개방 이전에 비해 간소해졌지만, 결혼식은 더 성대하게 치르고 관련 비용이 증가하는 추세이다. 과거에는 남녀가 결혼하기 위해서 먼저 정부 산하의 결혼 등록 부서에 가서 결혼등록을 해야 했다. 이때 자기가 소속되어 있는 부서나 기관에서 발급하는 나이 증명서가 있어야 한다. 남자는 22세, 여자는 20세가 넘어야 하기 때문이다. 실제로는 남자 25세, 여성 23세가 되기 전에는 직장에서 결혼증명서를 신청하는데 필요한 결혼 상황 증명서를 발급해주지 않았다. 상하이 등에서는 남성 28세, 여성은 26세가 되지 않으면 안 됐다. 또한 정부에서 지정하는 결혼 신체검사증, 쌍방의 호적 증명과 신분 증명서, 호적 관리 기관에서 발급하는 결혼 상황 증명서가 필요했다. 이 증명서는 미혼이거나 혹은 이중결혼이 아님을 증명하는 서류이다. 현재는 쌍방의 호적부와 신분증을 가지고 가면 혼인신고가 가능하다.

개혁개방 이후 중국 도시민의 결혼식 비용은 크게 증가하였다. 1970년대 시민의 70%는 결혼식 비용이 1천 위안(약 15만원)이하였다. 그러나 2000년대 들어 10명 중 6명이 3만 위안 이상이었고, 10만 위안 이상도 10%나 됐다. 30년 전 이불 한 채면 되던 결혼 준비가 생활이 윤택해지고 소비풍조가 일면서 주택구입, 승용차 구입 등으로 부담이 커지고 있다. 1970년대에는 피로연과 가구 구입비가 결혼 비용의 대부분을 차지했으나 현재는 예물, 사진 촬영, 결혼식장 사용, 신혼여행 등으로 인해 일반 시민의 결혼 비용도 30년 만에 50배나 급증했다. 결혼비용의 증가는 주로 신혼집 마련에 기인한 것인데, 결혼식을 치르기 위해서 신혼부부들은 은행이나 주위 친척 · 친구들로부터 돈을 빌릴 수밖에 없으며, 일부 신혼부부 중에는 고액의 부채로 장기간 고통을 받는 경우도 있다고 한다. 한 조사에 따르면, '결혼할 때부터 근심걱정의 연속'이라고 답한 쌍은 무려 50%에 이른다.

제 12 장

환경과 사회문제

1. 환경문제

2. 사회문제

1. 환경문제

중국은 급속한 공업화가 초래하는 대기·수질 오염뿐만 아니라, 서부지역의 건조화로 인한 수자원 고갈과 사막화의 진행 등 환경문제에 직면하고 있는데, 이는 현대 중국이 당면한 여러 가지 사회문제의 하나이다.

(1) 환경오염

2010년 현재 중국 인구는 약 13억 5천만명으로 세계 인구의 20% 정도에 해당하는 반면, 국토 면적은 세계 육지 면적의 6.5%에 불과하다. 더구나 중서부 지역의 많은 비율이 사막과 고원지대여서 거주환경이 좋은 지역은 기본적으로 인구밀도가 매우 높은 상황이다.

신중국 건설 이후 사회주의식 산업화를 지향하던 중국 공산당 정부의 전략은 생산효율 증대가 아닌 생산요소의 투입 증가를 통한 경제성장이 기본적인 발전전략이었다. 이러한 경제성장 방식은 경제가 발전할수록 자원 투입량이 많아지고, 그만큼 환경파괴가 심화되는 악순환 고리를 형성했다. 1958~61년간의 대약진운동은 환경 파괴를 가속화했다.

개혁개방 이래 중국은 급속한 공업화와 경제발전 단계로 들어서게 되었는데, 공업화 과정 중 가장 심각한 문제의 하나로 환경오염과 환경파괴가 대두되어 환경문제가 날로 심각해지고 있다.

중국이 같은 규모의 국민총생산을 달성하는데 소비하는 에너지는 일본의 5배, 프랑스의 4.7배, 독일의 3배라고 한다. 과거 석탄 소비량이 90%에 육박할 정도로, 일차 에너지원의 비중이 광물에 치우친 중국의 에너지원 구조도 오염의 주요 원인이었다. 고체 연료 중에는 농촌에서 사용하는 대량의 땔감용 건초도 포함되어, 식물자원 고갈을 초래하고 토양의 유실과 사막화, 수질 오염 등 생태문제도 유발한다.

차이나 스모그 몰려온다.

'420'. 8일 오전 7시 중국 베이지(北京)의 공기오염지수다. 세계보건기구(WHO) 권장 허용치(㎥당 25㎍)보다 16.8배 높은 수치다. 건물 밖으로 나오자 두꺼운 스모그용 마스크를 착용했음에도 매캐한 석탄 연기 냄새가 코를 찔렀다. 가시거리는 100m도 안됐다. 이틀째 베이징은 밖에서 얘기를 나눌 수 없는 도시가 됐다.

중국발(發) 회색 재앙 '차이나 스모그(China Smog)'가 최악으로 치닫고 있다. 중신왕(中新網)에 따르면 7일 하루 동안 중국 20개 성 104개 도시에서 초미세먼지(PM2.5) 기준 300이상인 사상 최악의 스모그가 발생했다. 중국 정부도 ㎥당 300㎍(마이크로그램)이 넘으면 스모그 최고 경보 등급인 오렌지경보를 발령한다. 주중 미국대사관은 아예 독성가스에 준한다며 외출을 절대 삼가라고 자국인들에게 통보한다.

스모그로 인해 베이징 서우두(首都) 공항의 경우 7일 하루에만 93편의 국내선 항공기가 취소됐고 80여 편은 지연됐다. 상하이(上海)에선 144편이 취소, 340여 편이 지연됐고 장쑤(江蘇)성 난징(南京)에서는 111편이 취소되는 등 이들 3개 도시 피해승객만 4만 명이 넘는다. 이런 중국 스모그는 기존 오염물질 배출에다 지난달 15일 시작된 겨울철 난방으로 석탄 사용량이 급증한 게 원인으로 지목됐다. 중국 정부는 스모그 대책을 마련 중이지만 지속적인 경제발전을 추구하고 있어 2030년까지 크게 개선되기는 힘들 것이라는 게 전문가들의 분석이다.

(출처: 중앙일보, 2013.12.10)

1) 대기오염

근래 중국 대도시와 주요 공업도시에는 모두 심각할 정도의 산성비가 내린다. 중국은 세계 최악의 대기 오염 상태에 있다. 세계위생기구(WTO)가 54개국 272개 도시의 대기오염 상황을 조사하여 1999년에 발표한 '세계 10대 대기오염 도시'에 중국 도시 8개(베이징, 광저우, 충칭 포함)가 포함되어 있을 정도이다. 이는 1997년의 6개에서 더 늘어난 수치이다. 대기 오염상황이 측정된 전국 341개 도시 중에서, 중국 정부가 정한 대기 정상기준에 달한 곳이 10개에 지나지 않는다.

중국의 대기오염이 심각한 이유는 가정용 및 산업용 연료를 주로 석탄에 의존하기 때문이다. 중국의 도시를 방문해 보면, 뿌연 스모그 속에 메케한 석탄냄새를 맡게 된다. 2011년 중국의 정규 에너지원은 석탄이 무려 68.4%를 차지하고, 석유는 18.6%에 불과하며, 그 외 천연가스 5.0%, 발전 8.0%의 비중이다. 석탄 소비량 중 30%는 발전용이고, 70%는 산업용과 가정용이다. 이처럼 석탄 소비가 높고 매연방지 시설이 제대로 안되어 있기 때문에, 대규모로 배출되는 이산화황이 산성비를 초래한다.

2) 수질 오염

2000년 중국의 산업폐기물은 10조 톤에 달하는데, 이는 1980년보다 3배 가량 증가한 수치이다. 이러한 산업폐기물은 매립지의 토양을 오염시킬 뿐만 아니라, 침출수를 통해 수질오염을 초래한다.

한편 2011년 중국의 공장폐수 배출 650억 톤 가운데 처리된 양은 불과 65%에 불과하고, 나머지는 그대로 하천에 방류되어 오염원이 되고 있다. 이 수치는 농촌 향진기업의 오염 폐수배출은 포함되지 않은 것이어서 문제는 더 심각하다. 대다수 향진기업들은 시설이 낙후되고 기술수준이 낮으며, 환경오염 대책에 무관심하기 때문에, 농촌의 하천 오염과 토지 훼손을 가져왔다.

해양 수질 오염도 심각한 상황인데, 특히 대도시와 대규모 공단에 인접한 지역의 강 하구 및 연근해 지역의 오염이 특히 심각해서, 빈번한 적조현상을 겪고 있다.

(2) 수자원 부족과 토지의 사막화

1) 수자원 부족

물의 용도는 사람이 마시는 것과 기타 생활 · 산업용수로 구분되지만, 수(水)자원은 인간의 생존과 생활에 필수불가결한 귀중한 자원이다.

중국의 수자원은 북서부는 부족하고 남동부는 상대적으로 풍부한 특성을 갖는다. 양자강(長江; 창장) 이북 지역은 유역면적이 전국의 60%가 넘지만, 수자원량은 20%에 못 미친다. 북부지역의 황허(黃河), 하이허(海河), 화이허(淮河) 유역은 물 부족이 특히 심하다. 이들 지역의 총 경지면적과 인구는 전국의 약 40%와 35%에 이르지만 수자원 총량은 전국의 8%에 불과하다.

국제적으로는 '1인당 가용 수자원 양'[14]을 따져서 1인당 최저 2천톤 이하이면 물 부족 지역으로 평가한다. 이러한 기준에 따라 베이징과 상하이의 상황을 보면, 2000년 6월 현재 상하이의 1인당 수자원의 양은 760톤이며 베이징에서는 겨우 300톤 밖에 되지 않아서, 베이징의 경우에 필요량의 1/6 밖에 되지 않음을 의미한다. 2002년 1월 현재 중국의 약 670개 도시 중에서 물이 부족한 도시는 무려 400개 이상이며 그 중에서 110개 도시는 심각한 물 부족 현상을 겪고 있다고 한다(「중국뉴스네트」, 2002년 1월 26일).

이러한 중국의 1인당 수자원 양은 세계 평균수준의 1/4 밖에 되지 않을 정도로 매우 부족한 형편인데, 현재 중국에서 15개 성 및 자치구의 1인당 수자원은 '심각한 용수 결핍' 수준 이하로 평가된다. 전문가들의 평가에 의하면, 중국은 2010년부터는 본격적인 물 부족 시기에 돌입했다고 한다.

중국에서 물 부족 현상이 나타난 주요한 원인은 이용할 수 있는 국토와 수자원

---

14) 음용수(飮用水) 외에 생활용수, 산업용수 및 농업용수를 포함한 개념이며, 한 사람이 한 지역에서 생존 또는 생활하기 위해 이용 가능한 총 수자원(水資源) 양을 의미한다.

에 비해 인구가 지나치게 많은 것이지만, 근래 산업화가 빠르게 진행되면서 용수 부족 현상이 가속화 되고 있다. 한 예로, 1990년대 이후 산업용수 사용량은 매년 평균 8.5%씩 증가하고 있다.[15)]

기본적인 물 부족과 더불어, 오·폐수 배출에 따른 심각한 수질오염이 진행되어서 물 부족을 가중시키고 있다. 국가 수리(水利)부문이 밝힌 자료에 의하면, 전국적으로 매일 배출되는 산업폐수와 생활오수의 양이 2억 톤을 넘는다고 하는데, 그중 80%는 아무런 처리도 받지 않고 직접 자연수역에 배출되고 있다고 한다.

현재 중국에는 수질오염으로 마실 수 없게 된 지표수가 전체의 40%이며, 도시 지역을 흐르는 하천의 경우 80%가 이미 용수로서 적합하지 않게 되었으며, 지하수 또한 이미 50%가 오염된 것으로 밝혀졌다.

수자원의 남용과 불합리한 개발에 의해, 중국에서는 호수나 강이 마르고 물은 오염되는 상황이 확대되면서 물 부족이 점점 심각해지고 있는 것이다. 최근 몇 해 사이에 황허(黃河) 유역의 상황은 더욱 심각해지고 있다. 황허는 중국 서북부 칭하이(靑海)성에서 발원하여 여러 성을 굽이굽이 돌아서 마지막으로 산둥(山東)성에서 서해 바다로 유입된다. 중국의 역대 황제들이 황허와 창장(양자강)의 하천관리에 국가 명운을 걸었던 것은 잘 알려진 역사인데, 근래에 황허는 홍수보다는 갈수기에 강 흐름이 끊어질 정도로 물이 마를 뿐 아니라, 오염이 심해서 용수로서의 기능을 상실하는 것이 문제이다. 황허에서 단류 현상이 처음 나타난 것은 1972년 봄인데, 1990년대에 들어서는 거의 매년 발생할 정도로 빈도가 심해졌다. 1992년에서 1998년까지 연간 단류기간은 각각 82일, 60일, 75일, 118일, 125일, 222일, 148일로 전반적인 증가세를 보였다. 1990년대 말 황허 하류의 연평균 유량은 1960년대의 40% 수준이라고 하는데, 이러한 유량 감소는 상류지역의 무차별적인 개발로 인

---

15) 전문가들의 추산에 의하면, 중국이 보유하고 있는 수자원 총량으로부터 허용되는 산업용수 증가율은 년 평균 1.2%가 상한선이라고 했다(「당대공인전자판」, 2001년 4월호).

한 삼림과 초지 파괴가 황허 중상류 수계(水界)의 사막화를 불러 저수기능을 크게 저하시킨 점, 황허 수계에 3,000여 개의 크고 작은 댐을 건설한 점, 중·상류 지역의 물 낭비 등이 복합적으로 작용한 결과이다.

한편 황허의 오염도 심각하다. 황허가 흐르고 있는 성과 자치구 중에서 가장 큰 것은 인구 9천2백만 명의 허난(河南)성인데, 2001년 초부터 허난성을 흐르는 황하와 그 지류의 수질 오염이 급속히 악화되고 있고, 일부 수역에서는 함유량이 허용치보다 무려 10배가 넘는 대량의 유독물질이 검출되어 농업용수로도 사용이 불가능한 실정이다.

중국 정부는 오래 전부터 창장 물을 끌어다 북부지역의 물 부족을 해소하려는 남수북조(南水北凋) 계획을 추진 중인데, 근래 창장 역시 '제2의 황허'로 불릴 만큼 오염이 심각하다. 창장 유역의 농지개간과 산업용지 확산에 따라 호수가 감소하면서 강물의 정화기능을 크게 떨어뜨린 점과 유역의 급속한 공업화 진전으로 인해 오폐수 유입이 증가한 점 등으로 인해 창장의 물이 오염되면서, 동부 연안지역 주민들의 식수에 대한 위협요인까지 등장하고 있다(「중국뉴스네트」, 2001년 12월 28일). 창장 중류 지역에 건설된 대규모 수력발전 댐인 샨샤댐의 준공은 긍정적 기능에도 불구하고, 장기적으로 환경재앙을 초래할 것이라는 비난을 받았다. 최근에 중국의 7대 하천 전체 구간의 60% 이상이 식수 사용 기준에 미달될 정도로 오염되었다는 보도도 있다.

2) 사막화

초지 파괴에 따른 사막화와 이로 인한 황사(黃砂) 문제는 동아시아의 대기환경에 심각한 문제를 낳고 있다. 주로 봄에 우리나라로 날아오는 황사로 알려진 모래바람은 네이멍구(內蒙古)나 더 깊숙한 서북부 지역이 발원지인데, 매년 해가 갈수록 발생 시기가 앞당겨지고, 피해 범위가 커질 뿐 아니라 강도와 빈도가 높아지는 추세이다.

황사는 생태계 파괴로 인한 사막화에 원인이 있는데, 현재 중국에서 모래땅(사막)으로 변한 토지의 총 면적은 이미 170만 헥타르에 달하고 매년 2,500 헥타르의 토지가 모래땅으로 변하고 있으며, 1970년대부터 30년 만에 사막화된 면적이 무려 3배가 늘어날 정도로 사막화가 빠르게 진행되고 있다. 현재 전 국토의 20% 가량이 사막이며, 이는 한반도 총면적의 5배를 넘는 면적이다. 일부에서는 중국에서 사막화가 진행되고 있는 면적이 262만 헥타르로서 국토면적의 27%라고 추정하기도 한다.

사막화의 원인에는 강수량이 줄어드는 기후문제가 있기는 하지만, 이보다는 인위적인 측면이 강하다. 즉 비합리적인 개간과 남벌, 지나친 방목, 채굴 등으로 인해 산림과 초지가 훼손되었기 때문이다. 2002년에 「인민일보」는 중국에서 사막화의 원인 중에서 95%가 인위적 요소이며 한발과 같은 기후 요인에 의한 사막화는 5%에 지나지 않는다고 주장했다.

(3) 환경정책의 문제

중국정부는 1994년에 들어서 '지속 가능한 발전' 개념을 도입했지만, 환경보호에 대한 투자가 국민총생산의 0.7% 정도에 머물 정도로 선언적 의미에 불과하다는 점과 중앙정부의 환경정책이 지방정부 차원에서 제대로 시행되지 않아 문제를 악화시키고 있다.

한 자료에 따르면, 1995년 한 해에 환경오염이 중국 경제에 끼친 손실이 국민총생산(GDP)의 3.27%인 1,875억 위안이라고 추산됐다. 2006년 중국환경보호부에서는 그 손실을 GDP의 10%라고 추산했다. 이러한 손실에도 불구하고, 환경문제가 해결되기 어려운 여러 구조적 조건이 있는데, 저효율 산업구조와 낮은 기술수준, 국유기업이 장악한 기간산업 분야 자원이용의 비효율성, 관료들의 성장 우선 관념, 지역이기주의 등은 중국에서 환경보호가 현실적으로 이루어지기 어려운 여건에 해당한다.

2. 사회문제

중국에서는 사회주의 시장경제를 지향하는 과정에서 과거의 사회통제가 상당히 이완되면서 여러 사회문제가 발생하고 있다. 이미 앞의 장들에서 살펴본 인구문제, 계층문제, 지역간 격차문제 이외에도, 부정부패, 빈곤, 사회적 소요 및 범죄 등이 사회문제로 등장하고 있지만, 사회주의 중국의 특수한 사정으로 인해 그 실상은 단편적으로만 드러나고 있다. 중국에서도 여러 통계연감이 발행되고 있지만, 이러한 부정적 사회문제에 대한 공식통계는 아직 그 신뢰성이 떨어지며, 소요사태 같은 상황은 보도조차 통제되기 때문이다.

(1) 부정부패

중국에서 개혁개방이 추진된 이래, 당과 정부 관리들에 의한 부정과 부패는 매우 심각한 국가적 문제로 제기되어 왔다. 개혁이 빨라진 1990년대 이후 부정부패 사건은 건수의 증가, 수뢰금액의 거대화, 고급간부의 연루, 집단화와 분야 확산, 사기업과의 결탁 급증 등을 특징으로 한다. 사회주의 계획경제에서 시장경제로 이행하면서 발생한 제도적 공백에 관리들의 인위적 이해관계가 개입한 것과 국유기업 운영이 당정에 의해 이루어진 상황이 부패를 초래한 제도적 온상이었다.

중국 정부의 공식 통계에 따르면, 2001년에 적발된 부패 사건이 17만여 건이며 이로 인해 처벌을 받은 사람이 17만5천여 명에 이른다. 부패로 인한 중국의 경제적 손실을 추산한 중국사회과학원 연구결과에 의하면, 1990년대 후반 이후 매년 손실규모가 약 1조 위안에 달해서, 국내총생산(GDP)의 약 15%에 이른다고 한다.

중국에서 부정부패가 이렇게 대규모로 자행되는 배경에는 '사회주의 시장경제'라는 구조 속에서, 민간부문의 경제활동에 대한 허가권이나 토지매매권, 금융대출권 등 이해관계를 관리들이 좌지우지하기 때문이다. 다른 국가에서는 상상도 할 수 없을 정도의 큰 재량권과 권력을 가지고 있는 당정관료들이 이러한 공적 권력을 남용함으로써 특정 개인이나 기업에게 부당한 편의를 제공하고 그 대가로 부정한 이득을 취하는 것이다. 이런 상황에서는 시장의 경쟁력이나 자원의 합리적 배분은 권력 남용과 개입에 의해 방해받고 억제된다.

공산당에서 임명된 간부들이 경영을 맡고 있는 국유기업도 부패의 온상이어서, 회사의 공금을 횡령하거나 심지어는 기업 자체를 개인의 소유로 돌리는 예도 적지 않았다. 국유은행에서의 상황도 별로 다르지 않아서, 유착에 의해서 부실대출을 하는 대가로 뇌물을 챙기거나 공금횡령이 이루어지기도 했다. 중국 공안부 발표에 의하면, 2000년에 공금을 횡령해서 도망친 관리나 직원이 4천명을 넘었으며, 이들이 횡령한 금액은 무려 50억 위안에 달했다고 한다.

부패에 대해 큰 위기감을 느낀 중국 공산당 지도부는 주룽지(朱容基) 총리 이후, 대대적인 부패척결 운동을 전개해오고 있으나, 부분적인 성과에도 불구하고, 공산당 스스로의 힘으로 체제내의 부패를 척결하는 것이 가능할지에 대해 회의적인 시각이 많다. 부패가 당과 정부 각 부문에 만연해 있기 때문에, 부패척결이 공산당 지도부 자신의 권력기반을 흔드는 역효과를 가져올 수 있기 때문이다. 다시 말해, 부패가 거의 조직 전체와 관련된 구조적인 것이기 때문에, 부패에 대한 철저한 단속과 처벌은 결국 정권을 지탱하고 있는 당의 일선 조직의 와해를 초래하고, 더 나아가 공산당 조직 자체를 붕괴시킬 수도 있기 때문이다.

(2) 사회적 소요

중국 정부나 국영언론에서는 공개를 통제하고 있으나, 중국 각지에서 노동자나 농민들의 대규모 시위와 항의 데모가 발생하고 있다. 뉴스에 의하면, 2002년 중국 최대의 유전(油田)인 헤이룽장(黑龍江)성 대경유전에서 수만 명의 노동자들이 시위를 벌였는데, 이들의 요구는 생활보장과 노조 설립을 허가해달라는 것이었다고 한다.

학자들의 추산에 의하면, 1997년부터 2000년 말 까지 4년 동안에, 중국 내에서 수백 명 이상이 참가한 비교적 큰 규모의 시위가 10만 건이 넘는다. 개혁개방에 따른 시장경제화가 진행되면서, 사회분배구조의 변화로 인해 사회적 약자가 된 노동자와 농민계층이 사회불만 세력이 되어 집단행동에 적극적으로 나서는 형편이다.

노동자들의 시위는 국유기업 개혁에 따른 실업과 임금 및 퇴직연금 체불, 불공정한 세금부과, 노동계약에 대한 불만 등이 주 원인이다. 특히 국유기업 노동자 시위는 잠재적 폭발력이 매우 크다. 1998년부터 2000년 상반기까지 전국 각지에서 1만 명 이상이 참가한 대규모 노동자 시위가 1,700건이 넘는 것으로 집계됐다. 국유기업 노동자 시위는 중서부 내륙지역과 동북지역 등 인력 집중도가 높은 산업도시들에서 특히 심하다. 그 이유는 이들 지역에 과거 삼선(三線)정책에 의해 중화학공업을 비롯한 중요 산업기지가 자리 잡았으나, 현재 시설의 노후화로 인해 생산성이 떨어지고 이에 따라 구조조정이 진행되고 있기 때문이다.

한편 농민들의 시위는 정부의 저가(低價) 농지수용에 대한 반발, 과도한 세금부과, 수자원을 둘러싼 갈등 등이 주 원인이지만, 지방 공무원의 부패와 실책, 정부의 가족계획 정책, 각종 법과 제도에 대한 항의로까지 이어지고 있다. 농민 시위는 특히 공업단지 조성을 위해 지방정부가 앞 다투어 농지를 수용하는 과정에서 큰 마찰이 빈번해진다. 현행법상 토지소유권은 국가가 갖고, 사용권 및 관리권은 농민이 갖으며, 토지의 개발, 점용, 전용권은 지방정부에 부여되어 있다. 따라서 토지수용 자체는 적법하지만, 문제는 지방정부가 개발에 따른 농작물 피해보상과 농민 이주비용을 제대로 지불하지 않는다는 점이다. 농토에 대한 저가 보상에다 이직에 대한 배려가 전혀 없이 이루어지는 토지수용에 농민들이 저항하는 것이다.

노동자, 농민들의 이러한 항의는 파업, 가두행진, 연좌시위, 폭력적인 충돌, 공공시설 포위 및 파괴, 교통운행 방해 등 다양한 형태를 띤다. 중국에서 사회 · 경제적 약자들이 자신들이 당한 억울함과 고충을 하소연하기 위해서 상급 관련 부서를 방문하여 요구를 전달하는 것을 상방(上訪)이라고 하는데 그 인원이 천만 명을 넘는다는 보도가 있다. 이들과 더불어 도시와 농촌에서 벌어지는 집단적 시위를 일컫는 군체성(群體性) 사건은 중국 당국이 직면하고 있는 커다란 사회적 저항을 대변한다.

한편 사회주의 중국에도 자본주의 사회의 노동조합에 해당하는 라오훼이(勞會)가 구성되어 있다. 2011년 중국 노동통계연감에 의하면, 2010년에 약 200만 개의 공회가 구성되어 있으며, 여기에 약 2억4천만 명의 조합원이 가입하고 있다. 국유기업은 약 8만여 개의 조합에 약 3,000만 명의 조합원이 있고, 사영기업 조합 수는 약 82만 개에 약 6,800만 명이 조합원으로 가입되어 있다. 그런데 2010년에 노동조합이 일으킨 쟁의는 약 2만7천 건이며, 약 76만여 명이 여기에 가세한 것으로 나타난다.

노동자나 농민 시위 이외에도, 파룬궁(法輪公)의 집회 · 시위나 신장(新疆) 및 티벳 등지의 자치독립운동 세력이 일으키는 저항운동이 가끔 발생하고 있으나, 그 정확한 실상은 파악하기 어렵다.

(3) 빈곤

개혁개방 이후, 농촌에서는 농가 단독 또는 연합으로 인민공사 등 집체 소유의 토지를 청부받아서 경작하는 가정연산승포책임제(家庭年産承包責任制)가 도입되었다. 일종의 계약경작 방식인 이 제도를 통해, 농민들은 집단에서 해방되었고 동시에 농업 생산력이 급증하여 농촌의 빈곤 해소에 결정적인 기여를 하게 되었다.

그러나 모든 제도에는 의도하지 않은 역기능이 발생하는 것처럼, 생산력의 증대는 과잉생산으로 인한 농산물 가격하락을 초래하여 농민들을 위협하게 되었다. 통계를 보면, 1996년~2000년 5년간에 주요 농산물 가격지수는 22.6% 하락하였다. 여기에다 지방정부의 과도한 세금 부과도 농민의 가처분소득을 떨어뜨리는 한 요인이며, 향진기업 파산에 따른 부담도 여기에 개입했던 농촌 주민들에게 전가된다. 이러한 요인들이 가세하여 초래되는 새로운 유형의 농촌 빈곤은 농민들의 농촌 이탈을 가속화하고 있다. 이들이 중국 도시의 빈민세력중 하나인 '농민공'을 형성하게 된 것이다.

농민공은 80% 정도가 3D업종과 비정규 임시직에 종사하는 것으로 추산되고 있다. 이들은 주로 노동조건이 열악한 건설, 야금, 화공, 운수, 창고, 방직, 식당서비스업 등에 종사하고 있다. 이들이 도시로 이동하는 데는 향촌(鄕村) 네트워크가 작용하는데, 먼저 도시에 정착한 농민공이 알려주는 정보를 따라 연쇄적인 도시 이동이 유발된다. 과거에는 남성이 농민공의 압도적 다수를 차지했었지만, 1990년대 후반 들어 여성의 비율이 남성과 비슷한 수준으로 높아졌다. 농민공이 도시빈민을 낳는 부정적인 측면이 있지만, 긍정적인 기능도 있다. 농민공 규모를 1억 명으로 잡더라도, 이는 중국 농촌의 과잉노동력 부담을 16% 이상 덜어주고 있는 셈이다. 한 자료에 의하면, 1996년에 농민공 1인당 고향에 보낸 연평균 송금액이 2,000 위안에 이르러 농촌 연평균 소득보다 오히려 높았다고 한다. 최근에도 중서부 내륙의 성(省)에서는 도시에 진출한 해당 성의 농민공들이 송금해오는 돈이 성의 연간 재정규모에 육박하는 경우도 있다고 한다.

사회적 낙오세력인 도시 빈민은 2010년 말 기준으로 약 5,000만 명 정도로 추산된다. 중국 국가통계국 기준에 따르면, 빈곤선은 1인당 연 소득 8,000위안이다.

이 기준에 따른 전국 도시 빈민은 도시 인구의 8%를 차지한다. 중국에서 도시 빈민은 크게 3가지 범주로 나뉜다. 첫째는 장애나 질병 등으로 장기적으로 사회적 보호를 받아온 집단이다(전체의 약 30%). 둘째는 직장을 갖고 있으면서도 임금이 최저생활비에 미치지 못하는 노동자로 전체의 약 15%에 이른다. 셋째는 퇴직자와 실업자 집단으로, 이들은 전체 도시 빈민의 약 55%를 차지한다.

그러나 이 통계에는 1억~1억 2천만 명 이상으로 추정되는 농민공(農民工), 즉 도시 호구(戶口)없이 불법으로 체류하며 노동하는 농민 노동자들이 제외된 것이다. 따라서 실질적인 도시빈민은 공식통계보다 몇 배 더 많을 것으로 추산된다.

업종별로는 전통성이 강한 반면 생산성이 떨어지고 노동집약적인 광업과 제조업, 건축업, 상업 등에서 빈민이 많이 발생한다. 지역별로는 내륙 '3선' 지역 등 계획경제 색채가 남아 있는 곳에서 많이 발생한다. 중국 정부는 도시 빈민을 위한 사회안전망으로 '도시주민 최저생활보장제'를 시행하고 있다. 중국의 사회보장제도는 크게 양로보험과 의료보험, 실업보험으로 나눠지는데, 3개 주요 보험의 가입률은 가입 대상자의 절반에도 미치지 못하는 한계를 안고 있다.

그런데 빈곤문제의 이면에는 극심한 빈부격차의 문제가 있다. 통계를 보면, 2000년에 도시 주민 전체 금융자산 중 상위 20%에 해당하는 사람들이 보유한 비율이 55.4%에 달한 반면, 하위 20%의 보유 비율은 1.5%에 그쳤다. 도시 주민을 대상으로 계산한 지니(Gini)계수 값도 1978년의 0.16에서 2000년에는 0.32, 2010년에는 0.48로 높아졌다. 도시와 농촌을 합친 사회 전체의 빈부격차는 더욱 커서, 1990년대 말에 이미 상위 5%가 전체 금융자산의 절반을 소유하고 있는 것으로 추산된다. 2008년 국가통계국 자료에 근거해 계산한 중국의 지니계수 값은 0.491로, 이는 미국보다 훨씬 더 불평등이 심한 것을 의미한다. 개혁개방 이후 단기간에 이처럼 불평등이 초래된 이유는 중국의 경제발전이 돈과 권력이 교환되는 부패와 불공정 경쟁에 크게 의존해왔기 때문인 것으로 보인다.

2004년 초 이후 중국 정부의 경제사회 정책은 경제성장 속도를 조절해서 균형 성장으로 궤도를 수정하면서 분배에 역점을 두기 시작했다. 그러나 지방 정부 간의 투자 경쟁과 지역이기주의로 인해 과잉 중복투자가 지속되었고, 오히려 부동산 자산 가격 버블 현상도 커지게 되었다. 같은 해에 중국발 원자재 대란이 세계 경제를 강타하기도 하였다. 과잉투자로 인한 경기과열이 인플레이션을 초래하고 이로 인한 공급과잉이 버블을 낳아서 이것이 꺼질 경우에 경기가 급락할 수도 있는 소위 '경착륙' 가능성에 온 세계가 우려를 하고 있는 상황이다. 중국 경제가 '연착륙'에 실패할 경우에 세계 경제에 또 다른 위기가 닥치겠지만, 전체 수출입의 반 가까이를 중국에 의존하는 우리나라 경제가 입을 타격이 가장 심각할 수 있다.

(4) 범죄

중국에서도 다른 자본주의 사회와 마찬가지로 다양한 유형의 범죄가 발생한다. 범죄에 관한 중국의 공식통계를 그대로 믿기는 어렵지만, 아래 표 12-1은 중국에서 벌어지고 있는 범죄현상의 단면을 보여준다.

공식통계로 보면, 2000년에 중국에서 발생한 범죄 3건 중 2건은 절도이다. 그 다음이 강도로 전체 범죄의 8.5%이고, 사기 4.2%, 상해 3.3%의 순서이다. 강간과 살인 등의 강력범죄는 연간 약 6만 여건이 발생하지만, 그 비율은 각 1% 미만이다.

범죄는 개인 차원에서 이루어지기도 하고, 집단적으로 저질러지기도 한다. 헤이서훼이(黑社會)라고 불리는 중국의 범죄 조직은 밀수, 밀항, 매춘, 위폐, 마약 등 분야뿐 아니라, 권력과 유착하여 부동산 개발에도 손을 뻗고 있으며, 시장경제에 수반된 새로운 사회병리 현상인 마약과 매춘의 급속한 보급에도 앞서고 있다.

아래에서는 중국 특유의 만연된 범죄현상인 유해식품, 위조품, 불법무기 문제에 대해 살펴본다.

| 표 12-1 | 2010년 범죄발생 건수와 구성비

	등록 사건 수	비율(%)
절도	4,228,369	70.8
강도	237,258	4.0
사기	457,350	7.7
상해	174,990	2.9
강간	33,696	0.6
살인	13,410	0.2
부녀자 약취	10,082	0.2
위폐	1,565	0.03
밀수	1,105	0.02
기타	812,067	13.6
전체	5,969,892	100.0

출처 : 『중국통계연감 2012』, 중국통계국에서 재구성

1) 유해식품 문제

우리나라에서도 간혹 일부 악덕업자들이 적발되면서 유해식품이 사회문제가 되기도 하지만, 중국에서 유해식품 제조와 유통 문제는 살인으로까지 이어진다는데 그 심각성이 크다. 유해식품 문제는 일부 식품가공업자나 판매업자가 폭리를 취하기 위해 가공품에 어떤 불순물이나 이물질을 의도적으로 섞는 것을 의미한다. 중국산 수입 꽃게에서 납덩이가 나왔던 것이 한 예이며, 중국에서는 쌀의 신선도와 광택도를 높이기 위해 쌀 표면에다 화학물질을 첨가한 것이 적발되기도 했다.

중국에서는 유독식품의 범람으로 인해, 매년 20만 명 이상이 중독되는 것으로 지적되고 있다. 한 예로, 2001년 1월 안후이(安徽)성의 한 지방에서 유해 식용유를 정제하는 많은 업자들이 적발되었다. 이들은 농촌지대에서 수거해 온 개나 양의

변사체 및 폐사한 돼지의 고기와 내장을 원료로 하여, 아무런 소독도 하지 않고 이를 정유해 식용유를 만들어 왔다고 한다. 베이징 근처에 있는 한 현은 쇠고기 주산지인데, 쇠고기의 양을 실제보다 늘려서 속여 팔기 위해, 8천여 톤의 쇠고기에 적어도 1천여 톤의 오수를 주입하여 유통시킨 것이 발각되기도 했다. 이곳에서는 수도료를 아끼기 위해, 소의 도축에 사용된 더러운 물을 그대로 다시 쇠고기에다 주입했던 것으로 드러났다. 최근에도 싼루(三鹿)의 멜라민 분유 사건(2008), 염색만두 사건(2011), 살코기 엑기스 사건(2011), 곰팡이 우유 사건(2011), 맹독 생강 · 쥐로 만든 가짜 양고기 사건(2013년 5월초) 등이 발생했다.

한편 농가에서 기르는 개를 도둑질하기 위해 독극물인 시안화나트륨을 섞어 먹여 독살한 뒤, 대도시에 내다 팔던 일당이 잡히기도 했는데, 이들이 개에게 먹인 시안화나트륨은 개고기 속에 잔류하여 이 고기를 먹게 된 사람들을 중독시켰다.

2002년 3월 초, 「중국뉴스네트」보도에 의하면 중국에서 건강식품 관련 광고의 70%가 위법이고 40%는 사기로 소비자들을 속이고 있다고 할 정도로 중국에서 유해식품 문제는 심각하다.

2) 위조품 문제

중국의 위조품은 세계적인 명품에서부터 의약품, DVD 등에 이르기까지 실로 다양하다. 중국의 위조경제는 2000년대 중반에 연간 1천2백억 위안 규모로 성장한 것으로 추산되는데, 이 금액은 2000년도 중국의 국방예산과 거의 맞먹는 액수이다. 1992년에서 2001년까지 10년간 전국적으로 143만 건의 위조 상품 사건이 발생하여, 약 8천 명의 관련 범죄자가 검거되었다.

근래에는 위조의 집단화 경향도 심각하다. 일부 개인이나 사영기업만이 아니라, 국유기업이나 외자관련 기업도 위조에 뛰어들어 참여하고 있다. 더욱 심각한 것은 위조품 제조 · 유통업자가 당 · 정 기관의 부패한 간부들과 결탁하고 범죄조직과 손을 잡는 경우도 있다는 것이다.

더 큰 이득을 취하기 위한 부정한 경제행위는 어느 곳에건 있는 것이지만, 중국의 경우 경제의 일부를 당당히 점유하고 있는 것이 특색이다. 이렇게 된 배경은 중국정부가 이를 엄하게 다스리기 보다는 방조하는 듯한 입장을 취하기 때문이다.

하지만 위조품 제조와 유통문제는 시장경제로 발전하는데 큰 걸림돌이 된다. 사회적으로 가장 귀중한 자원인 '신용'을 파괴하기 때문이다.

중국에서는 의료체계라는 공공서비스 영역에도 부정행위와 유해약품이 만연하고 있다. 한 보도에 의하면, 유통되고 있는 의약품 가운데 상당수가 위조품이거나 조악품이라고 하는데, 그 유통규모는 2001년 시장가격으로 4억 위안이 넘는 규모라고 한다.

일부 악질 의약품 유통업자들은 동물용 의약품의 상표를 떼어내고 여기에다 가짜 상표를 붙여서 버젓이 인간용 의약품으로 팔다 적발되기도 했다. 한편 「인민네트」는 2002년 난징(南京)시의 21개 병원에서 치료용 산소 대신에 공업용 산소를 중환자의 산소호흡기에 사용하고 있는 것을 적발해서 보도했다. 중국의 10대 도시의 하나인 난징시에서 그것도 수많은 병원이 동시에 이처럼 환자들의 생명을 위협하는 범죄적 행위에 가담한 것은 부당한 이익을 취하기 위해서였다고 한다. 의료용 산소의 가격은 한 병에 30위안이지만 공업용 산소는 그 반값인 15위안이었다.

3) 불법무기 소지와 강탈

2002년 1월 10일자 「북경청년보」에 의하면, 전날 베이징 시내에서 20여 곳이 넘는 슈퍼마켓이 일제히 폭도들에게 습격당하고 상품을 강탈당하는 사건이 발생했다고 한다. 이처럼 도시에서 한 낮에 집단적인 강탈사건이 일어나고, 농촌 지역에서는 철도연변에서 폭도들에 의한 운송화물의 집단 강탈이 빈번하게 발생하고 있다. 그 원인 중에는 빈곤의 악화, 법적 관념이나 준법의식의 약화 등이 있지만, 중국에서 불법 총기류가 범람하는 것이 이러한 약탈을 부추기는 배경이다.

중국공산당 정권하에서도 민간인에 의한 총기 소지는 정권에 대한 중대한 위협으로서 인식되어서 엄격히 관리되어 왔다. 그럼에도 불구하고, 근래 중국 사회의 범죄증가 경향의 진전과 더불어, 궁극적인 폭력수단이 되는 총기의 범람이 이루어지고 있는 것이다. 민간에 범람하는 불법 총기류는 일부 밀수품과 도난품을 제외하고는, 대부분 민간인들의 불법무기 제조공장에서 만들어진 것이다.

2001년 중국정부는 공안과 무장경찰을 동원해 전국에서 대규모 불법무기 색출 작전을 전개했다. 그 결과 한 예로, 후난(湖南)성에서 압수된 불법무기만도 무려 24만정, 탄약은 약 70만 발에 이르렀다고 한다. 1년 동안의 색출과 압수 작전에서 순직한 경찰관 수도 전국적으로 무려 443명에 달한 것으로 밝혀졌다.

문제는 민간인에 의한 총기 소지가 확산되면서, 지방 범죄조직 등의 세력이 국가에 대항하는 풍조가 조장되어, 민간인들도 국가의 공권력에 반항하고 도전하는 상황으로 전개되고 있다는 점이다. 근래 '폭력항법(暴力抗法)'이라는 말은 무력을 이용해서 공권력과 법질서에 도전하는 현상을 일컫는다.

위에서 살펴본 것처럼, 중국은 대규모 실업과 사회보장체제의 미비, 부정부패의 만연, 빈부의 양극화, 도시와 농촌간 소득격차 확대 등의 사회문제로 인해, 사회안정이 뒤흔들릴 수 있는 불안을 내포하고 있다.

이러한 사회문제를 해결하기 위해 중국 정부가 나름대로 노력을 하고 있으나, 문제는 점점 중앙정부의 중소도시와 농촌에 대한 통제력이 약화되고 있다는 점이다. 각급 정부기구들의 효율성도 낮고, 관료들의 사기와 도덕성이 낮은 것도 문제해결에 걸림돌이다. 효율성과 사기, 도덕성 저하는 법집행 기구들의 구성원 수급체계, 장비수준, 부패 등과도 연관되어 있다. 공안기구 구성원들을 현지에서 채용하는 것도 대응력 약화의 한 요인인데, 기관원들의 지역연고가 엄정한 법 집행을 막을 뿐 아니라, 중앙의 지시보다는 지방이익을 우선시하기 때문이다.

참고문헌

국내문헌(저서·역서)

[1] 가와시마 신, 『중국근현대사 2 근대국가의 모색』, 삼천리, 2013

[2] 구보도루, 『중국근현대사 4 사회주의를 향한 도전』, 삼천리, 2013

[3] 금희연 역, 『숫자가 폭로하는 중국의 정체』, 그린, 2003.

[4] 금희연 역, 『중국인의 라이프스타일』, 그린, 2000.

[5] 김성희 역, 『21세기 중국사회의 전망』, 주류성, 1999.

[6] 김순호 역, 『20세기 중국사』, 돌베개, 1995.

[7] 김영준,『중국의 도시 노동시장과 사회』, 한울, 2002.

[8] 김용준 편저, 『중국산업별 현황과 전망』, 성균관대출판부, 2000.

[9] 김용준, 이재하, 『중국의 경제개혁과 한국기업의 진출전략』, 성균관대, 1998.

[10] 김인옥, 『중국의 생활민속』, 집문당, 1996.

[11] 김정화 역, 『차이나파워』, 화서당, 2003.

[12] 김하림 역, 『중국인도 다시 읽는 중국사람 이야기』, 에디터, 1998.

[13] 김화숙 · 김성애 역, 『중국은 지금 몇시인가』, 홍익출판사, 2004.

[14] 김희교 역, 『현대 중국을 찾아서』, 이산, 1998.

[15] 니시무라 시게오 · 고쿠분 료세이, 『중국의 당과 국가』, 한울, 2012

[16] 로드릭 맥파커, 『중국현대정치사』, 푸른길, 2012

[17] 매일경제국제부, 『차이나쇼크』, 매일경제신문사, 2001.

[18] 모리 가즈코 저, 이용빈 역, 『현대중국정치』, 한울, 2013

[19] 박원호 역, 『중국근현대사』, 지식산업사, 1988.

[20] 배연해, 『중국을 보는 눈』, 창해, 2003.
[21] 서울대학교동양사학연구실, 『강좌중국사』, 지식산업사, 1989.
[22] 서진영, 『중국혁명사』, 한울, 1992.
[23] 손세관, 『중국의 주거문화 上下』, 열화당, 2001.
[24] 신성곤 · 윤혜영, 『한국인을 위한 중국사』, 서해문집, 2004 .
[25] 신승하, 『중국당대 40년사』, 고려원, 1993.
[26] 신승하, 『중국현대사』, 대명출판사, 1992.
[27] 신한풍, 서진영,『중국의 사회경제 통계분석』, 집문당, 1993.
[28] 아마코 사토시, 『중화인민공화국 50년사』, 일조각, 2003.
[29] 양필승 역, 『중국의 전통시장』, 신서원, 2000.
[30] 양필승 · 윤정분 역, 『중화인민공화국경제사』 1-2, 교보문고, 1989 .
[31] 유달림, 강영매 역, 『중국의 성문화 上下』, 범우사, 2000.
[32] 유홍준 역, "한국의 산업, 노동시점, 직업구조의 변화 : 1960-2000" 『산업과 노동』, 제2집, 2001.
[33] 유홍준 역, 『현대 중국 경제 · 사회조사』, 그린, 2005.
[34] 유홍준 역, 『현대 중국 사회계층』, 그린, 2004.
[35] 유홍준, 『중국 도시와 농촌』, 그린, 2005.
[36] 윤영도 외 역, 『차이나 프로젝트』, 휴머니스트, 2003.
[37] 이매뉴얼 C.Y. 쉬, 『근-현대중국사 : 인민의 탄생과 굴기』, 까치, 2013
[38] 이시카와 요시히로, 『중국근현대사 3 혁명과 내셔널리즘』, 삼천리, 2013
[39] 이일영 외, 『WTO로 가는 중국』, 박영률출판사, 2002.
[40] 이정옥 외 저, 『중국복식사』, 설영출판사, 2000.
[41] 이효수 · 최훈,『중국의 노사관계』, 한국노동연구원, 1998.
[42] 잔병곤 · 정환우 역, 『반조류의 중국』, 돌베개, 2004.

[43] 장인영 역, 『우리가 몰랐던 또 하나의 중국』, 넥서스, 2004.

[44] 정광호, 『중국? 중국!』, 시아출판사, 2003.

[45] 정유선 역, 『차이나 임팩트』, 청림출판, 2002.

[46] 정인갑, 『중국문화.com』, 다락원, 2002.

[47] 존 킹 페어뱅크 · 멀 골드만/김형종 · 신성곤 역, 『신중국사』, 까치, 2005

[48] 주영하, 『중국, 중국인, 중국음식』, 책세상, 2000.

[49] 한상복, 권태환, 『중국 연변의 조선족』, 유네스코, 1992.

[50] 한우덕, 『뉴차이나 그들의 속도로 가라』, 한국경제신문, 2002.

[51] 한중일3국공동역사편찬위원회, 『미래를 여는 역사』, 한겨레신문사, 2005

[52] 한중일3국공동역사편찬위원회, 『한중일이 함께 쓴 동아시아근현대사』, 휴머니스트, 2012

[53] 형선호 역, 『중국의 몰락』, 뜨인돌, 2003.

[54] 황정홍 역, 『2020년의 중국』, 그린, 2003.

▌외국문헌▐

[1] 北京大學國際政治系, 『中國現代史統計資料選編』, 河南人民出版社, 1985.

[2] 趙德馨 主編, 『中華人民共和國經濟史 1949-1966』, 安陽, 河南人民出版社, 1991.

[3] 龐松, 『簡明中華人民共和國史』, 廣州, 廣東教育出版社, 2001.

[4] 中共中央黨校黨史教研室, 『中共黨史參考資料』(1966-1977), 1979.

[5] 何理, 『中華人民共和國史』, 北京, 中國檔案出版社, 1995.

[6] 陣嬰嬰, 『職業結构与流動』, 北京, 東方出版社, 1994.

[7] 中國統計局, 『中國統計年鑒』, 北京, 中國統計出版社, 各年度.

[8] 中國統計局, 『中國勞動統計年鑒』, 北京, 中國統計出版社, 各年度.

[9] 馬齊彬,『中國共産黨執政四十年』, 北京, 中共黨史出版社, 1991.

[10] 陳永發,『中國共産革命七十年』 修訂版 上下, 臺北, 聯經, 2001.

[11] 孫文學,『中國近代財政史』, 東北經濟大學出版社, 1990

[12] 當代中國農業合作化編輯室,『建國以來農業合作化史料匯編』, 中共黨史出版社, 1992

[13] 國家統計局 편,『偉大的十年-中華人民共和國經濟和文化建設成就的統計』, 1959

[14] 李德彬,『中葦人民共和國經濟史簡編』, 湖南人民出版社, 1987

[15] Gold, Thomas, Doug Guthrie and David Wank, Social *Connections in China*, Cambridge Univ. Press, 2002.

[16] Hunter, Alan and John Sexton, *Contemporary China*, ST. Martin's Press, 1999.

[17] Moore, Thomas G. *China in the World Market*, Cambridge, 2002.

[18] Pearson, Margaret M. *China's New Business Elite*, Unvi. of Calif. Press, 1997.

[19] Perry, Elizabeth and Mark Selden(eds.), *Chinese Society*, Routledge, 2000.

[20] Riskin, Carl et al. *China's Retreat from Equality*, East Gate Book, 2001.

[21] Schell, Orville, *China Reader*, Vintage, 1999.

[22] Tang, Wenfang and William Parish, *Chinese Urban Life under Reform*, Cambridge Univ. Press, 2002.

[23] Unger, Jonathan, *The Transformation of Rural China*, East Gate Book, 2002.

[24] Vogel, Ezra(ed.), *Living with China*, Norton & Co. 1997.

[25] Yang, Dali L. *Calamity and Reform in China*, Stanford Univ. Press, 1996.

[26] Yanjie Bian, Work *and Inequality in Urban China*, SUNY Press, 1994.

[27] Zweig, David, *Internationalizing China*, Cornell Univ. Press, 2002.

■ 찾아보기

내 용

ㅂ

ㅅ

ㅊ

ㅋ

ㅌ

ㅍ

인 명

저자 약력

- **유홍준(劉泓埈)**

· 성균관대학교 사회학과 졸업
· 뉴욕주립대(Stony Brook) 대학원 사회학박사(Ph.D.)
· 북경 중국사회과학원 방문교수
· 현재 : 성균관대학교 사회학전공 교수, 학부대학 학장

· 저서 : 『직업사회학』, 『조직사회학』, 『산업사회학』, 『신경제사회학』 등
· 역서 : 『현대 중국 사회계층』, 『현대 중국 경제 · 사회조사』, 『현대사회학』, 『사회조사방법론』 등
· 논문 : "Occupational Structure in China and IT's HRD Policy Implications" 등

- **김지훈(金志勳)**

· 성균관대학교 사학과 및 동 대학원 졸업(문학박사)
· 성균관대학교 동아시아학술원 연구교수
· 현재 : 성균관대학교 동아시아역사연구소 수석연구원, 학부대학 겸임교수
· 저서 : 『근현대 전환기 중화의식의 지속과 변용』,
『중국고등학교 역사교과서의 현황과 특징』,
『서구학문의 유입과 동아시아 지성의 변모』 등
· 논문 : 「중국 정무원 재정경제위원회의 인적 구성」,
「1950년 중화인민공화국의 재정통일정책」,
「1950년 경기침체와 중국정부의 사영 상공업 조정정책」 등

도서출판 그 린

현대 중국 사회: 역사와 사회변동

초 판 발행일 ▶	2014년 3월 2일
재 판 발행일 ▶	2016년 8월 25일
저자 ▶	유홍준, 김지훈
발행처 ▶	도서출판 그린
발행인 ▶	윤덕우
출판등록 ▶	제8-161호(1995. 5. 3.)
주소 ▶	서울시 서대문구 연희로5길 50 (연희동) (우) 03716
전화 ▶	02)333-2574, 2575
Fax ▶	02)333-2561
E-mail ▶	greenpress@greenpress.co.kr
Homepage ▶	http://www.greenpress.co.kr

Green Pub.

정가 : 16,000원

ISBN : 978-89-5727-211-4
(93330)